瑪莉亞．柯妮可娃——著
Maria
Konnikova
譯——柯乃瑜

福爾摩斯思考術 改版

MASTERMIND

How to Think Like Sherlock Holme

讓思考更清晰、見解更深入的心智策略

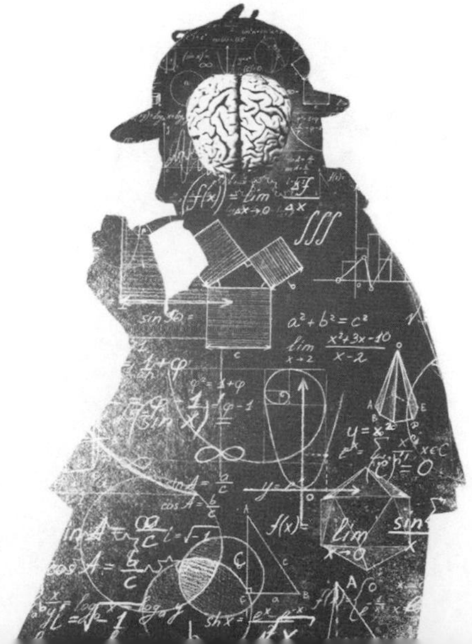

目錄

〈專文推薦〉讓福爾摩斯教你成為更好的自己　黃揚名　6
〈專文推薦〉你不笨，華生，你只是不用腦　呂仁　9
序曲　17
第1部：瞭解（自己）　25
第1章　心智的科學系統　26
第2章　大腦閣樓：是什麼？放什麼？　44
第2部：從觀察到想像　83
第3章　填滿大腦閣樓：觀察的力量　84
第4章　探索大腦閣樓：創造與想像的價值　136

第3部：演繹的藝術 185
第5章 定位大腦閣樓：演繹事實 186
第6章 維護大腦閣樓：學無止盡 220
第4部：自我知識的科學與藝術 247
第7章 動態閣樓：拼出全貌 248
第8章 人非聖賢 266
終章 293
致謝 305
延伸閱讀 309

〈專文推薦〉

讓福爾摩斯教你成為更好的自己

黃揚名

我記得小時候每次月考完，我和弟弟都很期待去重慶南路上的東方書局買書，當時我最愛的書籍就是亞森羅蘋的偵探小說，很喜歡偵探小說扣人心弦的劇情發展，雖不能說廢寢忘食，但總是巴不得快點把書看完知道結果。

我從來沒有認真地想過，從一位私家偵探身上能夠學到什麼，在得知有一本書教大家如何像福爾摩斯思考時（而是還是從心理學的角度），第一個反應是：太奇妙了！市面上有很多教人如何思考的書，有些是專家學者彙整自身及他人經驗的分享，有些則是將研究結果科普化，但要透過一位虛擬角色來教大家如何思考，確實不容易。

作者瑪莉亞．柯妮可娃有心理學及創意寫作的背景，讓這本書的調性和其他的「思考」叢書有很大的不同：首先，作者在書中引用了非常多知名人士的言論，雖然這些名言不比引用研究結果來得有真確性，但我認為名人語錄其實更有影響力。其中我印象最深刻的是雅各．雷比諾（Jacob Rainbow）說：「每當發現任務很困難、耗時或沒有明顯答案，我會假裝自己在坐牢。

若我在牢裡，時間就不重要。」換句話說，當我們在時間壓力下，或許不一定會有好的解決方法，此時反而應該忘掉時間，忘掉既有的羈絆，反而可能會有意想不到的收穫。

再者，因為這本書是要教大家如何向福爾摩斯學習，所以書中穿插了很多福爾摩斯的片段，都能夠緊密地和作者想要傳達的訊息巧妙吻合。若非一位非常熟讀福爾摩斯小說的人，是沒有辦法這麼傳神地引用其中內容。作者也很貼心地在每個章節最後提醒大家，書中提及的福爾摩斯情節出現在哪些小說故事中。

然而，讓這本書突出的原因是，它是一本有「人味」的書，作者從自己的角度分享了我們身為人的限制，例如在提到創意力的章節，她說我們表面上很看重創造力，但實際上我們怕得要死，很少有人會這麼露骨地去揭穿這些社會中認可的謊言。

但也因為作者特殊的背景，這本書的定位並不是教你一百個福爾摩斯思考的祕訣，讀者不會拿到輕易掌握福爾摩斯思考方法的清單，有時候甚至會有一點迷惘。我給大家的建議是掌握每一個章節的主題，先像讀小說一樣沉浸在作者營造的國度；再次閱讀時，自行建立那一百個福爾摩斯思考的祕訣清單，相信會更有幫助。

那麼福爾摩斯究竟有什麼值得我們學習的？說穿了其實就是兩個 M（mindfulness 和 motivation），其中 mindfulness 更是貫穿整本書的核心價值。Mindfulness 是一個不容易翻譯的詞彙，單純就字面上來解讀 mind 是心智，mindfulness 可以翻譯為充滿心智的（事實上沒有人這樣翻譯這個詞彙）。但「充滿心智的」指的究竟是什麼？簡單來說就是活在當下——持續感受到自己的心智狀態。這看似平常、簡單，而且我們會誤以為這是自己習以為常的習慣，事實上我們大多數時候並沒有這麼做：我們往往被眼前的目標所遮蔽，只是盲目地朝目標前進，或是逃離目標。活在當下看似是個不科學的說法，然而已經有很多的科學證據顯示活在當下是有好處的，國內外也有很多的單位在推廣這樣的想法，例如韓氏基金會（Hawn Foundation）就將這樣的訓練和孩童教育做了很好的結合。

動機就相對地容易理解，但同樣是知易行難的一個心理概念，尤其在這個競爭激烈的時代。我們很多時候沒有機會去探索自己喜歡什麼，只是不斷地去追逐、去模仿所謂成功者的樣貌，這點是非常恐怖的。作者在書中給大家的建議就是不要因為短暫的獎賞而感到雀躍，我們應該要思考長遠的獎賞，為得到這個獎賞而持續地學習、精進自己的能力。一旦有了動機，我們不僅有方向，而且會更快速到達終點。

作者在書的最後提到，若讀者只從這本書獲得一項啟發，應該牢記：「安靜的心智是最為強大的心智，是存在當下、反思、全神貫注於其思緒與狀態的心智。不常一心多用，若一心多用都有其目的。」我也以這段話與各位共勉：在追逐魚與熊掌的同時，其實應該先放慢腳步想清楚自己想要的是什麼，專注的朝那個方向大步邁進，讓福爾摩斯教你成為更好的自己！

（本文作者為輔仁大學心理系副教授）

〈專文推薦〉

你不笨，華生，你只是不用腦

呂仁

推理小說史上最知名的搭檔，大概就屬「福爾摩斯＋華生」的組合了，這種「神探＋助手」的設定雖然是推理小說之父、美國鬼才詩人愛倫．坡首創，但到了柯南．道爾筆下才真正發揚光大，後世的推理作家們也多半依循著這種偵探組合的寫法，古今皆然，東西亦同。

這種偵探搭檔究竟要如何組合才會吸引讀者？是走傳統路線一智一愚、一主一僕，是羅曼史風的愛人搭檔，還是ＢＬ風格的美型雙角，抑或是弱偵探加強助手的配對，乃至於上述種種類型的混搭，在一百七十年的推理長河之中都出現過，各類型都有讀者偏愛，而細究之下，可以發現還是傳統組合獲得最多作家的青睞。

然而同為維多利亞時代的紳士，福爾摩斯只是位自稱諮詢偵探的人士，華生卻是備受尊敬的倫敦大學醫學博士、退役軍醫、執業醫師，英勇、博學應不在話下。然而他們在故事中的表現卻天差地遠，說這對搭檔是「一智一愚」也太小看這位醫師了。試想，福爾摩斯需要的是忠實可靠的醫師摯友，還是老是在旁瞠目結舌讚嘆神妙推理的逢迎之徒呢？

究竟是什麼因素，讓這兩位角色在故事中表現出重大的差異？以下不妨比一比：

偵探與助手大ＰＫ

福爾摩斯有比較帥嗎？沒有。儘管早期的影視改編之中常常把華生演成笨拙矮胖的老好人，但細究原典可不是這麼回事。根據《血字的研究》中華生的說法，福爾摩斯「高有六尺多，……細長的鷹勾鼻使他的相貌顯得格外地機警、果斷；下顎方正而突出」；在《空屋》中說他有張「鷹似的臉」。華生不只一次說福爾摩斯很瘦很高，在《波西米亞的醜聞》中說福爾摩斯的側影「瘦削高挑」、在《勃斯克姆溪谷之謎》中說「枯瘦細長的身軀」；在《金邊夾鼻眼鏡》中，福爾摩斯自述「我的臉型是狹長的」。

相較之下，關於華生的外型描述就少得多了，畢竟華生是記述者，他把功夫都花在描寫福爾摩斯而非自己，所幸有兩個線索可以想像一下，一是福爾摩斯首度推理出華生是從阿富汗返國的軍醫這件事上，他描述華生「具有醫務工作者的風度，但卻是一副軍人氣概」；二是在《米爾巴頓》中，雷斯垂德巡官描述差一點抓到的嫌犯「中等身材、身體強壯、下顎是方的，脖子較粗，有連鬢鬍」，這人其實就是華生。福爾摩斯對於女性不感興趣，畢竟「愛情是一種情感的事情，和我認為最重要的冷靜思考是相互矛盾的。我永遠不會結婚，以免影響我的判斷力」。他卻在一位美麗的女性訪客離開之後說：「華生，女性屬於你的研究範圍。」（語出《第二塊血跡》）

還說：「華生，憑著你天生的便利條件，所有的女人都會成為你的幫手和同謀。」（語出《退休的顏料商》）這是為什麼呢？比起有著狹長鷹臉鷹鼻的瘦高福爾摩斯，華生顯然是帥多了。因此，二〇〇九年電影版《福爾摩斯》中，飾演華生的裘德洛比扮福爾摩斯的小勞伯道尼帥，這應該是較符合原著的設定。

福爾摩斯體能有比較好嗎？看不出來。據華生所言，福爾摩斯對倫敦各個地方都非常瞭解，搭馬車穿行在霧氣中仍能辨別所在區域（《四簽名》），也因為這種在地的熟悉，當福爾摩斯東奔西跑穿梭於倫敦大街小巷之際，華生一樣長相左右，也沒見他因戰爭舊傷而懶得出勤，甚至在《米爾巴頓》中，他們倆一起跑給警察追，直到「跑了兩英里才停下來」。更何況華生以前參加過業餘橄欖球隊（《吸血鬼》），他還自誇人稱其為「飛毛腿」，只是不巧在《巴斯克維爾的獵犬》與《孤身騎車人》裡跑輸福爾摩斯。（「我從沒見過誰能像福爾摩斯在那天夜裡跑得那樣快。我一向被人稱作飛毛腿，可是他竟像我趕過那矮個的公家偵探一樣地把我給落在後面了。」「我們加速向前趕路，速度之快，使我開始露出平日安坐為生的壞處，因而不得不落到後面。」）

持平而論，福爾摩斯應該比較會格鬥而已，他在《最後一案》中使用了巴頓術（柔術的一種），在《顯貴的主顧》中使用棍棒，在《孤身騎車人》使用拳擊，華生還評價他精於劍術。他自己老實說：「除了擊劍和拳術以外，我並不很愛好體育。」（語出《三桅船葛羅理亞・史克特號》），而且「我在積極的鍛鍊上還做得不夠多」（語出《孤身騎車人》），偶爾早起去肉販那裡進行短矛刺死豬的實驗，甚為費力，回到貝克街肚子餓了，還一副先知模樣說：「親愛的華生，早餐前鍛鍊身體的價值是不容置疑的。」（語出《黑彼得》）。

福爾摩斯有比較健康嗎？一定沒有。儘管福爾摩斯的彎柄煙斗造型聞名於世，但這是始於舞台劇演員威廉・吉列，原著並未指明煙斗款式，但他不僅抽菸、吸煙斗、抽雪茄，還會注射毒品，嚴重時甚至「好幾個月來他每天給自己注射三次」，有時是嗎啡，通常是百分之七的古柯鹼溶液（《四簽名》）。除了菸與毒的惡習之外，福爾摩斯忙於案件時很少吃飯，他不僅認為「飢餓可以改善人體的機能」，或者就是以菸代餐，他告訴華生「請不要討厭我的煙斗和我糟糕的煙草，最近它們代替了我的三餐」（語出《王冠寶石案》）。

相較於職業是醫生的華生，福爾摩斯的生活習慣真是糟透了。儘管福爾摩斯也責備過華生，「華生，你總是不停地抽菸，還不按時吃飯。」（語出《三個大學生》），但依我看，華生會不按時吃飯多半也是拜福爾摩斯四處查案所賜。華生大概確實比福爾摩斯長壽，一來是因為傳記作者哪能比傳記人物早死，二來有太多仿作是由垂垂老矣的華生口述做為開場，這樣華生確實比福爾摩斯健康長壽無誤。

綜上所述，福爾摩斯實在是沒有高出華生多少，甚至在溫和、敦厚、忠實這些人格特質上遠遜於華生，但為何福爾摩斯老是把持著「神探」角色，華生總是屈居二線，扮演萬年助手，陪著讀者在案件迷霧中打轉呢？

心理學家福爾摩斯

有人說，福爾摩斯就是聰明，他有超乎常人的智能；華生很笨，甚至比讀者還笨，讓讀者產生「雖然我不及福爾摩斯，但至少華生想得到的，我也想得到」這種優越感。但福爾摩斯的智能究竟如何使他在推理探案上無往不利？他的智慧甚至高到讓華生相形見絀，究竟是什麼樣的差異？這個答案可以從瑪莉亞．柯妮可娃這部福爾摩斯研究作品《福爾摩斯思考術——讓思考更清晰、見解更深入的心智策略》看出端倪，或可為福爾摩斯與華生間的差異做出重要的判斷標準。

那就是因為福爾摩斯「會用腦」。

「用腦」一詞看似簡單得可笑，讀書要用腦，考試要用腦，當偵探固然要用腦，但華生哪裡不用腦了？人家可是堂堂倫敦大學醫學博士呢！當然柯妮可娃在本書中給了仔細的交代。現今多數心理學家都同意大腦採雙系統運作，一個是快速、直覺的系統；一個是緩慢、深思熟慮、更仔細、更有邏輯的系統。作者將前者暱稱為「華生系統」，後者為「福爾摩斯系統」，華生系統是天真的自我，福爾摩斯系統則是渴望成為的自我。透過全神貫注、動機、不斷練習，管理我們大腦思考模式的系統可以由華生系統逐漸轉變為福爾摩斯系統。

透過書中對人類心智運作方式的闡述，可以發現華生的思考與我們一般人無異，讓毫無方法的觀察與慣性的行為養成了懶惰的大腦，而作者藉由福爾摩斯探案文本一一佐證，在面對問題、遇見狀況時，福爾摩斯與華生在腦袋運作上的差異之處，福爾摩斯親身示範如何使用科學的思考方法，進而達成訓練自我心智的效果。

柯南．道爾筆下的福爾摩斯探案風靡全球，除原著的六十個正典故事暢銷之外，仿作、戲作、影視改編也是非常多樣，就連福爾摩斯研究都成了一門專門的學問，後世的福學研究者從各種角度研究福爾摩斯，用心之深，用力之廣，恐怕不下於當年原作者為福爾摩斯探案所投注的心力。本書《福爾摩斯思考術》正是福學研究書籍中的拔尖之作，在行文間將福爾摩斯正典如數家珍，旁徵博引，作者若非狂熱福爾摩斯迷，絕難做到。

對推理小說讀者而言，這是一部精闢的福爾摩斯研究科普書籍，除了讓我們瞭解到福爾摩斯與華生的決定性差異之外，更好的消息是，只要我們多加鍛鍊，就能更接近神探一些，最終擁有福爾摩斯式的心智運作，將不是夢。

（本文作者為福爾摩斯迷，推理小說作家）

給傑夫

留心或忽略，選擇性注意力對內在生命的影響，同於選擇性行為對外在生命的影響。兩種情況下，人皆需為自身選擇負責，接受結果。如奧德嘉．賈塞特（Ortega y Gasset）所言：「告訴我，你注意些什麼，我就告訴你，你是誰。」

——W. H. 奧登（W. H. Auden）

序曲

小時候，爸爸會在睡前為我們朗讀《福爾摩斯》。這時我哥總把握機會在他窩著的沙發角落秒睡，我們幾個則專心聽故事。我還記得爸爸坐在那張巨大皮椅上，單手把書撐在面前，壁爐裡躍動的火苗折射於黑框眼鏡鏡片上，他的聲音隨著高潮迭起瀕臨緊繃的懸疑布局起伏，直到最後，答案終於揭曉，此時想通一切的我會如同華生醫生那樣搖頭心想，**對啊，他說了我才發現這麼顯而易懂**。我記得爸爸不時會抽的煙斗香味，水果與土壤的混合香氣深入皮椅縫隙，透過落地窗窗簾則能看見夜色的輪廓。他的煙斗想當然耳也跟夏洛克・福爾摩斯的一樣，微微彎曲。最後書啪地闔上，厚重頁面在深紅色書皮中合而為一，這時他會說：「今晚到此為止。」然後無論我們如何哀求或裝可憐，還是得乖乖上樓睡覺。

不過，當所有故事情節早已化為模糊不清的背景，福爾摩斯的精采冒險及他忠實的包斯威爾更是不復記憶，仍有一件事深植腦海，徘徊多年不去：那些階梯。

通往貝克街二二一B號的階梯。總共有幾階？這是福爾摩斯在《波希米亞醜聞》（*A Scandal in Bohemia*）裡對華生提出的問題，我不曾忘記。福爾摩斯和華生坐在成對的扶手椅上，由偵探向醫生指明看見與觀察的差異。華生一頭霧水。然後，突然間，一切又如此清楚明瞭。

「每次聽你解釋原因，」（華生）表示：「總覺得事實過於簡單到應該連我也能自行解出謎底，不過下一次你再說出答案時，我又會一頭霧水，直到你解釋推理的過程。但我相信我的視力跟你一樣好。」

「就是啦，」（福爾摩斯）點了菸，撲通坐上扶手椅。「你看見了，卻沒觀察。這差異可大了。比方說好了，你經常看見從玄關通到這間房的階梯。」

「是很常。」

「多常？」

「有個幾百次吧。」

「那總共有幾階？」

「幾階？我不知道。」

「就是啦！你沒有仔細觀察，但你確實看見了。我就是這個意思。像我就知道一共有十七階，因為我不只看見，還仔細觀察過。」

在那個佐著壁爐爐火的夜晚，煙斗噴出煙霧盤繞滿室，初次聽到這段對話的我無比震驚。試著回想我們家裡階梯幾階（我毫無概念），走到大門口要幾階（我的腦海一片空白），通往地下室又是幾階（十階？二十階？我連大概數字都說不出來）。此後，有好長一段時間，我隨時都會計算階梯與步伐的數量，牢記正確數字以備不時之需。我想讓福爾摩斯以我為榮。

當然啦，我總隨後便忘記如此努力記住的數字，而且直到後來我才發現，著重於記住的我完全搞錯重點了。我的努力從一開始便是徒勞無功。

那時我不懂，福爾摩斯可是占盡優勢。他花了大半輩子反覆練習全神貫注與世界互動。貝克街的階梯數？那只是為了炫耀對他來說已易如反掌毋須思考的技能。不過是順道展現在他隨時活躍的心智裡，習慣成自然，幾乎是下意識展開的思考流程。貌似無關緊要的小把戲，仔細思考背後成因卻有著無限含意；讓我為此提筆寫一整本書。

全神貫注本身不是什麼新概念。早在十九世紀末期，現代心理學之父威廉．詹姆斯（William James）便寫道：「能夠反覆積極召回散漫注意力的心智機能，便是判斷力、人格與意志的根基……有助於增進該心智機能的教育才是卓越教育。」該心智機能的核心要素，便是全神貫注的精髓。詹姆斯提倡的教育，則是對生命與思維全神貫注的教育。

一九七〇年代，艾倫．蘭格（Ellen Langer）證明了全神貫注的效用遠大於增進「判斷力、人格與意志」。全神貫注的手法還可讓老年人的心態及行為都更年輕，甚至改善血壓及認知功能等生命徵象。近年來，研究指出每天只要至少十五分鐘的類冥想思考（練習高度專注的控制力，也就是全神貫注的核心意義），便能將前腦活動轉入更為正向與行為導向的情緒狀態，即便僅是短時間觀賞自然景色，也有助於讓我們變得更有見解、更具創意，產能更加提高。我們同時也比過去還要確定：大腦並非生來便能一心多用——一心多用本身妨礙全神貫注。不得不同時多工的情況下，不僅什麼都做不好，記憶力會下降，整體福祉也會明顯受損。

但對福爾摩斯而言，全神貫注存在只是第一步，要藉以達成更遠大、也實際讓人更快樂的目標。福爾摩斯的技能正是詹姆斯所指定的：增進全神貫注思考機能的教育，並用以達成更多目標，思考更流暢，做出更為理想的決定。廣泛應用時，可從心智最為基礎的積木開始，成為增進整體決定與判斷力的方式。

福爾摩斯真正想對華生說的是，看見與觀察的反差正如同粗心大意與全神貫注，不可混淆，前者是消極行為，後者是積極參與。我們自動會看見：只消張開眼睛便有一連串毋須費力便可接收的感官刺激。我們未經思索地看見、吸收了周遭無數要素，卻不曾真正思考那些是什麼；我們可能根本沒意識到自己看見了眼前的東西。但觀察的時候便非得注意。我們必須從消極吸收轉為積極察覺，必須融入。這個道理適用一切，不僅視覺，所有感官、刺激、思維皆同。

我們對於自身心智往往太過粗心大意。就這麼漫不經心地生活，完全沒察覺自己忽略了多少，對自身思考歷程理解如何不足，若花時間瞭解與反省會有多大改進。我們就跟華生一樣，沿著相同的階梯，每天來回走了數千數百次，卻想不起其中最基本的細節（就算當時福爾摩斯問的是階梯顏色，而不是數量，華生照樣答不出來，我也不會訝異）。

但那不是因為我們做不到，而是沒有選擇這麼做。回想童年，若我現在請你描述從小長大的那條街，你搞不好能想起許多細節：街屋的顏色、鄰居的怪癖、季節的氣味、街道在不同時間的不同樣貌，你玩耍的地方、走路的地方、害怕經過的地方。我敢打賭，你能洋洋灑灑列舉。

幼時我們有著驚人的察覺力，吸收與思考資訊的速度都令後來的自己望塵莫及。新的景象、新的聲音、新的氣味、新的人群、新的情緒、新的體驗等，我們學習認識這個世界及其可能性，樣樣新奇有趣，再再激發我們的好奇心。因為周遭環境固有的新意，我們無比警覺，飽受吸引，照單全收。但更重要的是，我們會記得：因為我們擁有動機且融入（兩項後續會反覆提及的特質），不僅以後來未能再及的方式充分吸收這一切，還儲存以供未來使用。誰知道何時會派上用場？

但隨著年紀增長，無趣指數大幅增長。去過了，做過了，這個不用留意，我這輩子哪裡會需要知道或用到那個啊？無意間，我們就這麼褪去了內在的專注、融入與好奇，改由消極與粗心大意的習慣進駐。就算想融入，也不再有兒時的餘裕。過去那主要任務是學習、吸收與互動的日子不再，現在我們有（又或該說自以為有）更重要的責任得應付、更緊迫的需求盤據心智。多工需求的壓力，在這日益全天候不打烊的數位時代裡逐漸擴大為實際擔憂，因此注意力的需求愈增，**實際的**注意力便隨之下降。緊接而來的，是越來越無法知道或留意自己的思考習慣，並愈加允許由心智支配判斷力與決定，而非反過來。雖然這樣不算不好，後續甚至會反覆提及要將起初相當困難而認知成本又高的特定歷程自動化，這麼做卻會與粗心大意的距離近得危險。效率與不假思索僅一線之隔，要小心不可跨越。

你很可能有過這種經驗：想要偏離既定慣例，卻發現已經忘了該怎麼做。假設回家途中需要經過藥局，整天下來都記得這個差事，預先在腦海演練，甚至想好到藥局要多拐什麼彎，就只是比平常回家路線多繞一下而已。然而，最後卻發現自己就這麼回到家，路上根本沒停過。忘了要拐那個彎，甚至根本不記得自己經過了該轉彎的地方。粗心大意的習慣主導了心智，慣例堅持不讓心智從事自己知道應該做的另一件事。

這種情況經常發生。已經習慣成自然的你整天都處於粗心大意的昏沉狀態（要是另外還想著工作的事，煩惱某封信，預先規劃晚餐菜色，那更別想跳脫了）。像這樣自動化的健忘、由慣例占盡一切優勢、思緒容易分心等，都只是廣大現象中最小的環節（最小，卻因為仍有餘裕發現自己忘了，而成為最顯著的一環），發生頻率比我們所想的還高，但多數時候我們甚至不會察覺自己有多麼粗心大意。

你的腦海裡有多少未經辨別便浮起又淡去的想法？

你有多少因為忘了要注意而不見蹤影的念頭與見解？

你曾做出多少完全沒意識到過程或原因，只因為某種或許毫未察覺的內在預設機轉促使的決定與判斷？

你過了多少突然間不知道自己做了什麼或為何來到今天這個地步的日子？

這本書就是要來幫助你。書中引用福爾摩斯探討與解釋階梯概念的方法，協助你建立最終能全神貫注融入自身與世界的思考習慣。如此一來，你也能隨口說出階梯的數量，讓毫無頭緒的朋友大吃一驚。

點燃壁爐的火，舒舒服服窩在沙發上，準備好再次隨同福爾摩斯與華生醫生踏上犯罪頻傳的倫敦街道歷險，並進入人類心智縫隙的最深處。

第1部
瞭解（自己）

第1章 心智的科學系統

大禍降臨於英格蘭大沃利村農場上的動物。羊、牛、馬，一一死於夜半。死因：腹部一道雖淺卻長的割傷，導致動物痛苦地緩慢流血而亡。農民相當憤怒，民眾則震驚不已。什麼樣的人會想對手無寸鐵的動物下此毒手？

警方以為找到了答案，凶手是喬治．伊道吉（George Edalji），教區牧師的英印混血兒子。一九〇三年，二十七歲的伊道吉因十六起毀屍案中的一起案件遭判處七年勞役——警方在牧師住家附近尋獲小馬屠體。儘管牧師發誓案發當時兒子在睡覺，喬治入獄後動物屠殺案仍未停止，甚或當時最主要證據根本只是一封據稱喬治親寫、暗指自己是凶手的匿名信，全都無濟於事。由史塔福郡警察局長喬治．安森隊長帶隊的警方確信自己抓到凶手了。

三年後，伊道吉獲釋出獄。當時有兩份聲明他無罪的連署書送達英國內政部，援引案件缺乏證據：一份由十萬人簽署，另一份由三百位律師聯合簽署。然而事情沒那麼容易結束。伊道吉獲得人身自由，卻仍未洗清罪名。逮捕入獄前的他是位律師，如今卻無法重操舊業。

一九〇六年，伊道吉終於走起好運。創造福爾摩斯的知名作家亞瑟．柯南．道爾爵士對該案產生興趣。那年冬天，柯南．道爾同意與伊道吉在倫敦查令十字站的大酒店會面。望向酒店大廳對面的當下，柯南・道爾爵士再也不懷疑這位年輕人的清白。他後來寫道：

他準時來到我下榻的飯店。我遲到了，於是他看報紙打發時間。我從這人深色的臉龐認出是他，就站在對面觀察。他把報紙貼近眼前斜舉在側邊，證明他不僅高度近視還嚴重散光。想到這樣的人能在暗夜裡出沒田野，躲避巡視的警方並攻擊牛隻，真是可笑……光是這麼一個生理缺陷便足以讓人深信他無罪。

柯南・道爾自己是相信了，但他知道要引起內政部的注意，這樣還不夠。於是他前往大沃利村蒐集該案相關證據。他訪問了在地人，調查犯罪現場、證據及細節。他與愈加不友善的安森隊長碰面，造訪喬治以前的學校。他重新閱讀當初匿名信與伊道吉家遭遇惡作劇的記錄，追溯到宣稱伊道吉筆跡與匿名書信相同的筆跡專家，接著把整理好的資料全部送到內政部。

沾滿血跡的刀片？除了鐵鏽什麼也沒有，而且那把刀根本無法造成傷害那些動物的傷痕。伊道吉身上的泥土？跟發現小馬那片田野上的泥土不同。筆跡專家？過去也曾發生他辨識錯誤導致案件誣判。當然，還有視力問題，散光近視如此嚴重的人有辦法在夜間田野辨識方向，在闃暗中傷害動物嗎？

一九〇七年春天，伊道吉終於洗清屠殺動物的罪名。雖然不是柯南・道爾希望的全面勝利（喬治無法因被捕與服刑獲得任何賠償），卻也夠了。伊道吉得以重披律師袍。根據柯南．道爾的摘要，調查委員會認為「警方之所以展開並進行調查，不是為了找出犯人，而是要找出對他們已深信是犯人的伊道吉不利的證據」。當年八月，英格蘭創立上訴法庭，有制度地應對未來的司法不公。伊道吉一案是公認的幕後推手。

柯南．道爾的朋友都相當感動。不過，最為中肯的評論來自小說家喬治．梅若迪斯（George Meredith）。「我不會提那個您應該已經聽膩了的名字，」梅若迪斯對柯南．道爾說，「但身為創造出震驚各界的業餘偵探的作家，您證明了真實人生也能這麼做。」福爾摩斯雖屬虛構，他嚴謹的思考手法卻再真實不過。若應用得當，他的方法能躍然紙面，化為有形正向的改變，並能遠遠超出犯罪範疇。

只要提起福爾摩斯這個名字，腦海裡無疑會浮現諸多畫面。煙斗、獵鹿帽、斗篷、小提琴、鷹隼般的側臉。又或許是這些年來曾經披上斗篷扮演福爾摩斯的諸多明星，如威廉．吉列特（William Gillette）、貝索．瑞斯朋（Basil Rathbone）、傑瑞米．布瑞特（Jeremy Brett）及最近的班尼迪克．康柏拜區（Benedict Cumberbatch）與小勞勃道尼（Robert Downey Jr.）等。無論腦海浮現什麼樣的畫面，我大膽臆測你一定不會想到**心理學家**這個詞。然而，或許是時候了。

福爾摩斯是無人能敵的偵探。但他對人類心智的見解，足與他將犯人繩之以法的偉業相匹敵。福爾摩斯提供的不僅是破案方法，更是全面的思考模式，能應用於無數領域的思維，遠遠超越倫敦地下世界的迷霧街道。超越科學與犯罪，堪稱思考典範，源於科學系統的手法，即便到了我們這個時代也能如柯南．道爾時代那樣所向披靡。我認為這就是福爾摩斯的魅力能夠風靡萬世無所不在的祕訣。

柯南．道爾創造出福爾摩斯時，並沒有覺得這位主角特別了不起。他應該不是一開始便刻意塑造出這般思考與決策，運用心智組織、安排並解決問題的典範。但結果正是如此。事實上，他為過去數十年來不斷發展且會繼續直入新世紀的科學與思考革命創造了最佳代言人。一八八七年，福爾摩斯成了新型態偵探：前所未見的思想家以前所未見的方式運用心智。時至今日，福爾摩斯成為我們如何比平常更能善加思考的理想典範。

從多方面來看，福爾摩斯都是楷模。他的解釋、方法、整體思考模式，在在領先心理學與神經科學的發展，上述科學卻是在他誕生後百年，創作者過世八十年後才問世。然而，他的思考手法似乎也無可避免，恰是當下時空背景與其歷史地位的必然產物。如果科學系統的各式思考與實踐即將達到巔峰，例如從進化論到放射學、相對論到細菌與麻醉之發現、行為論到精神分析等皆已進化，是否也該輪到思考原則本身了？

柯南．道爾自己認為，福爾摩斯從開始便注定成為科學的化身，成為我們理想的目標，若能效法自然更好。（畢竟理想總會或多或少遙不可及？）福爾摩斯的名字本身便說明他可不是個平凡傳統的偵探，有可能是柯南．道爾刻意挑來向他的兒時偶像老奧利佛．溫德爾．福爾摩斯（Oliver Wendell Holmes, Sr.）致敬，該位哲學家暨醫生的文章與對醫界的貢獻同具知名度。偵探本身的性格則是以另一位啟蒙老師約瑟夫．貝爾教授（Dr. Joseph Bell）為藍圖塑造，這位外科醫生以觀察力細微聞名。據說貝爾教授只消一眼便能看出病患是甫退伍的蘇格蘭高地軍團士官，剛從巴貝多服役回來；還經常用學生進行各種致命物質實驗，測試他們的感知力。福爾摩斯的學生或許覺得聽起來相當熟悉。正如柯南．道爾寫給貝爾的信裡提及：「在您反覆灌輸的演繹、推理、觀察之下，我嘗試打造出會挑戰極限且有時更甚的男子……」在演繹、推理與觀察中，我們瞭解究竟是什麼讓福爾摩斯成為這樣前無古人後無來者的偵探，將偵察藝術昇華為精準科學。

福爾摩斯初次登場於《血字的研究》（*A Study in Scarlet*），讓大眾見識到這位偵探的手法精髓。我們很快便發現，對福爾摩斯來說，案件在他眼中都與蘇格蘭警場所見不同，不僅是結合犯罪、事實、嫌犯，而後將犯人繩之以法，他都看到更多也看得更少。所謂更多，是因為每個案件都具備更深遠的重要性，是需要更深入推論與探究的物件，好比科學謎題。其問題型態不可避免地似曾相識，未來也絕對會再出現；還有更廣泛的原則能運用於其他可能乍看之下根本不覺相關的時刻。所謂更少，則是剔除了所有隨之而來的情緒與臆測，所有認為與清晰思考無關的要素，盡可能達到非科學事實能有的客觀立場。結論：以科學方法原則處理成為嚴格科學探討主題的案件；由人類心智進行。

何謂思考的科學方法？

想到科學方法，就會想到實驗室裡的研究人員，搞不好還手握試管，身穿白袍，遵循下述相似的步驟：觀察某現象→提出假說以解釋觀察結論→設計實驗以驗證假說→進行實驗→看結果是否符合預期→必要的話修改假說→清洗並重複。看來很簡單，但該如何更進一步？我們能否訓練心智，達到隨時如此自動運作的程度？

福爾摩斯建議我們從最基礎開始。初次會面時他對我們說過：「在面對那些最為困難的道德與心理層面前，詢問者應該先學會掌握基本的問題。」科學方法從最平凡之處開始：觀察。在提出那些即將界定犯罪調查、科學實驗方向，或看似簡單決定是否邀請某位朋友來家中用餐的問題前，必須先做好基本功課。福爾摩斯之所以稱他調查的基礎作業為「基本」是有原因的。因為那就是基本功夫，是運作根基，是一切成立的原因。

不是每位科學家都能立即意識到這一點，因為這種思考模式早已根深蒂固。物理學家發想新實驗或生物學家決定測驗新分離化合物的性質時通常不會意識到，若缺乏那些累積多年的基本知識，所有特定的問題、手法、假說，及對自己所做之事的看法都不可能存在。是的，他將很難說明自己為何想到要如此研究，以及當初為何覺得這樣行得通。

二次世界大戰後，物理學家理查・費曼（Richard Feynman）受邀至州立課程編制委員會任職，為加州挑選高中科學教科書。他驚恐地發現那些文字似乎只讓學生更加困惑而非受到啟發。他檢視的每一本書都比前一本還要糟糕。最後，他在一本書上看見希望：書內有一系列連環圖畫，畫著發條玩具、汽車，以及男孩騎腳踏車。每張圖片下方都有個問題：「它為什麼會動？」他心想，終於有本書要解釋基礎科學了，就從機械（發條玩具）、化學（汽車）及生物（男孩）的基礎開始。可惜他的狂喜沒能維持多久。就在終於要出現解釋與真正瞭解的地方，他只看到「由能源驅動」五個字。但**那**是什麼東西？為什麼能驅動它？如何驅動它？這些問題根本沒有出現，更不用說回答。如費曼所說：「根本沒有任何**意義**……那就只是**兩個字**！」他認為：「應該是要把發條玩具拆開，看見裡面的彈簧，認識彈簧是什麼，認識輪子是什麼，根本不用管『能源』。等小孩瞭解玩具到底為什麼會動以後，再來討論能源的通用原則。」

費曼是少數幾乎不會把自身知識庫視為理所當然的人，他永遠記得那些積木，記得所有問題與原則的基本要素。福爾摩斯要我們從基礎著手也正是這個意思，從這些再平凡不過，容易遭到忽略的問題開始。如果不知道觀察的對象與方法，如果不先瞭解眼前問題的基本性質，甚至是最基本的要素，要如何成立假說，如何建立可驗證的理論？（後續兩章將帶你看清簡單的假象。）

科學方法都從廣泛的知識基礎開始，也就是先瞭解手邊問題的事實與概要。對《血字的研究》中的福爾摩斯來說，就是勞瑞斯頓花園街上的空屋謀殺案；對你來說，可能是決定要不要轉換工作跑道。無論是什麼樣的議題，你必須先盡可能在腦海裡明確界定並闡述，然後用過去經驗與現今觀察填入空格。（就像雷斯垂德及葛里森兩位探長沒發現正在調查的謀殺案與先前案件有相似之處，而福爾摩斯提醒他們：「天底下沒有新鮮事，什麼都有人做過。」）

唯有這時才能進而建立假設。由偵探發揮想像力，將可能線索融入事件發生歷程，而不僅著重於最明顯的可能性。以《血字的研究》為例，*rache* 不一定是 *Rachel* 沒寫完，也可能是 *revenge*（復仇）的德文；或是你腦力激盪想像轉換工作跑道後可能會有的情況。總之就是不能隨便假設，所有可能的情況與解釋都源於最初的基礎知識與觀察。

唯有這時才能測試。你的假設帶有什麼含意？這時候福爾摩斯會調查所有線索，逐一刪去，直到最後僅存的線索，無論有多不可能，那必定為實；你則是逐一想像轉換跑道的不同情境，盡可能將所有含意推演到最完整合理的結論，而稍後你會知道，那也是可信的。

但是這樣還不夠。時代會變，情況會變，原有的知識庫隨時要更新。我們永遠不能忘記，要隨著環境改變而修改並重新測試假設。一個不小心，革命性的創新也可能淪為毫無用處。要是沒能持續融入、挑戰與催促，深思熟慮也可能變成欠缺考慮。

一言以蔽之，這是科學方法：瞭解並框出問題，觀察，假設（或想像），測試並演繹；然後再重複。跟隨福爾摩斯的腳步就是要學習不僅把相同手法用於外在線索，更用於所有內在想法，再轉而應用於所有可能相關人士的所有想法，要鉅細靡遺。

福爾摩斯首次說明其手法背後的理論原則時，總結為一個主要概念：「觀察入微者，以準確且系統化的方式觀察周遭萬物後能學到多少。」而所謂的「萬物」包含所有思想。福爾摩斯的世界裡，絕對沒有理當如此這回事。他自己的筆記也提到：「理則學家能從一滴水推論出大西洋或尼加拉瓜大瀑布存在的可能，卻未曾聽聞或見識其真實存在。」換句話說，靠著既有的知識庫，我們得以透過觀察從看似毫無意義的事實中演繹出意義。畢竟，缺乏想像與假設新穎、未知且尚不可測的能力，還算什麼科學家？

這是最為基本的科學方法。福爾摩斯則更上一層樓，他將相同的原則應用於人類：福派信徒「遇見他人時，一眼便能辨識此人歷史背景及工作或專業領域。這種練習雖然幼稚，卻能銳化觀察機能，訓練人該注意的方向與內容。」每次觀察，每次練習，每次以簡單事實簡單推論，都有助於加強融入日漸複雜計謀的能力，為建立新思考習慣打好基礎，讓觀察成為你的第二天性。

這正是福爾摩斯教會自己，現在也能教會我們做的事。畢竟從根本上來說，這不就是偵探吸引人之處嗎？他不僅解開最棘手的案件，仔細研究破案手法，還會發現竟是如此基本的步驟。他的手法源於科學，採取特定步驟，並使用可學習、培養並應用的思考習慣。

理論上聽起來都不錯，可是到底要從哪裡著手？總是要用科學的方法思考，要專心注意，要拆解觀察假設演繹以及中間有的沒有的，感覺相當麻煩吃力。但其實是也不是。一方面我們多數人都還很有努力空間，我們很快會發現，心智生來便無法像福爾摩斯那樣思考。但反過來說，我們可以學習並應用新的思考習慣。大腦非常善於學習新的思考方式，而且神經聯結直到老年仍出奇地富有彈性。在後面的文章裡，我們追隨福爾摩斯的思考方式，學習如何將他的方法應用於日常生活，全神貫注存在當下，認真看待所有選擇、所有問題與所有情況。起初會感覺很不自然，但只要充分練習，久而久之，我們也會像他一樣擁有這種第二天性。

大腦未經訓練的陷阱

福爾摩斯的思考模式有一項同時也是理想科學形式的特質：天生對世界充滿懷疑與好奇。沒有所謂的理當如此，凡事都要經過細察與考慮，然後才能接受（或拒絕，視情況而定）。不幸的是，大腦天生便反對這種手法。為了要能學會福爾摩斯的思考模式，必須先克服全面影響我們看待世界方式的天然阻力。

現今多數心理學家都同意，大腦採雙系統模式運作。一個是快速、直覺、反動的系統，彷彿心智隨時處於不是攻擊就是逃跑的戒備狀態，不太需要有意識的思考或費力，有點像是負責維持現狀的自動導航。另一個則緩慢、深思熟慮、更仔細、更有邏輯，但相對付出較高的認知成本。這個系統喜歡盡可能地旁觀，除非認為絕對必要，否則不涉入其中。

因為冷靜與反思的系統要付出較高心理成本，多數思考時間都是以熱烈反動的系統運作，大抵表示我們自然的觀察狀態呈現該系統特色：自動、直覺（但不一定都正確）、反動、驟下結論。自然而然地運行。唯有真正吸引我們注意，或是強迫、刺激我們駐足的事情發生，才會活化那個深思熟慮會反思的系統。

我個人將這兩個系統暱稱為華生系統與福爾摩斯系統。猜猜看哪一個是哪一個？把華生系統想成是天真的自我，由我們花了大半輩子累積的懶惰思考習慣操控，是運用最為自然的習慣，也是阻礙最小的選擇。再把福爾摩斯系統想成是渴望成為的自我，等我們學會將他的思考模式應用於日常生活中後會成為的自我，過程中還能一舉破除內在華生系統的所有陋習。

當我們用理所當然的態度去思考，心智預設模式便是照單全收。先相信，然後才提問。換句話說，大腦起初都以**是非題**模式看待世界，而預設答案永遠為**是**。我們不費吹灰之力便可繼續停留在**是**的模式，但將答案轉為**否**，卻需要相當的戒備、時間與精力。

心理學家丹尼爾・吉伯特（Daniel Gilbert）如此描述：大腦**必須**相信才能理解，就算只相信那麼一瞬間。假設我要你想像粉紅色大象。你當然知道世上沒有粉紅色的大象，但是閱讀該句子的同時，你的腦海裡得暫時出現粉紅色的大象。意識到牠不存在前，得先在那瞬間相信**確實**存在。我們都在那瞬間理解並相信。哲學家斯賓諾莎（Benedict de Spinoza）率先想出理解前需先接受的概念，詹姆斯則比吉伯特早了一百年以文字解釋這項原則：「無論是歸因判斷或存在判斷的命題，都要先接受才會相信。」唯有想像過，才能使盡力氣不去相信那樣東西，而如吉伯特所指出，這個階段的歷程可是一點也不自動。

以粉紅色大象來說，失驗過程非常簡單，幾乎毋須費時或費力。然而比起我說灰色大象，你的大腦還是會多花點力氣理解，因為反事實比事實需要多一個確認與失驗的步驟。但這並非絕對，不是所有事情都如粉紅色大象那樣明目昭彰。觀念或想法越複雜，是非真假越不分明（緬因州沒有毒蛇。是或否？請作答！但這也可經過事實確認。換一題：死刑不若終身監禁嚴厲。這樣呢？），便需要費更多的力，還很容易中斷過程或根本不經歷該過程。如果覺得陳述內容聽來可信（是啊，緬因州沒有毒蛇，應該沒錯吧？），很可能不會多加思考。同樣的，如果很忙，壓力很大，分神或已耗盡心力，或許根本不會花時間確認就把它當成事實；面臨多重需求時，心智能力會超過負荷，無法同時處理所有事，此時確認的歷程會率先遭到犧牲。在這種情況下，我們會記住不正確的理念，那些日後回想起來會信以為真，但實則不然的東西。（緬因州有沒有毒蛇？其實是有的。但一年後再有人問起，誰知道你會記得哪個答案，特別是如果你在讀這段文字時很累或分神了。）

更重要的是，並不是什麼都如大象這般黑白分明（又或者該說是粉白分明）。我們直覺**認為**黑白分明的，實際上不一定如此。犯錯真的很容易。其實至少一開始，我們不僅會相信所聽見的一切，即便我們**在聽見以前**便有人清楚告知陳述內容不實，我們還是可能會當真。比方說，以所謂的對應偏誤為例（稍後會再詳細探討此概念），我們認定某人說出口的話與他的理念相呼應，而且即便已經有人清楚告知並非如此，我們仍會堅持認定，甚至可能以該角度去評斷說話的人。回想上一個段落，你認為我真的相信對於死刑的那段描述嗎？你當然無從判斷，我並沒有告訴你我的看法，然而你卻很可能已經將我的陳述**視為**我的看法，那就是答案。更讓人不安的是，即便我們聽見否定的句子，例如**喬跟黑手黨沒有關聯**，最後可能還是會記錯，忘掉否定，結果記成喬跟黑手黨**有**關聯；就算沒有忘掉否定，很可能還是會對喬產生負面看法。要是我們擔任陪審團，很可能還會傾向建議判他更長的刑期。我們傾向於太快確定與相信，往往因而導致對自己及他人太過真實的後果。

福爾摩斯的訣竅，便是把所有思考、所有體驗及所有感知，都當成粉紅色大象看待。換句話說，凡事從適度懷疑出發，不要處於平常的心智狀態（亦即輕易相信）。不要直接認定就是如此，把每件事情都當成大自然中不可能存在的動物那樣荒謬。相當困難的命題，得要一次全部吸收更是困難，畢竟那就像要求大腦從原本自然的休息狀態轉入持續不斷的運動，把重要精力用於原本可能只會打個呵欠說「喔好啦換下一個」的地方。但並非全然不可能，特別是如果福爾摩斯站在你這邊。他應該比任何人都適合擔任可靠的好夥伴，是永不衰退的最佳典範，為你示範如何達成起初看起來宛如不可能任務的目標。

藉由觀察思考中的福爾摩斯，我們會更善於觀察自己的心智。「他到底是怎麼知道我剛從阿富汗回來？」華生問初次把他介紹給福爾摩斯的斯坦佛。

斯坦佛回以謎樣的微笑。「那是他的特點，」他對華生說：「很多人都想知道他怎麼會知道這些事。」

這個回答更加挑起華生的好奇心。要滿足這份好奇心，他得立即展開漫長且細微的觀察。對福爾摩斯來說，世界已預設為粉紅色大象的世界，把世上的每一件事都當成最荒謬動物那樣予以關心與適度懷疑。讀完這本書時，問你自己這個簡單的問題：**這時福爾摩斯會怎麼做？怎麼想呢？**你會發現自己的世界也能逐漸變成跟他的一樣。過去從沒發現存在過的想法已先遭到攔截及詢問，才能滲入你的心智。適當過濾後，同樣的想法將無法在你不知情下狡猾地影響你的行為。

就好比從沒發現自己擁有的肌肉突然間開始痠痛，但在一連串新運動下逐漸發達與茁壯；心智練習久了，也會感覺持續不斷觀察與永無止盡的細察越來越容易。（事實上你稍後會發現，心智還真的很像肌肉。）然後就像福爾摩斯那樣，觀察會成為你的第二天性，你會開始發揮直覺、演繹、自然而然地**思考**，再也不用有意識地費力才能辦到。

千萬不要認為做不到。福爾摩斯或許是虛構人物，貝爾博士卻是真實存在過的人。柯南・道爾也是（而且受惠於他演繹手法的人不僅只有伊道吉，他還曾推翻奧斯卡・斯雷特〔Oscar Slater〕的冤獄判決）。

或許，福爾摩斯之所以吸引我們，是因為那種會讓普通人筋疲力竭的思考方式，在他身上不僅可信且看似不費吹灰之力。他把最嚴謹的科學思考方法變成彈指般容易，否則華生也不會在每次福爾摩斯解釋自己的方法後，大呼這真是再清楚不過了。不過，我們跟華生不同，可以學會在事實前先看清楚。

全神貫注與動機

過程絕對不容易。如福爾摩斯所提醒：「同於其他藝術，演繹與分析的科學僅能透過有耐性的長期研究才能習得，但生命也同樣不夠長，無法讓人類在有生之年臻於完美。」但也絕不只是空想。說到底就是簡單的公式：管理思考模式的系統由華生轉為福爾摩斯的過程，需要全神貫注與動機。（還要不停練習。）全神貫注的本質便是心智隨時活躍，專注並處於當下，對於真實與積極觀察世界來說非常必要。動機的本質則是積極地融入與渴望。

忘記鑰匙放哪裡，或找不到眼鏡結果發現根本放在頭上，發生此等芝麻小事都要怪華生系統：進入自動導航模式的我們，壓根不會對自己做過的事有任何印象。這就是為什麼事情做到一半中斷就會忘記之前在做什麼，為什麼會站在廚房心想自己到底進來做什麼。福爾摩斯系統回溯的方式需要非常專注回想，讓我們跳脫自動導航模式，想起自己身在何處與所為何來。我們並不是隨時都動機十足且全神貫注，多數時候也都無所謂。我們粗心大意地做事，是為了保留精力從事比記得鑰匙位置還要重要的事。

不過，想跳脫自動導航模式，就必須要以全神貫注把握當下的態度思考，用力注意腦海裡的思緒，而非隨波逐流。要像福爾摩斯那樣思考，必須積極地**想要**像他那樣思考。說真的，動機相當重要，重要到研究員替年長與年輕受試者進行認知測驗時，經常感嘆難以取得準確的對照表現資料。為什麼？年長成人都會有想表現更好的動機，他們會更努力，更融入。他們也更認真，更存在當下，更投入。對他們來說，表現非常重要。這也代表了他們的心智能力，想要證明自己沒有因老化而衰退。較年輕的成人則不然。不具備可比較的要件，兩組該如何正確比較呢？這個問題始終困擾著老化與認知功能的研究人員。

但是動機並非只在研究領域才重要。擁有動機的受試者**永遠**表現更優異。擁有動機的學生在智力測驗這種看似無法改變的領域也表現得更好，平均標準差會高出〇．六四。不僅如此，動機也預告了更傑出的學業表現、更低的犯罪率、更高的職場效益。「專精狂熱」是心理學家艾倫．溫納（Ellen Winner）創造的詞彙，用以形容想專精於特定領域的內在動機，具備這種特質的小孩更有可能在跨越藝術與科學的各種領域裡表現傑出。如果有學習語言的動機，便更可能成功。學習任何新事物時，擁有動機可以學得更好。連記憶都知道我們有沒有動機：如果在記憶形成的當下，我們擁有動機，就會記得更牢。這就叫做動機性編碼。

再來當然還有最後一塊拼圖：練習，練習，再練習。必須以數千小時的非人道練習，補充全神貫注的動機。沒有捷徑。想想專業知識的現象：從西洋棋大師到偵探大師等各領域專家，都各自在他們的領域裡擁有高超記憶。福爾摩斯對犯罪的知識瞭若指掌；西洋棋手的腦子裡隨時裝有數百種棋局及各種步數，可立即派上用場。心理學家安德斯・艾瑞克森（Anders Ericsson）主張，在自身專業領域裡，專家連看世界的眼光都不同：他們看見新手看不見的東西，一眼便能看清對未經訓練者來說毫不明顯的模式，看出細節之間的關聯，並立即辨別何為關鍵，何為巧合。

即便是福爾摩斯，也不可能出生就配有福爾摩斯系統。相信他出生在那個虛構世界裡時，也是生來先由華生系統控制。只是他沒讓自己這樣下去，他教會華生系統按照福爾摩斯系統的規則運作，在原該反動時強制反思。

多數時候華生系統是慣性系統，但若意識到該系統的力量，便能確保它掌控思考模式的頻率不如原本應有的頻繁。正如福爾摩斯注意到的，他已經養成習慣讓福爾摩斯系統融入每一天的每一刻。如此一來，他慢慢訓練自己驟下結論的華生系統，能與外在的福爾摩斯有相同表現。光是透過習慣與意志的力量，他教會自己從瞬間判斷改為遵循更深思熟慮的思考歷程。也因為有了這樣的基礎，他只消短短數秒便對華生的個性做完初步判斷。因此福爾摩斯稱之為直覺。準確的直覺，福爾摩斯擁有的直覺是出自於無數小時訓練的必然成品。專家或許不一定能清楚地意識到所為何來，但必定是出於可見或不可見的習慣。福爾摩斯則是釐清過程，分析熱情如何冷卻，反動如何反思。這就是心理學家艾瑞克森所謂的專業知識：透過漫長與密集練習所獲得的能力，而非與生俱來的天分。福爾摩斯並非生來便是終結所有偵探顧問的偵探顧問，而是他對著世界練習全神貫注的手法，長久下來才臻於我們後來所見到的完美。

兩人初次合作的案件結束時，華生醫生稱讚他的新搭檔成就非凡：「你把偵探工作昇華至再無人能及，近乎精準科學的水準。」確實是高度的讚美。但是繼續讀下去，你將能學會在思考萌芽之際便做出完全相同的事，如同柯南．道爾為伊道吉辯護，如同貝爾教授為病患診斷。

福爾摩斯出現時心理學才剛起步，而我們現在擁有比他當時更豐富的資源，讓我們學習妥善運用這些知識。

福爾摩斯延伸閱讀[1]

「他到底是怎麼……」——《血字的研究》第一章：福爾摩斯先生（p. 7）

「在面對那些最為困難的道德與心理層面前……」、「觀察入微者……」、「同於其他藝術，演繹與分析的科學……」——《血字的研究》第二章：演繹科學（p. 15）

1. 這裡及接下來的「延伸閱讀」皆出自書末指定的小說版本。

第2章　大腦閣樓：是什麼？放什麼？

世人對福爾摩斯最為普遍的看法，是他據稱對哥白尼學說的無知。「（太陽系）跟我有什麼關係！」他在《血字的研究》中對華生大喊。「你說我們繞著太陽公轉。就算我們是繞著月亮公轉，對我或我的工作也不會有任何影響。」在他知道太陽系的存在後呢？他承諾：「我會盡可能拋到九霄雲外。」

超人般的偵探卻無法理解連小孩子都懂的基本知識，其中的不協調其實相當有趣。被我們當成科學方法典範的人卻不認識太陽系，這是相當大的缺點吧？就連英國廣播公司ＢＢＣ改編的《新世紀福爾摩斯》影集也忍不住拿來當作其中一集的主題。

但這項觀察還有兩點待進一步探討。首先，這嚴格來說並不屬實。後續故事中皆可見福爾摩斯不斷引述天文學：《馬斯格雷夫儀禮》（*The Musgrave Ritual*）中，他談及「如天文學家所說的人為誤差範圍」；《希臘語譯員》（*The Greek Interpreter*）中是「黃赤交角」；《布魯斯—帕廷頓計畫》（*The Adventure of the Bruce-Partington Plans*）中為「脫離其軌道的星球」。顯然福爾摩斯最終還是將他與華生初識時否認擁有的知識幾乎全派上用場了。（ＢＢＣ《新世紀福爾摩斯》影集也貼近原著演出，最後以科學性勝利收尾：福爾摩斯其實懂天文學，還用這方面的知識扭轉頹勢，救了小男孩的性命。）

我甚至認為他誇大自己的無知，就是為了將我們的注意力導向在我個人看來更為重要的第二點。他拒絕將太陽系匯入記憶這件事，正好印證後來他對人類心智的比喻，說明福爾摩斯的思考模式，以及我們得以模仿他思考方法的能力。正如福爾摩斯在哥白尼學說事件後不久對華生說的：「我覺得人的大腦起初就像空盪的閣樓，必須用自己決定的家具逐一填滿。」

在那壁爐火光映照陳舊紅色書皮的日子裡，七歲大的我首次聽聞**大腦閣樓**時，僅能想像穩坐書架上謝爾・希爾弗斯坦（Shel Silverstein）的黑白封面，彷彿要笑不笑歪了一邊的臉，額頭皺紋圍成三角形，還加上屋頂、煙囪及裝有百葉窗的窗戶。百葉窗後方出現一張小臉窺望外面世界。福爾摩斯是這個意思嗎？牆面傾斜的小房間裡，有個長相奇特的怪物隨時等著拉線關燈點燈？

結果發現我的想像其實很接近。對福爾摩斯來說，人類大腦真的是個偌大具體的真實空間。可能有煙囪，也可能沒有。無論長什麼樣子，就是你大腦裡的空間，專門存放那些南轅北轍的東西。而且，沒錯，確實有條線讓你能隨意拉扯，開燈關燈。正如福爾摩斯對華生解釋：「傻瓜對於生活中的各種雞毛蒜皮會照單全收，導致沒有空間容納對他可能有用的知識，再不然就是與其他東西亂成一團，最後想找也很難找到。技術純熟的匠師會非常小心對待自己收入大腦閣樓的東西。」

後來發現這比較相當正確。你們隨後會看到，針對記憶形成、保留及取回的研究已證明，記憶的本質與閣樓比喻相符。後面章節裡，我們將跟隨大腦閣樓從思考程序最初到最終所扮演的角色，逐一探索各步驟之架構與內容，並瞭解我們該如何常態性地持續改善該程序。

閣樓可大略分為結構與內容。閣樓結構便是心智運作的方法：如何吸收資訊；如何處理資訊；如何整理並為未來儲存資訊；如何與閣樓內既有內容整合。大腦閣樓與實體閣樓的不同處在於結構並不完全固定，可擴張（但有極限），也可收縮，端視如何運用（換句話說，記憶與處理效率可因而增減）。取回的模式可以改變（該如何取得儲存的資訊？），儲存系統可以改變（該如何存入吸收的資訊：會存去哪裡？如何標記？如何整合？），最終還是會放置在特定範圍裡。如先前所述，每個閣樓都不同且各有獨特限制，但可在其特定範圍內呈現各式樣貌，端視我們如何學習運用。

相反地，閣樓內容是我們取自世界的材料與生活中的體驗。回憶、過去、知識的基礎，以及每次面對挑戰時做為起點的資訊。實體閣樓內容會隨著時間變化；心智閣樓也會持續吸收與丟棄，直到最後。思考歷程展開之際，記憶家具會結合內在習慣與外在條件的結構，決定當下該從儲藏室中取出什麼。從外在樣貌推敲個人內在閣樓內容，便成了福爾摩斯判斷觀察對象身分與能力最篤定的方式。

正如我們所見，最初吸收的資訊多半都超出我們掌控：就像我們必須先想像粉紅色大象才能意識到牠不存在，要是華生提起，我們也必須先熟悉（無論多短暫）太陽系的運行或湯馬斯．卡萊爾（Thomas Carlyle）的作品。然而，我們卻能夠學習掌握閣樓結構的諸多面向，丟棄不小心存入的物品（就像福爾摩斯承諾要儘快忘記哥白尼），將我們想要的優先排在前面，不要的往後面塞，學習如何考量獨特閣樓的樣貌，以免不當地受其影響。

儘管我們永遠無法如大師那樣精通從外在推敲個人的內在思緒，藉由學習瞭解自身大腦閣樓的配置與功能，我們便能更善於將其特質潛力發揮到極限。換句話說，學習如何將思考歷程最佳化，才能以最好、最有意識的自我做出決定或採取行動。並不是因為**必須**如此思考而塑造這般閣樓結構與內容，而是因長久以來不斷練習（通常無意識，但仍是練習）而學會像這樣思考。我們已經在某種程度上決定毋須耗神全神貫注。選擇效率而非深度，或許所要花費的時間差不多，但確實能學著換種思考方式。

基本架構或許不可動搖，但我們能學會變更確切的聯結與積木，進而隨著思考習慣改變，重新建立神經聯結，亦即重建閣樓。只要是重新裝潢，就會有些主要工程會耗時稍久。閣樓重建不可能一天完成，但有些細微改變，或許幾天甚至幾個小時內便會出現。而且無論閣樓有多老舊，或上回徹底大掃除是多久以前，都會產生改變。也就是說，大腦學習新技巧的速度非常快，而且終生都會持續學習，不只是年輕時候。

至於內容，有些雖也根深蒂固，我們卻能篩選未來要保留什麼，並學會如何整理閣樓，讓自己最容易取得我們想要的內容，較不重視或根本不想要的可一併塞進角落深處。重整後的閣樓或許不會煥然一新，至少會更貼近福爾摩斯的閣樓。

記憶家具

華生初次聽聞這位新朋友的演繹理論（什麼一滴水見尼加拉瓜大瀑布之類的東西）後，也在同一天見識了最有力的示範：將演繹理論用於破解離奇謀殺案。兩位男子正忙著討論福爾摩斯的文章，卻遭到來自蘇格蘭警場的訊息打斷，葛里森探長要求福爾摩斯對該離奇謀殺案提供看法。發現死亡男子，但是，「沒發生搶案也沒有證據顯示男子為何死亡。房內有血跡，死者身上卻沒有任何外傷。」葛里森繼續求助：「我們完全想不透他是如何進入那間空屋，整件事真的相當離奇。」福爾摩斯毫不遲疑地前往勞瑞斯頓花園街，華生也同行。

整起案件真的只有這樣而已嗎？葛里森及同仁雷斯垂德探長似乎都這麼認為。「這種情況真是前所未見，而我已經不是菜鳥了。」雷斯垂德接著說。放眼望去不見任何證據。但福爾摩斯卻想到：「當然是有第二個人留下這些血跡，如果真是謀殺案，則很可能屬於凶手。」他告訴兩位警察。「這讓我想到一九三四年在烏特勒支發生的梵．楊森死亡案。葛里森，你還記得那個案件嗎？」

葛里森坦承自己不記得。

「你真的該去讀一下卷宗，」福爾摩斯如此建議，「天底下沒有新鮮事，什麼都有人做過。」

為什麼福爾摩斯記得梵．楊森，而葛里森卻不記得？假設兩位都曾熟悉該案件細節（畢竟葛里森要爬到目前職位也得先經過一番訓練），一位記住細節留待日後他用，另一位則忘得一乾二淨。

這都跟大腦閣樓的性質有關。預設的華生系統閣樓非常混亂，而且泰半漫不經心。葛里森或許曾接觸過梵．楊森一案，卻缺乏留住這些知識的必要動機，沒能存在當下。他何必在乎舊案件？福爾摩斯則有意識且動機十足地決定記住過去案件，誰知道哪天會派上用場。知識進入他的閣樓並不會失蹤，他刻意決定這些細節很重要。這個決定會進而影響他記憶的方法、內容與時間。

記憶主要是思考、塑造喜好及決策方式的起點。結構完全相同的兩個大腦，得靠閣樓內容來區分。福爾摩斯提到在閣樓內擺放適當家具的意思，是要小心選擇，在發生當下以外的時間，你還想要留住哪些經驗、記憶與人生。（他可是比誰都瞭解，因為如果柯南．道爾沒從記憶中取回與貝爾教授相處的經驗，創造出這位虛構的偵探，也不會有他的存在。）他的意思是，無論有多微不足道，身為探長若能記住過往案件會很有幫助，畢竟這不都是構成他專業的基礎知識嗎？

初期研究認為，記憶主要是分布於大腦特定區域的記憶痕跡。為在記憶謎團中找出此痕跡，心理學家卡爾·雷須利（Karl Lashley）先教導大鼠穿越迷宮，接著他切除大鼠的多處大腦組織，又把大鼠放回迷宮。儘管大鼠的運動功能變得遲緩，有些甚至在通過各式彎道時蹣跚緩爬，卻不曾真的忘記該怎麼走，因此雷須利的結論是，任何記憶都不僅儲存於單一位置。相反地，記憶廣泛分布於福爾摩斯可能會覺得頗為熟悉的聯結式神經系統。

如今我們普遍同意，記憶分為短期與長期兩個系統。這些系統的確切構造雖然仍屬理論，閣樓般（儘管閣樓類型相當明確）的觀點應該跟事實相去不遠。看見東西時，影像會先由大腦編碼後儲存於海馬體（把這想成是閣樓入口），所有不知道會不會需要取回的東西都先放在這地方。從那裡開始，你主動認為重要，或心智基於過去經驗與指令（也就是你通常會認為重要的）認為值得儲存的，會全部放進閣樓的特定箱子、特定資料夾，存在大腦皮質的特定區塊內，是閣樓主要的儲存空間，也就是長期記憶。這個過程叫做合併。需要回想已儲存的特定記憶時，心智會找到正確的資料夾將記憶取出。有時候還會順便取出隔壁的資料夾，活化整個箱子或鄰近內容，稱為聯結活化。有時候資料夾不見了，等終於找到的時候，內容可能已經跟最初放入的不同，只是你可能根本沒意識到。無論如何，你會看一下裡面，然後加入任何看似有關的新記憶，再把已經不同於昨日的資料夾放回原位。這些過程依序稱為取出與再合併。

特定細節並沒有整體概念來得重要。總之，就是有些東西會儲存起來，有些則淘汰在外，永遠進不了主要閣樓。儲存下來的會依據某種聯結系統（由大腦決定那些記憶該歸於何處）整理，但你要是以為取出時的記憶會與儲存時一模一樣，那可就錯了。每當儲存的箱子經歷騷動，內容也跟著改變，更換重塑。置入兒時最愛的書，一個不小心，下次取出便會在你朝思暮想的圖畫上發現水漬。丟個幾本相簿進去，照片會全部混在一起，結果這趟旅行跟那趟旅行的影像相互結合。經常取用的物品就不會堆積灰塵，會一直新鮮置頂，直到下次再取出（但誰知道下次取出時會一併帶出什麼離開）。放著都不動的東西會不斷往後退成一堆，但鄰近物品突然一動也可能掉出來。遺忘久了，等想到要找時可能已經伸手不及——固然還在，卻是在或許永遠也無法尋獲的箱底黑暗角落裡。

為積極培養知識，我們得意識到有太多東西只要逮到機會就想擠進閣樓。在預設狀態下，我們只會注意那些引人注目的東西，但其他不引人注目的也照樣想辦法進了閣樓。要是不小心，總是被動接收訊息，而非有意識地努力控制注意力（稍後我們會細談），那些東西就會偷溜進閣樓，特別是如果那些東西正好平常便會引起我們注意——平常感興趣的議題、忍不住會注意的東西、激發我們內心情感的東西、因為新穎或特別而擄獲我們目光的東西。

無論迎面而來的是什麼，是興趣使然或切身相關，自然地吸引你注意，我們很容易讓這世界未經篩選而充斥閣樓空間。在預設的華生系統模式下，我們不會去「選擇」要儲存哪些回憶。這些東西會視情況自我儲存或淘汰。你是否發現到自己回憶起與某朋友相處的片段——某次兩人都點了冰淇淋聖代而非午餐，接著整個下午都在市中心散步，在河邊看著人來人往——朋友卻根本不知道你在說什麼？你說的是別人吧，他說。一定不是我，我不是會點聖代的人。但你知道真的是他。或是你也曾扮演另一角色，聽別人回憶起某段你根本沒有印象的經歷、事件或時刻？而且那人想必也跟你一樣，篤定發生的過往確實如自己所回憶。

但福爾摩斯警告我們了，這是相當危險的策略。還來不及反應，心智便充滿無數垃圾，結果連有用資訊也深埋至無法取得，存了等於沒存。一定要記住：我們都只知道自己當下記得的事。換句話說，需要時若記不起來，再多知識也無濟於事。如果現代福爾摩斯在關鍵時刻想不起來小行星在特定畫中出現的年代，那他懂不懂天文學也不重要了。小男孩會死，康柏拜區則會辜負我們的期望。不管葛里森是否曾經熟悉梵．楊森在烏特勒支的所有經歷，若無法在勞瑞斯頓花園街時想起來，對他也沒有任何幫助。

試圖回想時，中間若有太多雜物堆積就會想不起來。其他記憶反而會爭相分食注意力。我設法回想的或許是某顆關鍵行星，結果卻想起某個看見流星的夜晚，或天文學教授講彗星那堂課穿什麼衣服。這都要看我的閣樓是否井然有序：起初如何為記憶編碼、如今取回記憶的提示為何、從開始到結束的思考歷程是否有條有理。東西或許已存入閣樓，但存入方式是否正確，能否及時取出，則又是另一回事。這可不是把東西各別塞進閣樓，想要時便能隨時單獨取出那麼簡單。

但也不必這麼困難。廢物總不免溜進閣樓，我們不可能像福爾摩斯看起來的那樣戒備甚嚴。（然而稍後你會發現，他也沒有那麼嚴謹。適當情況下，垃圾也可能變黃金。）但我們**能夠**盡可能掌控記憶編碼過程。

若華生（這裡也可以葛里森為例）想學習福爾摩斯的方法，便須清楚意識編碼的動機本質：我們感興趣且有動機時會記得比較多。華生對於過去的醫療訓練與離奇逃亡細節可能都記得很清楚，因為這些與他切身相關並引他注目。換句話說，他有記得的動機。

心理學家凱倫・卡薩（Karim Kassam）稱之為李畢效應：二〇〇七年，美國副總統錢尼的前幕僚長李畢受審時，宣稱完全不記得曾對任何華府記者洩漏特定中情局特工身分。陪審團不相信，他怎麼可能不記得這麼重要的事？很簡單，事情發生當下沒有事後回想那麼重要。在我們將記憶存進閣樓當下的動機最為重要，而非事後。記憶動機（Motivation to Remember）在編碼當下最為重要，若起初未能妥善儲存資訊，取出時有再多記憶動機都不夠。難以相信，但李畢所言很可能屬實。

我們可以在需要時有意識地活化相同程序，以善用記憶動機。真正想要記住什麼時，可特別予以關注，對自己說：**我想記住這個**；然後可以的話，儘快將之固化，無論是藉由對他人或在沒有別人時對自己描述此經驗（簡單來說就是複習有助合併）。操縱資訊，藉由把玩並詳述，透過故事情節而非動作重現，會比單純反覆回想還要來得有效率，能在你想要的時候將資訊送進閣樓。以某研究為例，讀過一次數學教材又加以解釋的學生，後來考試成績比反覆閱讀相同教材的學生來得高。更重要的是，擁有提示越多，便越可能順利取出記憶。若葛里森初次接觸烏特勒支案件時便特別注意其影像、氣味、聲音及當天報上所有訊息，從各種角度探究該案，此時會更有可能想起。同樣的，若他曾將相關資訊聯結至既有知識庫，也就是不放進新的箱子或資料夾存入閣樓，而是與既有相關資料整合，無論是其他犯罪現場血淋淋而屍體卻無血跡，或一八三四年的任何案件之類的事，這項聯結將讓他能更快回答福爾摩斯的問題。做任何藉以區別，讓該案更切身相關的事；最關鍵的是，讓記憶更深刻。福爾摩斯記得他覺得重要而非不重要的細節。無論何時，你都認為你知道自己所知道的事，其實你只知道自己記得住的事。

到底是什麼決定我們在特定時機能或不能記住什麼呢？閣樓架構是如何活化其內容？

偏誤特性：預設閣樓架構

一八八八年秋天，福爾摩斯感到無聊透頂。已經好幾個月都沒出現什麼值得注意的案件。讓華生醫生極度不悅的是，這位偵探轉而尋求的慰藉為濃度百分之七的液體——古柯鹼。福爾摩斯認為那能刺激心智並助以釐清，在別無其他精神糧食選擇的情況下甚為必要。

「想想你得要付出的代價！」華生試著跟這位樓友講道理。「大腦或許會像你說的興奮活躍，但那會造成組織逐漸病變，搞不好還會留下戒不掉的壞習慣。你也知道黑色反應會對你造成的影響。一點都不值得冒險吧。」

福爾摩斯還是不聽。「給我難題，給我工作，給我最深奧難解的密碼或最複雜的分析，」他說，「我就可以恢復正常狀態，到時我就可以拋棄這種人工興奮劑。但我厭惡平凡無趣的生活。」無論華生醫生提出再好的醫學論點都無法改變他的想法（至少目前無法）。

不過，幸好這次還不需要用到毒品。此時傳來一陣清脆敲門聲，兩位男子的房東哈德森太太進門宣布，有位名叫梅麗．摩斯坦的年輕小姐來找福爾摩斯。華生如此形容梅麗進場：

> 摩斯坦小姐進門的步伐堅定，外表鎮定泰若。年輕的金髮女子，嬌小優雅，戴著手套，衣著品味近乎完美。然而，樸素簡單的穿著卻透露出手頭不甚寬裕。暗米灰色的洋裝沒有任何飾帶點綴，頭上纏著同為暗沉米灰色的小頭巾，僅由插在側邊的白羽毛點綴。五官膚色並不特別勻稱美麗，但表情甜美親切，藍色大眼格外充滿靈性與憐憫。見識過橫跨三大洲無數國家女性的我，還不曾見過如此訴說著高雅與易感的臉龐。我也不禁發現，坐在福爾摩斯為她擺出的椅子上時，她的雙唇打顫，手也發抖，種種跡象顯示內心極為激動。

這位小姐是誰呢？她找福爾摩斯要做什麼？《四簽名》（*The Sign of Four*）就從這些問題開

始，帶領福爾摩斯與華生前往印度及安達曼群島，展開有著矮人與木腿人的冒險歷程。但是，在此之前，先看看這位小姐：她是誰？她代表了什麼？她指引了什麼方向？我們會在後面幾頁探討梅麗、福爾摩斯與華生初次會面的情況，並比較兩位男子對此訪客的應對是如何徹底相反。不過，我們要先往後退一步思考，初次面對某個情況，或以《四簽名》來說是初次見到某個人時，心智閣樓裡會發生什麼事？我們方才分析的內容將會如何活化？

思考從一開始便由所謂的閣樓架構掌管：慣例的思考與運作模式、長時間下來學會看待與評估世界的方法、塑造直覺的偏誤與捷思、對現實的立即直覺。儘管如先前所見，每個人存於各自閣樓的記憶與經歷大不相同，活化與取出的大致模式卻出奇相似，以典型可預測的方式為思考歷程上色。而這些慣例模式所指出的是：心智最愛驟下結論。

想像自己去參加派對。你手握飲料站在一群朋友與認識的人當中開心聊天，此時你瞄到有位陌生人正設法加入話題。在他開口前，甚至早在他還沒靠近人群，你想必已對此人形成諸多初步印象，幾乎完整（儘管可能有誤）地勾勒出這個陌生人的身分。陌生人李仕穿了什麼？是否頭戴棒球帽？你很喜歡（討厭）棒球。他一定是個有趣（無聊）的男人。他走路的姿態與舉止如何？他長得怎麼樣？呃，已有禿頭跡象了嗎？真令人洩氣。他真的以為自己有本事跟你這樣年輕時髦的人混在一起嗎？他看來如何？光是根據外表與行為，你很可能已經評估過自己與他的相似或相異程度：性別、種族、社會地位、經濟程度相同嗎？甚至連他的初步性格都已經認定：害羞、外向、緊張、自信？又或者李仕其實是頭髮染成藍色的張珊，跟你童年手帕交在你們絕交前**她**所染的顏色剛好相同，而你一直都認為改變髮色是你們絕交的前兆。如今，所有回憶湧上腦海，影響你看待這位全新無辜的張珊。其他的你都沒注意到。

李仕或張珊開口後，你開始填入細節，或是重整這個、加強那個，甚至可能完全刪除某些判斷。但幾乎不會徹底顛覆從李仕或張珊朝你走來便開始形成的最初印象。然而那樣的印象究竟出於何處？真的有意義嗎？例如，你只不過剛好因偏離正軌的髮色而想起前手帕交而已。

見到張珊或李仕時，我們問自己的每個問題，心智篩選後從小窗戶飄進閣樓的細節，都會藉由活化特定聯結促發心智。這些聯結進而導致我們對從沒見過、連話也沒說過的人形成判斷。

或許你認為自己不會如此偏頗，但請繼續讀下去。內隱聯結測驗（Implicit Association Test）用來衡量在個人最直接意識外的有意識（自知所擁有）與無意識（以之構成閣樓隱形架構）態度間的距離。該方法可透過對正、負向屬性聯結及群體代表照片的反應時間，測試對任何群體的內隱偏誤（不過最常見的是種族偏誤）。有時典型正向會以相同符號代表：舉例來說，「歐裔美國人」及「好」以鍵盤上的「I鍵」代表，「非裔美國人」及「不好」則以「E鍵」代表；之後，「非裔美國人」及「好」以「I鍵」代表，「歐裔美國人」則與「不好」同歸「E鍵」。在不同情況下的分類速度會決定你的內隱偏誤。以種族偏誤來說，如果「歐裔美國人」與「好」為一組及「非裔美國人」與「不好」為一組共用按鍵時，你的反應比較快，便可做為內隱種族偏誤的證據[2]。

測驗結果相當扎實且經廣泛複製：即便那些自我評鑑典型態度分數最低的人（例如從「強烈女性」到「強烈男性」的四級分數量表來看，你會把職業生涯與男性還是女性做最強烈聯結？）接受內隱偏誤測驗時的反應時間又是另一回事。種族相關態度的內隱偏誤測驗顯示，兩百五十萬名受試者中有百分之六十八出現偏誤模式。年齡測驗（即偏好年輕人勝過老年人）：百分之八十。失能測驗（即偏好**沒有**任何失能者）：百分之七十六。性取向測驗（即偏好異性戀勝過同性戀）：百分之六十八。體重測驗（即偏好瘦子勝過胖子）：百分之六十九。測驗清單很長。這些偏誤都會進而影響決策。我們看待世界的方式會影響當下得到的結論、評估及決定。

這不表示我們真會做出偏誤行為：我們絕對有能力抗拒大腦的基本衝動。但這也意謂著偏誤存在於最基本的思考模式。你大可抗議說自己不是這樣，但很可能其實就是。幾乎沒有人能完全免疫。

大腦生來就會驟下結論，具備小路與捷徑能簡化任務、吸收與評估每分每秒來自於環境的無數資訊。這是天性。如果真的仔細思考所有要素，就會失去方向。我們會動彈不得，永遠無法跨越最初評估的判斷。甚至可能根本無法判斷。世界過度複雜化的速度會過快。如現代心理學之父詹姆斯所說：「如果什麼都記得，泰半時候反而會像是什麼都記不得。」

看待世界及思考的方式很難改變，偏誤也出奇地難纏。但無法擺脫難纏不代表完全無法改變或轉換。畢竟，事實證明，想要騙過內隱偏誤測驗也不是沒有方法，只要先行針對主要測試的偏誤項目做介入與心智練習。比方說，在接受種族內隱偏誤測驗前，先給受試者看黑人開心野餐的照片，偏誤的分數便會大幅降低。

福爾摩斯及華生都可能會立即下結論，但兩個大腦使用的捷徑卻完全不同。華生僅使用預設大腦的一塊，心智聯結的整體架構多半處於平常的消極狀態；福爾摩斯則讓我們看見大腦的可能性：瞭解如何重建立即反應的架構，才可繞行、避開，以更客觀全面地判斷周遭環境。

舉例來說，試想將內隱偏誤測驗用於醫療偏誤研究。首先給每位醫生看五十歲男人的照片，有些照片中的男子為白人，有些則為黑人。接著要求醫生想像照片中的男子是出現疑似心臟病症狀的病患。他們會如何治療該男子？回答完後，開始接受種族內隱偏誤測驗。

一方面，測驗結果很典型，多數醫生都在內隱偏誤測驗中展現出某種程度的種族偏誤。但接著有趣的事情發生了：測出的偏誤態度不一定會出現在治療假設病患上。整體而言，醫生都說自己開給黑人的必要藥物會跟開給白人的一樣，而且奇怪的是，看似最為偏誤的醫生，治療兩組病患的方式竟比較不偏誤的醫生來得公平。

2. 可自行上網至哈佛大學「內隱計畫」網站接受內隱聯結測驗：implicit.harvard.edu。（台灣版：https://implicit.harvard.edu/implicit/taiwan/）

大腦的直覺反應與實際作為並不完全相同。難道這表示偏誤消失了，大腦也沒有由最根本認知產生的內隱聯結而驟下結論？應該不太可能。但那確實表示正確的動機能中和這類偏誤，而不致影響實際行為。大腦驟下結論的方式並非我們注定行動的方式。只要願意，大腦最終還是要受我們控制。

你在雞尾酒會上看見李仕時發生的情形，也同樣會發生在福爾摩斯這種善於觀察的人身上。但就像醫生逐漸學會依據特定症狀評估而忽略無關條件，福爾摩斯則學會過濾他應該與不應該在評估陌生個體時納入的大腦直覺。

是什麼讓福爾摩斯這麼做？讓我們回到《四簽名》中神祕的女性訪客梅麗首度現身時的初次會面，觀察實際應用的過程。兩位男子看待梅麗的眼光一樣嗎？完全不同。華生最先注意到的是外表。他觀察到的是她相當美麗。福爾摩斯則駁斥那根本無關。「最重要的是不要讓個人特質影響你的評斷，」他說。「客戶對我來說不過是個單位，是難題中的要素。情緒特質會牽制理性推論。我向你保證，我所見過最吸引人的女子為了保險金毒死三個小孩而被吊死，最讓我反感的男子卻花了近二十五萬英鎊救濟倫敦貧民。」

但華生聽不進去。「可是，以這次來說……」他插嘴想反駁。

福爾摩斯搖搖頭。「我從不破例，破例會駁倒常理。」

福爾摩斯的意思相當清楚。並非不會有感覺，也不代表你能夠暫停自動浮現腦海的印象，（「我覺得她是我所見過最有魅力的女子」，他對摩斯坦小姐的這番評價，以他來說已經是極高的讚美。）但你不用讓這些印象影響客觀推論。（「但愛情是情緒，只要跟情緒有關的，都會跟我認為重於一切、真實冷酷的理智相牴觸。」）可以承認這般情緒存在，然後有意識拋開。你可以承認張珊讓你聯想到高中變成死對頭的前死黨，然後把這件事拋到腦後。情緒包袱沒有你想的那麼重要，而且永遠不要認為什麼東西是例外。沒有例外。

喔，但是要把這兩項原則應用於現實生活中真是太困難了，無論是無視情緒或不管有多渴望都絕對不能破例。華生迫切想要相信這位吸引他的女子最好的一面，把所有對她不利的條件都歸因於沒那麼有利的處境。他未受訓練的心智進而違反福爾摩斯對適當推論與知覺的所有規則：從破例到讓情緒介入，最終無法達到福爾摩斯奉為圭臬的冷酷無私。

華生從一開始便傾向於美化該位訪客。畢竟他原本如常與偵探朋友嘻笑聊天時，心情是輕鬆愉快的。適當與否，這種心情會蔓延滲入他的判斷。這叫做情感捷思：感覺便是思考的方式。愉快放鬆的心情會帶來更安然且較無防備的世界觀。在華生還不知道即將有人造訪前，就已經做好喜歡該訪客的準備了。

訪客進門時呢？就像那場派對一樣。我們看見陌生人時，心智會經歷可預測的活化模式，該模式由過往經驗、當前目標（包含動機）及存在狀態所事先設定。梅麗小姐踏進貝克街二二一B時，華生見到的是個「年輕的金髮女子，嬌小優雅，戴著手套，衣著品味近乎完美。然而，樸素簡單的穿著透露出手頭不甚寬裕。」眼前景象隨即在他腦海掀起回憶，想起過往所認識的年輕優雅的金髮女子，但可不是那些輕浮的喔；他想起那些樸素簡單不麻煩、不炫耀美貌，穿著低調「沒有任何飾帶點綴」的暗米灰色洋裝的女子。因此，梅麗的表情變得「甜美親切，藍色大眼格外充滿靈性與憐憫」。華生以「見識過橫跨三大洲無數國家女性的我，還不曾見過如此訴說著高雅與易感的臉龐」，為他開頭的歌頌總結。

這位好醫生已立刻從髮色、面容與服裝跳到更深入的性格判斷。梅麗的外表或許透露著單純，但甜美？親切？靈性？高雅與易感？華生如此判斷根本沒有任何依據。梅麗都還沒在他面前開過口。她不過是進了房間。但偏誤大軍已發動，爭先恐後為該陌生人塑造完整形象。

不過一瞬間，華生已從閣樓無數儲物中標示「我所認識的女子」的箱子裡召喚了他號稱的廣泛經驗，以賦予這位新朋友實體。儘管他認識的女子很可能真的遍及三大洲，我們無以相信他的評估確實無誤，當然，除非我們聽說華生從以前就能一眼成功判斷女性性格。但我覺得應該不太可能。華生很剛好地忘記自己曾花多久時間才瞭解過去的女伴，這還是假設他真的瞭解過。（也不要忘了，華生是個單身漢，甫從戰場負傷歸來，幾乎沒有朋友可言。他長期處於什麼樣的動機狀態呢？再想像他是個已婚、事業有成的當紅炸子雞，然後再重讀一次他對梅麗的評價。）

這種常見且極為強大的傾向稱為「可得性捷思」：我們取用的都是腦海當下可得的資訊。

越是容易想起，我們對該資訊的可得性與可靠性就會更具信心。這種效果有個最典型示範：在某段文字中看過某些陌生名字的人，事後只因為很輕易想起，便判斷那些是名人的名字，也因而對自己判斷的正確度更有信心。對他們來說，毫不費力的熟稔便是最充足的證據。他們根本沒想過，因為先前看過導致的可得性，很可能正是營造這種輕鬆感的罪魁禍首。

實驗人員一再證明，當環境中的事物（無論是影像、人物或文字）成為促因，大家更能夠聯想到相關概念；換句話說，這些概念變得更容易取得，大家也更有可能將這些概念視為可信任的答案，無論正確與否。梅麗的外貌牽動了華生大腦裡的聯結回憶瀑布，進而在心裡以各種由她恰巧活化的聯結，創造出她的形象，但不一定與「真實梅麗」相似。梅麗越接近召喚出的形象（也就是代表性捷思），加諸的印象就會越強烈，華生也會對自己的客觀程度更有信心。

忘掉那些華生可能知道或不知道的事。他根本不想要額外資訊。這位風度翩翩的醫生不太可能會問自己以下問題：他認識過多少女性最後真的同時具備高雅、易感、有靈性、有憐憫心、甜美與親切的特質？想想這種人在全部人口中多具有代表性？我大膽猜測應該不會太多吧，就算我們把無疑是聖善象徵的金髮與藍眼納入考量也一樣。而且當他看見梅麗時，腦海裡想起多少位女性？一位？兩位？一百位？整體取樣數又是多少？我敢再一次打賭數量不會太大，而且選中的取樣本身便已有偏誤。

雖然我們不知道醫生看見摩斯坦小姐時，腦海裡確切引發了什麼聯結，但我敢賭是最新（近時效應）、最醒目（多采多姿值得注意的，至於那些後來發現無趣沉悶毫不精采的金髮藍眼女子呢？我想他壓根沒想到那些女子吧，搞不好連曾經存在過都忘了），以及最熟悉（那些他最常想起，但同樣也可能不是最具代表性）的聯結。這些也從開始便導致他對梅麗看法的偏誤。從這一刻起，可能要來個大地震才能把華生從最初的評估中搖醒，搞不好手段還得更激烈。

最初活化聯結的外在條件會讓他更為堅定：臉或許是我們最厲害的暗示，也最有可能引發無法擺脫的聯結與行為。

為實際瞭解臉的力量，請看下面兩張照片。

哪張臉比較好看？

哪個人比較有能力？

就算我只把兩張照片在你面前閃過十分之一秒，你的意見很可能也會與過去以相同方式看

過上面兩張照片的數百位女性相同。但不只這樣：你剛看過的這兩張臉可不是隨意挑選。這兩位在威斯康辛州二〇〇四年美國參議院選舉中為對手候選人。你對他們能力（同時為實力與可靠度指標）的評估對實際當選者為誰的預測性極高。（答案是左邊那位，跟你的能力評估相符嗎？）將近百分之七十的案例顯示，僅看一秒不到的能力評估便能預測政治選舉的實際結果。這種預測從美國到英國、芬蘭到墨西哥、德國到澳洲的選舉都適用。大腦能從下顎線條與微笑弧度決定誰最適合為我們服務。（再看看結果：歷屆總統中，美國總統哈定的下顎最為完美方正。）我們天生就會做不該做的事情：根據某些連自己都沒察覺的細微潛意識暗示而驟下結論，這種影響層面可是遠比華生過度相信客戶漂亮臉龐還要嚴重許多。毫無準備的他，完全不敵福爾摩斯隨時掌握指間之「真正的冷酷推論」。

正如一閃而過的能力印象能做為選舉投票的基準，華生對梅麗過於正向的初步評估，也成為後續強化該初步看法所採取的行動。他從這時開始的判斷都會強烈受到初始效應的影響，也就是初步印象的恆久效力。

眼前蒙上了粉色迷霧，如今華生更有可能成為光環效應的犧牲者（若你將該項要素視為正向，也會視其他要素為正向，至於其他不符之處也會輕易地由潛意識合理化）。他也會容易落入典型的對應偏誤：將梅麗的負向特性全歸因於壓力、疲憊、倒楣等外在條件，正向特性則全歸因於性格。所有優點都是她的功勞，所有缺點都由環境承擔責任。機會和運氣呢？不重要。至於眾所周知的通則，我們相當不善於預測**任何**未來，無論是事件或行為呢？同樣也與他的判斷無關。事實上，跟福爾摩斯不同的是，他很可能根本沒考慮過這個可能性，甚至沒評估過自己的能力。

華生同時也可能完全沒意識到自己的心智是跳過多少火圈，才得以保持對梅麗前後連貫的印象，拼湊零散資訊成為能直覺地引人入勝的合理故事。就像可能導致不當後果的自證預言，他本身的行為會促使梅麗以看似證實對她初步印象的方式表現。把梅麗當成美麗聖女對待，她便很可能會回以聖潔的微笑。以認為眼前所見為真開始，結果便會如自己所預料。這時的你卻毫無所感，還以為自己非常理性客觀。這是有事實根據的完美幻象，即便完全不合邏輯，其影響也難以抹滅。（舉例來說，面試官通常在見到應試者的前幾分鐘便已做出決定，有時甚至更短。即便應試者後來的表現與最初印象不符，無論如何罪證確鑿，也不太可能改變他們的看法。）

假設你得決定某個人（就叫她艾咪吧）適不適合當你的組員。我先簡單介紹艾咪。首先，她相當聰明認真。

先到這裡。此時你很可能已經在想：**嗯，好，很好，聰明認真都是我希望搭檔具備的特質，跟她一起工作應該很棒**。但如果我接著是要說「好妒固執」呢？聽起來沒那麼好了對吧？

但最初的偏誤相當無敵。因為有了初始直覺，你會更願意忽略後面而加重前面特質的評分。若兩組順序顛倒，先聽到後面的特質，那麼不管再聰明認真，都無法讓你對初始印象為好妒固執的人產生好感。

或是看看以下兩行對某個人的描述。

聰明、有才華、認真、溫暖、有決心、實際、謹慎。
聰明、有才華、認真、冷漠、有決心、實際、謹慎。

看著這兩行，你會發現幾乎完全相同，除了兩個字：溫暖或冷漠。然而，在參與研究的受試者聽到其一描述後，請他們（從每次都會拿到的十八組形容詞中各挑一組）選出兩種最能形容這個人的特質，兩份清單營造的最終印象卻截然不同。受試主體多半會認為一號很慷慨，二號則相反。沒錯，你可能會說，溫暖本身也包含慷慨啊，如此判斷不是很正常嗎？先假設是這樣吧。但受試者的判斷卻更加延伸：他們評價一號的措辭也都比二號要來得正向，而且是與溫暖毫無關係的特質。他們不僅覺得一號善於交際、受歡迎（還算合理），還更可能覺得這人有智慧、快樂、好脾氣、幽默、人性化、帥氣、利他及富有想像力。

兩個字就能造成如此差異：即便其他描述都一樣，也能影響你對某個人的整體觀察。而且初步印象會歷久不衰，就像梅麗小姐讓華生陶醉的髮色、雙眸及洋裝，都會持續影響他對她這個人的評估，以及他對她有沒有能力做什麼的觀察。我們喜歡一致，而且不喜歡出錯。因此，初始印象通常具有無比影響力，無論之後的證據如何顯示。

那福爾摩斯呢？梅麗離開後，華生驚呼：「真是迷人的女子！」福爾摩斯的回答很簡單：「是嗎？我沒觀察到。」隨後他則是警告華生小心，不要讓個人特質凌駕自己的判斷。

福爾摩斯真的是說他沒觀察到嗎？正好相反。他跟華生觀察到的外在細節完全相同，可能還更多。但他**沒有**做出與華生相同的判斷：她是個迷人的女子！就這麼一句話，華生的客觀觀察已經變成主觀看法，事實條件充滿了情緒特質。這正是福爾摩斯警告過不能發生的事。福爾摩斯甚至可能承認梅麗迷人外表的客觀性質（但你若還記得，華生開始時說梅麗「五官膚色並不特別勻稱美麗」），卻在察覺的同時判定該觀察不相干。

福爾摩斯與華生的差異不僅在於閣樓內容——其一閣樓的家具，由自稱孤狼，熱愛音樂、歌劇、抽煙斗、室內練靶、深奧化學實驗及文藝復興時期建築的偵探所收藏，另一閣樓的家具則屬於自稱花花公子，熱愛豐盛大餐及愉快夜間約會的戰地醫生；還有各自心智最初整理家具的方式。福爾摩斯對自己閣樓的偏誤瞭若指掌，就像小提琴有幾根弦他都數得出來。他知道，專注於愉悅就會卸下心房，若是受到偶然外觀條件的影響，就會不小心失去整體觀察的客觀性，而太快做出判斷會錯過反向證據，僅著重於佐證的條件。他也知道配合預先做出的判斷行事有多吸引人。

因此他選擇事先篩選會進入腦袋的要素。也就是，除了閣樓既有家具，**還有**爭相通過海馬體閘門想進入長期記憶體的潛在家具。畢竟我們絕對不能忘記，引起注意的所有經驗及世界各面向，都是準備製成的未來記憶、可新加入的家具、添入資料夾的新照片、融入已然過度擁擠之閣樓的新要素。我們無法阻止心智形成基本的判斷，無法控制我們所保留的所有資訊，但我們可以更瞭解通常守在閣樓入口的篩選機轉，利用動機更加關注對目標重要的東西，減少注意不重要的東西。

福爾摩斯不是機器人偶，那是華生在他沒對梅麗產生熱情時對他的稱呼。（某天他也會稱讚某位女子不同凡響：艾琳．阿德勒。但也是因為他鬥智輸了，證明她比過去所遇過的任何對手還要出色，無分男女。）他不過是瞭解一切全為表象，可源於性格，也可源於環境，與價值無關。而且他知道閣樓空間很寶貴，必須仔細思考該把什麼加入羅列心智的箱子裡。

回到先前的張珊與李仕。若以福爾摩斯的手法為指引，這場相遇會如何不同呢？你看見李仕的棒球帽或張珊的藍色挑染，（正向或負向）聯結源源不絕冒出。你感覺對方是你想或不想花時間認識的人……但是在陌生人開口前，暫且退後看一下自己。又或者該說，更深入看一下自己。先行意識到腦中形成的判斷（總是）其來有自，然後再一次看向朝你走來的陌生人。客觀來說，你突然形成的印象有何依據？李仕皺著眉頭嗎？張珊剛把面前的人推開嗎？沒有嗎？那這種不喜歡的感覺必定來自他處。或許只要稍微反省就會發現，其實是因為那頂棒球帽或藍色挑染。也或許不會發現。無論如何，首先你會承認自己已傾向於喜歡或不喜歡某個根本不認識的人，再者是承認需要修正自己的印象。誰知道，搞不好初步印象是對的。但至少若第二次你仍做出相同判斷，將會是根據客觀事實，而且是在你給過張珊或李仕機會開口後。此時你才能利用對話機會，真正觀察實際的細節、行為舉止與用字遣詞。面對數量龐大的證據，明白自己早已在某種程度上決定要更重視某些跡象的你，將嘗試重新衡量評估。

搞不好張珊跟你的朋友一點也不像。搞不好雖然你跟李仕無法共享對棒球的熱情，但他其實是你會想要認識的人。又或者其實從頭到尾你都是對的。結果如何不是重點，重要的是你有沒有意識到，無論正向負向、具有說服力或看似毫不相干，沒有任何判斷真的是從白紙開始。事實上，在我們意識到該判斷時，早已徹底經由大腦閣樓與環境之互動篩選過了。我們無法有意識地強迫自己停止做出這些判斷，但能學會認識自己的閣樓，瞭解其怪癖、傾向及特性，努力讓起點更為中立，無論是看人、觀察情況或做出決定。

環境促發：巧合的力量

以梅麗或張珊、李仕的例子來說，外貌條件會活化偏誤，而這些條件都屬於該情境本質。然而，有時偏誤卻會由與我們從事活動徹底無關的因素活化，這些因素可是相當狡猾。儘管我們可能完全沒意識到（其實通常正是因為如此），而且也跟我們所做的事情完全無關，還是能輕易地深深影響我們的判斷。

無論何時，環境會對我們產生促發效應。福爾摩斯與華生在《紅櫸莊奇案》（*Adventure of the Copper Beeches*）裡搭火車前往鄉下。行經奧德勺特時，華生望向窗外飛逝而過的房子。

> 「真是新鮮好看啊！」甫離開煙霧迷濛貝克街的我興奮大喊。
>
> 福爾摩斯卻嚴肅地搖頭。
>
> 「華生，你知道嗎，」他說，「像我這種腦袋的人所受到的詛咒，就是看待周遭環境都必須想到與我的特定目標有何關聯。你看著這些散居的房子，驚豔於它們的美，我卻只想到在獨立坐落的房子裡犯案有多容易逃避刑罰。」

福爾摩斯與華生確實看著相同的屋舍，但他們眼裡所見的卻大不相同。即便華生得以習得福爾摩斯觀察的技巧，他的初步經驗還是很不一樣。因為，華生不僅擁有與福爾摩斯完全不同的記憶和習慣，吸引他的目光，讓他沿著特定方向思考的環境誘因也不同。

早在華生驚嘆路經屋舍的美麗之前，他的心智已由環境促發以特定方式思考，注意特定事物。他安靜地坐在火車車廂裡，注意到窗外迷人的景色，「是理想的春日，由西飄往東的片片白雲點綴著淡淡藍天。」陽光耀眼，「空氣中有股令人興奮的悸動，讓人完全坐不住。」而在一片新意盎然的春日枝枒中，坐落著那些屋舍。這樣看來，華生眼前的世界全閃耀著幸福的粉色光芒也沒那麼出乎意料了吧？周遭的愉悅環境促發他的正向思維。

不過，事實上這種思維對於做出其他判斷根本是多餘。就算華生心情悲傷憂鬱，屋舍也不會有所改變，唯有他對屋舍的感知可能不同。（說不定會看起來孤單又陰沉？）在這裡，華生認為屋舍親切與否不重要。但假設他要上門借電話、做問卷調查或調查犯罪，而在接近前先做出如此判斷呢？這下屋舍安全與否就很重要了。若門後住著可能會犯罪的壞人，你真的想要獨自前去敲門嗎？此時你對該屋舍的判斷就必須正確，不能只是因為天氣好就覺得很好。就像我們必須清楚內在閣樓會在無意之中影響判斷，我們也必須意識到外在環境對這些判斷的影響。東西不在閣樓裡，不表示無法真實地影響閣樓的篩選機轉。

根本沒有「客觀」環境這種東西。只有我們對環境的知覺，取決於習慣性思考模式（華生的傾向）與周遭環境（晴天）的知覺。但要我們自己意識到閣樓篩選機轉對世界的詮釋影響有多深遠，可是相當困難。說到臣服於晴朗春日，毫無防備的華生絕不孤單，他也不該因為自己的反應受到責難。儘管我們可能甚少察覺，天氣是非常強大的促因，無時不影響我們。舉例來說，人們於晴天時自陳較為開心，整體生命滿意度也比雨天時要高。他們完全沒發現其中關聯，真心相信自己在看見藍天下的耀眼陽光感到更滿足，就像華生從車廂窗戶外望見的景色。

其效應遠超出簡單自陳，也在重大決定中發揮作用。相較於晴天，學生在雨天裡琢磨考慮就讀的大學時會更注意學業課程；校園參觀日當天的雲覆蓋率只要增加一個標準差，實際可能註冊的學生就會增加百分之九。每當天氣轉陰，金融交易員便更有可能決定規避風險；太陽一探出頭，就會增加偏好風險的選擇。天氣所扮演的角色遠超過漂亮背景，直接影響我們所見、所專注及評估世界的方式。但你真的想要由天候狀況來決定唸什麼大學、鑒定整體幸福指數（我很好奇是否陰天提出離婚或分手的數量會多過晴天），或做出商業決策嗎？

福爾摩斯則完全沒注意到天氣，他上火車後就一直埋頭看報紙。又或者該說，他不是真的完全無覺，而是瞭解專注的重要性，因此選擇忽略天候，就像他以「我沒發現」駁回梅麗的迷人外表。他當然發現了。問題是他是否選擇要注意，進而讓閣樓內容隨之改變。誰知道福爾摩斯腦子若沒在忙著思考案件，心不在焉，陽光會如何影響他。事實就是他正專注於截然不同的細節與內容。他想當然耳正感到焦慮且心不在焉，不像華生。畢竟剛有位表明自己已束手無策的年輕女子尋求他的協助。他正在沉思，滿腦子想著即將面臨的難題。因此他眼中的房子正好讓他想起占據思緒的情境也沒那麼出乎意料了吧？或許不像天氣那樣恰巧促發華生思考，但仍是個促因。

不過，你或許會（正確地）反駁，華生不也看過該位飽受困擾的客戶寄來的相同電報嗎？確實如此。但是他根本沒想到這件事。促因就是這樣：促發你我的方式不一定完全相同。回到先前討論過的閣樓內部架構、習慣性偏誤及思考模式。習慣性思考模式必須與環境互動，才能讓微妙的前意識徹底影響思考程序，主要也是這番影響衝擊著注意力，以及在心智發揮作用的方式。

假設我給你看許多五個字詞的組合，然後用各組寫出四個字詞的句子。都是些乍看無害的字詞，其中卻隱含著所謂的目標刺激：像是**孤單**、**小心**、**佛羅里達州**、**無助**、**打毛線**、**容易受騙**等字詞。看到這些詞你想到什麼了嗎？如果我把這些詞都擺在一起，可能會讓你想到年邁。但是散布在三十組五個字詞的組合裡，影響就沒那麼明顯，小到原本各三十位，兩組共六十位的受試者採樣中，沒有人發現任何主題連貫性。不過沒發現不代表沒受影響。

該促發實驗自一九九六年開始進行，若你與那數百位受試者相同，應該會發生接下來幾件事。走路速度會比先前要慢，甚至些微駝背（兩者皆為促發的意念動作效應，也就是對實際肢體動作的影響）。許多認知能力作業的表現都更差，回答特定問題的反應更慢，甚至覺得自己較先前來得年老疲憊。為什麼？你剛經歷的是**佛州效應**：未經察覺，許多與年邁相關的成見活化了大腦裡的一連串節點與概念，讓你進而以特定方式思考與表現。這是最基本的促發作用。

然而，究竟觸發哪些節點及如何活化，端視個人閣樓及其特定特徵。比方說，若你的文化背景相當尊重年長者的智慧，你或許仍會稍微放慢步伐，完成相同認知能力作業時卻會稍微快速。反過來，若你本身對年長者抱持的態度相當負向，可能會實際做出與其他人完全相反的行為：可能會為了證明自己跟促發目標不同而走路速度更快，站姿更為筆直。這就是重點：促因不會憑空存在。促發影響因人而異。不過，雖然每個人反應不同，大家都還是會有所反應。

簡單來說，這就是為什麼同一封電報對華生及福爾摩斯會有不同的意義。對福爾摩斯來說，該電報誘發的是預料中與慣於破案思維相聯結的思考模式。對華生來說，電報根本不重要，心思很快便轉往美麗天空與啼叫的小鳥了。

這樣很出乎意料嗎？整體而言，我想應該可以說華生眼中的世界較福爾摩斯的友善。他經常發自內心對福爾摩斯的滿腹懷疑感到驚訝，也對他的神祕演繹手法讚嘆不已。福爾摩斯一眼看出的邪惡意圖，在華生眼裡卻僅注意到充滿憐憫的美麗臉龐。福爾摩斯對過往犯罪的廣泛知識可呼之即來並立刻應用，華生卻完全沒有這些資源，只能仰賴自己知道的：醫療、戰爭，以及他與大偵探的短暫邂逅。除此以外，福爾摩斯辦案時若需要拼湊所有細節，總會陷入沉思，杜絕所有與眼前主題無關的干擾；相較之下，華生總樂於發現春日之美及連綿山丘的動人之處，兩者閣樓的架構與內容截然不同，篩選任何資訊的方式很可能也南轅北轍。

我們絕對不要忘了考慮習慣性思維。所有情況都是習慣與當下目標及動機的結合，也就是閣樓架構及當前狀態。晴天、焦慮、電報或一串字，任何促因都會朝特定方向活化我們的思緒，但活化內容與方式則端視閣樓過往使用的原有內容及架構方式。

但好消息是：一旦我們察覺促因的存在，促因便失去作用。那些關於天氣與心情的研究？

若受試者事前便清楚意識到當天下雨，天氣便失去影響：要是請他們在自陳幸福程度前先問天氣如何，天氣便不再具有影響力。研究環境對情緒造成的影響時，若先以非情緒原因解釋受試者的狀態，便能同時排除促發作用。以典型的情緒研究為例，若先為你施打腎上腺素，再與（可能正向或負向）強烈情緒的人互動，你很可能會反射相同的情緒。不過，若事先告知施打的針劑會引發實際反應，便會減緩反射作用。沒錯，促發作用的研究出了名的難以複製：只要受試者稍微注意到促發機轉，便可能會完全失去效果。意識到行為背後的原因，就不再受到影響：這下可以將活化的各種情緒或思緒歸咎於其他因素，不再認為這番衝動來自於心智，也就是自我意志。

活化消極的大腦

所以，福爾摩斯**到底**如何擺脫閣樓在注意前立即做出的判斷？他如何成功將自己與環境當下加諸於他心智的外在影響分開？這般意識與存在正是關鍵。吸收資訊的消極階段宛如充滿漏洞的海綿，有些資訊會進入，有些則是進了這個洞再直接從另一個洞出去，過程中海綿完全不得有意見；福爾摩斯把該程序化為積極歷程，正是我們稍後會詳加討論的觀察類型。他將該積極歷程變成大腦的預設程序。

與你現在一樣，他從根本上意識到我們的思考程序如何開展，為什麼從一開始便密切注意是如此重要。若我要你暫停，向你解釋所有印象的形成原因，你或許不會改變主意（「但我當然是對的啊！」），至少你會知道由來，也會逐漸讓自己在驟下結論**前**先注意自己的心智，總之會更有可能傾聽其智慧。

福爾摩斯不把絲毫印象視為理所當然。他不允許任何恰巧吸引他目光的誘因，決定東西能否進入閣樓及閣樓內容是否活化。他隨時主動與戒備，以免迷途促因鑽入他神聖的心智空間。雖然隨時注意相當累人，在重要情況下卻是很值得花費的精力，而且時間久了，我們會感到越來越容易。

簡單來說，你只需要依福爾摩斯照例自問的相同問題問自己：**有什麼多餘的東西影響我在當下對眼前事物的判斷？**（答案幾乎永遠為是。）**若是如此，我該如何順勢調整？是什麼影響了我的第一印象，這第一印象是否進而影響了其他印象？**福爾摩斯並非不受促發作用影響，而是他太清楚其威力。所以在華生立即接受自己對某女子或屋舍的判斷時，福爾摩斯立即以**沒錯，但是……**糾正自己的印象。他要傳達的訊息很簡單：絕對不要忘了，初步印象就只是初步印象，要花點時間反思形成的原因與對你的整體目標有何意義。願意與否，大腦會自然運作，我們無法加以改變。但可以改變自己是要把初步印象視為理所當然，抑或是深入探討。而且絕對不要忘了全神貫注與動機的強大組合。

換句話說，質疑自己與自己的心智。積極觀察，跨越預設模式的消極狀態。到底是實際客觀行為的結論（在你稱梅麗為聖母前，是否曾看過她做出任何讓你相信這身分的事？），或只是主觀印象（就……她**看起來**是個很好的人）？

唸大學時，我協助籌備世界模擬聯合國會議。我們每年都會到不同城市邀請各地學生加入模擬會議。我擔任主任委員：負責研擬主題、主持辯論會，會議結束時頒獎給我認為表現最好的學生。工作簡單明瞭。除了頒獎的時候。

第一年，我注意到牛津與劍橋學生帶回家的最佳講者獎多到不成比例。是那些學生真的格外厲害，還是有什麼其他原因？我懷疑是後者。畢竟參與代表來自世界各地的頂尖大學，牛津與劍橋確實是非常出色的學校，我不認為他們真能永遠派出最好的代表。是怎麼回事？其他頒獎同仁是否有些偏誤呢？

隔年我決定要試著找出答案。我試著注意自己面對每位同學發言時的反應，留意自己的印象、學生提出的論點，以及論點是否能說服人。此時我發現了聽來頗為震驚的事：牛津與劍橋學生**聽起來**比較聰明。讓兩個學生一起說同樣的話，我會比較喜歡英國腔的那位。毫無道理，但這個腔調顯然活化了我心智裡的某種刻板印象，導致之後直到會議結束頒獎時刻到來的所有判斷都偏誤，我因此深信英國代表最為優秀。這番體會令人不太愉快。

我的下一步是積極抗拒。我嘗試專注於內容本身：每位學生說什麼，說法如何？對討論有任何幫助嗎？是否點出需要提點的論點？或相反的，是否僅單獨將他人觀察換句話說，甚至沒能提出任何具體論點？

若我說這過程容易，那是騙人的。儘管我已經很努力了，還是發現自己一直陷入語調及腔調、字句抑揚頓挫而非內容的陷阱。最可怕的在這裡：到了最後我還是有衝動要把最佳講者頒給牛津代表。我發現我對自己說，她真的最優秀。**若我不承認這一點，是否反而矯枉過正，只因為她是英國人而懲罰她。**問題不在**我**。即便真把獎項頒給牛津學生也是適得其所。偏誤的是其他人。

只不過這位牛津代表並非最優秀。回顧我細心寫下的筆記時，我發現好幾位學生的表現都比她好。我的筆記與記憶、印象竟然徹底相反。最後我以筆記為準。但直到最後一刻我都很掙扎。即便頒完獎了，我還是甩不掉自己剝奪了牛津女孩應得獎項的感覺。

即便完全錯誤，直覺還是有影響力。因此，面對強烈直覺（這是個很棒的人；好漂亮的房子；非常值得努力的事；才華洋溢的辯論員）時，我們必須自問：我的直覺有何根據？真能相信這直覺，或只是心智愚弄了我？客觀的外力檢查很有幫助，例如我的會議筆記，但不是每次都有。

有時候我們就是必須察覺到，即便相當確認自己毫無偏誤，沒有任何額外東西影響判斷及選擇，還是很可能沒能完全理性或客觀行事。有時最好不要相信自身判斷的這番體會，就是能讓自身判斷變得可以信任的關鍵。更重要的是，若我們有追求正確的動機，初步編碼就比較不會從一開始便失去控制。

但持續練習體會便能凌駕體會。準確的直覺不過就是練習，由技術取代習得的捷思。就像我們並非天生怠慢，也不是生來就注定要配合錯誤思考習慣行事。我們之所以這麼做，只是因為不斷的接觸與練習，以及缺乏福爾摩斯確保賦予自己所有思緒同等全神貫注的注意力。我們或許不會意識到自己確立了大腦的特定思考方式，但確實如此。這是好消息也是壞消息：我們若教過自己的大腦，就能收回當初的教學，或是教授新的東西。任何習慣都是能換成別種習慣的習慣。時間久了，技術便能改變捷思。如我們現今稱為判斷與決策領域的創始人赫伯特・西蒙（Herbert Simon）所說：「直覺就是認知，不多也不少。」

福爾摩斯比我們多練習了數千小時。從兒時初期開始每年三百六十五天，每天二十四小時，在無數機會下年年形成他的習慣。在他面前很容易感到挫折，但最終或許會受他鼓舞而更有成效。如果他能做到，我們也能。只是需要時間。這麼長時間培養的習慣已成了心智本質，沒那麼容易改變。

察覺是第一步。福爾摩斯透過察覺得以避免許多折磨華生、探長、他的客戶及敵人的錯誤。但他如何超越察覺到實際採取行動？過程從觀察開始：一旦瞭解大腦閣樓的運作方式及思考歷程的源頭，就能將注意力導向重要的事，遠離不重要的事。我們現在就要轉向這種全神貫注的觀察任務。

福爾摩斯延伸閱讀

「（太陽系）跟我有什麼關係啊！」、「我覺得人的大腦起初就像空盪的閣樓……」——《血字的研究》第二章：演繹科學（P. 15）

「給我難題，給我工作……」——《四簽名》第一章：演繹科學（P. 5）

「梅麗小姐進門……」、「最重要的是不要讓個人特質影響你的評斷。」——《四簽名》第二章：陳述案件（P. 13）

「『真是新鮮好看啊！』我……」——《福爾摩斯探險記》（*The Adventures of Sherlock Holmes*）：《紅櫸莊奇案》（P. 292）

第2部
從觀察到想像

第3章 填滿大腦閣樓：觀察的力量

星期六晚上，到了爸爸夜間朗讀的時候。這週前幾天才剛聽了耗時數月完成憂心旅程的《基度山恩仇記》，這下標準可高了。遠離法國城堡、堡壘及寶藏的我，發現自己面對的是初次見面只消一眼便能萬分肯定說出「看來你去過阿富汗」的男子。華生的反應「你怎麼會知道？」則與我當下感受完全相同。他**到底**是怎麼知道的？我很清楚，那絕非觀察入微這麼簡單。

或者其實就是？華生心想福爾摩斯怎麼可能知道他服役的事情，於是假設事前已經有人告訴過他。根本不可能有人光看……就知道。

「沒有這回事，」福爾摩斯說。當然可能。他接著說：

我知道你從阿富汗回來。長期以來，習慣的思路快速穿越腦海，我連其中步驟都還未察覺，便得到這個結論。然而步驟確實存在。推理列車如此行駛：「這人有醫科背景，卻散發軍人氣質。顯然是軍醫。臉很黑，表示他剛從熱帶地區回來；手腕很白，所以深色不是他的自然膚色。憔悴的臉龐訴說他經歷了不少苦難與病痛。左手臂受過傷，姿勢僵硬不自然。什麼熱帶地區會讓軍醫經歷如此苦難，還傷了手臂？顯然是阿富汗。」思路完整通過的時間不用一秒鐘。接著我表示你剛從阿富汗回來，你因此非常訝異。

沒錯，原點似乎是觀察，簡單明瞭。福爾摩斯看向華生，立即蒐集關於他外表、行為舉止的詳細資料。藉由這些資料，他塑造出這個人的整體形象，就像現實中的貝爾教授在目瞪口呆的柯南．道爾面前所示範。

但不僅如此。福爾摩斯一眼便道盡新夥伴的人生故事，他觀察的方式顯然超越了觀察本身。觀察不僅是讓物件進入視線範圍的消極歷程，更是要知道觀察的**內容**與**方法**，進而予以注意：你專注於什麼細節？忽略什麼細節？如何吸收並捕捉那些決定要放大觀察的細節？換句話說，如何將大腦閣樓潛力發揮到極致？若還記得福爾摩斯先前的忠告，不要什麼細節都丟進閣樓，要盡可能維持裡面整齊乾淨。我們選擇注意的東西都可能成為閣樓未來的裝潢，更重要的是，東西加入也代表閣樓地景的改變，進而影響未來新增的一切。因此必須慎選。

慎選表示要篩選。不僅要看，而且要適當地看，看的同時認真思考。明白自己所注意的內容及方法將成為未來所有可能演繹的基礎。要能看見全貌，注意重要的細節，瞭解如何在更為廣泛的思考框架裡將細節融入脈絡。

福爾摩斯為何會注意到華生的外觀細節，還有他在現實生活中的藍本貝爾教授又為何觀察新病患的行為舉止?(「各位,」醫生為他的學生解說,「該男子風度翩翩卻沒摘下帽子。軍中毋須摘帽,他若退役已久就該學到這個平民的習慣。他散發著權威人士的氣質,」醫生繼續分析,「而且明顯是蘇格蘭人。他抱怨巴貝多有象皮病,那是西印度群島而非英國會有的疾病,蘇格蘭軍團此刻正駐紮在那裡。」他怎麼知道病患的諸多外觀細節中哪些重要?這是日積月累的練習成果。貝爾教授治療過無數病患,聽過無數人生故事,做出過無數診斷,到後來已經習慣成自然,福爾摩斯也是如此。若是涉世未深的年輕貝爾便不太可能有這種能力。)

福爾摩斯的解釋出現在兩人討論完他為早報寫的文章〈生命之書〉後,也就是我先前引用從一滴水便可推論出大西洋或尼加拉瓜大瀑布之存在可能的同篇文章。以豐富水分開展後,福爾摩斯繼而將原則延伸到人類互動。

> 論及最困難的道德與心靈層面之前,探究者首先要掌握更為基本的問題。遇見另一人時,他要先學會一眼識出此人過往、從事什麼行業。看似幼稚的練習,卻能磨練觀察機能,學習該看哪裡、找什麼。從男子指甲、外套袖子、靴子、褲膝、拇指與食指上的繭、臉上表情、襯衫袖口,這些細節在在揭露男子的工作。能力十足的探究者幾乎不太可能整合以上資訊卻還找不出答案。

再回頭來看福爾摩斯推論華生在阿富汗工作的過程。列出各種讓他鎖定華生駐留處的要素時，他舉出的諸多例子中包含身在倫敦卻晒黑（顯然**不是**這種氣候會有的典型膚色，想必出於他處），說明他來自熱帶地區。表情很憔悴。那顯然不是去度假，而是有什麼事情讓他不舒服。至於動作呢？一邊手臂僵硬很不自然，這種僵硬往往源於受傷。

熱帶、生病、受傷，集合起來拼成完整樣貌後，答案出來了——阿富汗。每項觀察都在相同脈絡下緊密產生，不是散落的碎片，而是構成密不可分之完整樣貌的片段。福爾摩斯不僅只觀察，看的同時，他也針對這些觀察提出正確的問題，讓他能把所有資訊拼湊起來，從一滴水推論出海洋的存在。他不需要瞭解阿富汗，也能知道華生剛離開戰場，搞不好他當下並不知道那裡是什麼地方，也大可以說出「看得出來你剛離開戰場」之類的話。聽起來或許就沒那麼了不起，但意思不變。

至於職業：**醫生**類別在先，才是**軍醫**，主分類永遠先於子分類，絕不可顛倒。至於**醫生**：以畢生從事如此華麗工作的人而言，這種猜測頗為平凡。但平凡不表示錯了。仔細閱讀福爾摩斯的解釋就會發現，他猜測對方職業時，鮮少（除非有絕佳理由）偏向什麼難解深奧的細節，總是謹守更為常見的要素，根基於觀察與事實，而非道聽塗說或猜測得來的資訊。醫生顯然比偵探還要常見，福爾摩斯可不會忘記這一點。每項觀察都必須與既有知識庫結合。說真的，若福爾摩斯遇見自己，他絕對猜**不**出自己的職業。畢竟他自認是世上唯一的「顧問偵探」。若想問對問題，基本比率很重要，也就是一般人口中出現的頻率。

目前為止，我們知道華生是來自阿富汗的醫生。好醫生自己也說：瞭解推論過程後就很簡單。但我們要如何學習自行推論出這個結果？

最終重點只有三個字：注意力。

專注絕不是基本

福爾摩斯與華生初次見面時，福爾摩斯立刻正確演繹出華生的過去。但華生的印象如何呢？首先，我們知道他沒注意自己步入的醫院，也就是他即將初次與福爾摩斯相會的場景。「這種地方我很熟。」他這麼對我們說，所以「毋須引導」。

進入實驗室後，眼前就是福爾摩斯。華生對他的第一印象是訝異於他的力道。福爾摩斯以「（華生）沒想過他會有的力道」緊握華生的手。他很驚訝福爾摩斯竟然對新人示範的化學實驗感到如此興奮則是第二印象。第三印象才是首次真正觀察福爾摩斯的外表：「我注意到（他手上）貼滿許多相似的藥布，還被強酸染色。」

前兩項其實是印象而非觀察，又或者該說是預設印象，近似於前一章提及對李仕或梅麗做出的直覺性前意識判斷。（為什麼福爾摩斯不能孔武有力？華生似乎搶先一步認定他跟醫學院學生很像，所以不善於任何體能表現。為什麼福爾摩斯不能感到興奮？華生再一次將自認什麼算有趣或無聊的看法加諸於新朋友身上。）第三項則與福爾摩斯演繹出華生曾於阿富汗服役的觀察相似，可是華生之所以會注意到，也是因為福爾摩斯在手指上貼了繃帶並加以說明，這才引起他的注意。「我必須要小心，」福爾摩斯說，「因為我常碰毒藥。」結果，華生真正的觀察是經過引導才發現。

為什麼會如此不全神貫注，做出如此膚淺主觀的評估？答案就在華生向福爾摩斯列舉自己的缺點時浮現，反正未來樓友本就該瞭解彼此最大的缺點？「我很懶惰，」他說。四個字，直達問題核心。

很巧的是華生並不孤單。同樣的缺點也困擾著我們多數人，至少在專注這方面。一五四〇年，銅板雕刻家拉登斯貝德（Hans Ladenspelder）完成了七件系列作品中的一件雕刻品：女子以單邊手肘斜倚著柱子，闔眼，頭枕在左手上；驢子從她右肩後方向前望。雕刻作品名稱：阿西迪雅（Acedia）。創作系列為：七大原罪。

阿西迪雅按字面解釋便是不在乎。懶散。牛津字典將這種心智的懶散定義為「心靈或心理懶散，漠不關心」。本篤會稱之為「正午惡魔」，連虔誠修士都會受精神頹靡誘惑，耗費數小時無所事事，未能從事心靈勞動。今日則成了注意力不足過動症、容易分心、血糖低等諸多標籤，用以形容讓我們無法專心做好事情的現象。

無論你認為那是罪惡、誘惑、心智的懶散習慣或身體病況，這番現象都提出相同的問題：

專注為何如此困難？

其實並不完全是我們的錯。經過數十年的腦部研究後，精神學家馬克斯・賴可（Marcus Raichle）瞭解到：大腦天生就會心不在焉。心不在焉是預設狀態。每當思緒因各有其目標的特定活動暫停時，大腦會回到所謂的基線，呈現「休息」狀態，但可不要相信其字面意義，因為大腦根本沒在休息。反而是進入所謂「預設模式網絡」的活性期：由後扣帶迴皮質、毗連內側頂葉、內側前額葉皮質組成。活化基線表示大腦隨時都從外在世界與內在狀態收集資訊，更監控資訊中有無值得注意的跡象。這番隨時預備的狀態，從進化角度來看或許很有幫助，讓我們能隨時偵測潛在敵人、抽象思考及規劃未來，卻也象徵著大腦注定要心不在焉。**這**就是大腦的休息狀態。想更進一步得要靠自覺意志。

現代強調的一心多用非常符合自然趨勢，只是效果不彰。所有加諸於注意力的新資訊或要求，都彷彿潛在敵人：「咦……，」大腦說，「我好像該注意那個才對。」接著又有新資訊進來。我們可以讓大腦無止盡地心不在焉。但結果呢？就是什麼都注意，卻也什麼都沒注意到。雖然大腦天生要心不在焉，卻完全無法按照現代生活要求的速度切換活動。我們本來就應該準備好隨時切入，但不是同時從事多種活動或快速連動。

再次仔細看華生初次見到福爾摩斯時注意的方式（或者該說沒在注意）。他並不是什麼都沒看到。他發現「無數瓶罐。到處都是寬矮桌，桌面豎立著蒸餾器、試管及小酒精燈，燈上搖曳著藍色火光。」細節如此多，卻無礙於眼前的任務：挑選未來樓友。

注意力是有限資源。注意這件事，勢必會犧牲對另一件事的注意力。太過專心看實驗室裡的科學設備，就會看不見實驗室裡的那名男子有何特點。把注意力同時分散至不同目標，就不能指望效果跟專注於單一目標同樣好。兩項任務不可能同時處於注意力的前景。其中一項難免會成為焦點，另一項（或其他項）則近似於無關緊要的雜訊，需要排除。更糟的情況則是沒有任何一項成為焦點，全部成為稍微清楚一點的雜訊，但仍屬雜訊。

這樣想吧。我給你看一連串的句子，讀每一句時都要做下面兩件事：首先告訴我句子是否成立，**成立**就在句尾寫**是**，**不成立**就寫**否**；再來，記住句尾最後一個字（看完所有句子後，必須要按照順序排出所有句尾字）。閱讀每句不可花超過五秒鐘，包含判斷是否成立與記住句尾字。（可以拿計時器設定每五秒鐘響一次，上網找類似設定，或是自己盡可能拿捏時間。）回頭看已經看過的句子算作弊。想像每次看完句子，該句便消失。準備好了嗎？

她擔心太熱所以裹了新買的披肩。

她沿著可看海的崎嶇道路開車。

房屋擴建時，我們會蓋隻木鴨子。

工人看到他的笑容就知道他不開心。

這個地方宛如迷宮很難找到正確的廳堂。

小女孩看著她的玩具然後玩起了娃娃。

現在請依序寫下所有句尾字。同樣也請不要作弊回頭看。

完成了嗎？你剛完成的是句子確認與廣度作業。結果如何？我猜起初應該還不錯吧，但應該沒有你原本以為的那麼容易。時間限制增加了難度；閱讀句子的同時，還得理解以便確認也增加難度：不能只專注於句尾字，必須理解整體句意。句子越多就越複雜，也更難確認句子是否成立，而且每句可停留時間越短，你就越難記住句尾字，特別是沒有足夠時間讓你複習的時候。

不管你記得住幾個字，以下幾點都適用。首先，如果我是請你在電腦螢幕上看每個句子——尤其在對你來說格外困難（例如句子更複雜，或是即將看完所有句子），同時記住的句尾字越多時——你很可能會看不見默記時同時閃過螢幕的其他字母或影像：你的雙眼雖然一直盯著看，可是大腦正以穩定的模式全神貫注地閱讀、理解、記憶，你可能根本抓不住那些其他字母或影像。大腦忽略那些是對的，這時積極注意一切會讓你過度分心，尤其在你正忙於其他任務的時候。

想想《血字的研究》裡因忙於看屋裡活動而錯過身旁犯人的警察。福爾摩斯問他街道是否空無一人時，（該警察）蘭斯說：「嗯，可以算是，至少沒有看見任何派得上用場的人。」然而犯人就在他眼前，只是他不知道該如何看出來。他看見的不是嫌疑人，而是個酒鬼，也沒注意到任何可以讓他重新判斷的不協調或巧合，因為他太執著於「真正的」工作，也就是查看犯罪現場。

這種現象通常稱為注意盲視，專注於一樣東西就會看不見其他東西，而我個人喜歡稱之為「注意的不注意」。這個概念最先由認知心理學先驅烏瑞克・耐瑟（Ulric Neisser）提出。耐瑟發現自己於薄暮時分望向窗外時，只能專注於看見外面世界或玻璃上的屋內倒影，無法積極地同時注意兩邊。薄暮或倒影必須擇一。他稱此概念為選擇性觀看。

後來他在實驗室裡讓受試者觀看兩支片中人物從事不同活動的重疊影片，例如在其中一支影片裡打牌，在另一支影片裡打棒球。他觀察到受試者能輕易跟上兩支影片中的活動，卻完全忽略另一支影片裡發生的意外。比方說，若受試者正在看棒球比賽，就不會注意到另一支影片中打牌的人突然停下動作，起身並彼此握手。就像一九五〇年代發現的現象：選擇性聆聽，一邊耳朵聽著對話，就會完全忽略另一邊耳朵聽見的內容，除非牽涉層面更廣泛；畢竟現在的應用範圍是多重，而非單一感官。初次發掘該現象後便一再用實驗驗證，以離譜的視覺，例如猩猩裝、小丑踩單輪車，甚至現實生活鹿橫死路中等情況，那些直盯著看的人竟然都沒注意到。

很可怕吧？本來就是。我們能夠在毫無察覺的情況下徹底抹去某些部分視野。福爾摩斯提醒華生他看了卻沒觀察。其實他大可進一步說：有時候我們甚至沒看到。

我們甚至毋須從事什麼需要高度認知能力的任務，也會在毫無知覺的情況下錯過全世界。舉例來說，心情惡劣時，映入眼簾的事物會比心情好時要少。視覺皮質所接收的外在資訊真的會變少。我們可以在不同時間兩度觀看相同場景，一次是當天順心如意，一次是諸事不順，心情不好的那天注意到的，大腦接收到的訊息會比較少。

除非注意，我們無法察覺。毫無例外。沒錯，察覺只需要一點點注意力，但仍舊需要注意力。沒什麼會自動發生。不注意某樣東西，我們就不會察覺其存在。

我們暫時回到先前的句子確認作業。你不僅因為過於專注窗戶上的倒影而忽略窗外暮色，越是用力思考，瞳孔就越是放大。光是看瞳孔大小，我大概就能判斷你付出的心力：包含記憶負荷量、完成作業的從容度、計算速度，甚至是藍斑核神經細胞的活動（大腦唯一神經傳導物正腎上腺素的源頭，此區也與記憶取回、多種焦慮症候群及選擇性注意歷程相關），同時也能得知你會繼續或放棄。

但令人振奮的是，訓練和殘酷練習的重要性與效果是再清楚不過了。若經常做句子確認練習（有些受試者確實如此），瞳孔會逐漸縮小，更自然記住，最神奇的是，你會發現那些先前沒看到的相同字母、影像等東西。你甚至可能會問自己，我先前怎麼會**沒**看到這個？過去很吃力的工作會逐漸變得自然、習慣且不費力。換言之，就是更為輕鬆。過去屬於福爾摩斯系統範疇的，如今悄悄滲入華生系統。全都只需要一點點練習，稍微養成習慣。只要大腦願意，就能在短時間內變得很厲害。

訣竅在於複製相同歷程，讓大腦研究、學習，將原本費力的工作變得不費吹灰之力，例如句子確認這種缺乏獨立性質的認知作業，基本到我們隨時都在做，而不會多加思考或注意：觀察與思考本身。

心理學家丹尼爾・康納曼（Daniel Kahneman）再三主張一號系統（華生系統）難以訓練。喜歡什麼就是什麼，信任什麼就是什麼，只能如此。而他提出哪種解決辦法？讓二號系統（福爾摩斯系統）強迫排除一號系統，取而代之。舉例來說，請人來工作時，要善用特徵清單篩選，不要倚賴印象；畢竟你應該還記得，這種印象都是在與人見面五分鐘內便已形成。無論是面對生病患者、車子壞掉，或寫作瓶頸等諸多日常生活的困境，診斷問題時要列出步驟清單，不要單靠所謂的直覺。清單、公式、結構完整的程序，這些才是最妥當的方案，至少康納曼是這麼覺得。

福爾摩斯有什麼方法呢？習慣，習慣，習慣。習慣之外還要動機。在你希望自己善於決策或觀察的領域裡成為多才專家。判斷對方職業、依循對方的思路、從他們的行為舉止推論情緒與思緒？很好。但能超越偵探的範疇也很好，諸如學習看一眼就能判斷食物好壞、看棋盤就知道正確棋步怎麼走，或單憑一個姿勢便得知棒球、撲克牌或商業會談的對手有何意圖。若先學會如何正確選擇以準確完成想完成之事，就能先發制人，教導華生系統不要搞砸，抑制損害。

重點在於正確的選擇訓練（要有這種心態），還要配合渴望與動機一同主導思路。

沒有人說這很容易。說到底，注意力並非俯拾皆是，總有其源頭。每次我們將額外的要求加諸於注意力資源，無論是走路時聽音樂、工作時收信，或同時收看五個頻道，對於任一面向的專注察覺，以及用融入、全神貫注、高效態度應對的能力都會受到限制。

更甚者，我們將耗盡心神。注意力不僅有其限制，更是有限資源。用到盡頭總會需要重新活化。心理學家羅伊・包麥斯特（Roy Baumeister）用肌肉比喻自制，該比喻同樣適用於注意力：自制力與肌肉同樣精力有限，過度使用會感到疲憊。肌肉需要補給，實際補充葡萄糖及充足休息；振奮人心的發言固然無礙，但包麥斯特說要維持巔峰狀態，靠的可不是象徵性精力。不補給，表現就會下滑。沒錯，肌肉會在不斷使用下茁壯（自制力或注意力會改善，使用時間會更長，且能應用於更複雜的任務），但成長也有其限度。除非服用類固醇（想擁有超人注意力則是服用利他能〔Ritalin〕或阿迪羅〔Adderall〕），否則一定會達到極限。但就連類固醇的效果也有限。一旦停止服用，肌肉會縮回運動前的大小。

改善天生的注意力

想像以下畫面：福爾摩斯與華生醫生去紐約觀光（不算太誇張的假設，小說作者曾在那度過相當值得紀念的時光），兩人決定上帝國大廈頂樓。來到景觀台時，有位奇怪的陌生人上前搭訕，提議要他們比賽：兩人誰會先看見飛行空中的飛機？他們可以使用任何一架望遠鏡朝任何方向觀望，陌生人甚至各給他們一堆二十五分硬幣，唯一條件就是看誰先看見飛機。兩人會如何進行挑戰呢？

看起來好像很容易：飛機那麼大，帝國大廈那麼高，可以環視三百六十度。但想要拿第一，可不是站在原地向前（或向上）看那麼簡單了。要是飛機在別的地方呢？要是你的所在位置看不見呢？要是從你後面飛來呢？要是你本來可以率先看到遠方的飛機，可是你沒投硬幣使用望遠鏡，而是像個白痴站在原地僅憑肉眼看呢？如果你想奪冠，有太多事情要考量，但把這些問題視為策略選項就比較容易應付了。

首先想像華生會如何應戰。我們知道，華生是個精力充沛的人，反應很快，動作也快。他也很愛跟福爾摩斯競爭，曾不只一次想證明自己也能勝任偵探的角色，最好能靠自己打敗福爾摩斯。我敢賭他會採取類似下述步驟：他不會多花時間思考（分秒必爭！最好快點動起來）；他會盡可能掌握最廣視野（飛機可能從任何角度過來！我可絕對不想當那個落後的智障），所以很可能會將錢投進任何他找得到的望遠鏡，然後來回奔跑探索天際線。他甚至可能因為太想看見，幾度虛驚一場（是飛機！啊，不是，只是鳥），而且看到時，還會真心覺得自己看到的是飛機。在來回奔波與虛驚一場之間，他很快會上氣不接下氣。太可怕了，他心想。我好累。而且這到底有什麼意義啊？就是一台蠢飛機而已。為了他好，希望真的飛機快點來。

福爾摩斯呢？我預期他會先調整腳步，快速在腦中計算機場的位置與飛機最可能出現的方位。他甚至可能會考慮到一天之中什麼時間看到飛機起飛降落的機率最高，並根據前項考量的答案算出最可能接近或起飛航道的位置。接著他會來到可能性最高的區域專心看，保險起見或許還往一架望遠鏡投幣，快速掃描確定自己沒有漏看。他會知道什麼時候看到的只是鳥，或飄過的陰影其實是較低的雲層。他絕不會倉促行事。他會看，甚至聽，尋找任何有助他注意到逐漸浮現機體的噪音跡象。他甚至可能會聞，會感受風向變化或汽油氣味。不時搓著出了名的雙手長指，心想：*就快了，很快就會出現。我知道確切會出現的方向。*

誰會贏呢？其中當然扯到機運，兩人都可能勝出。但同樣的遊戲多玩幾次，我敢賭一定會是福爾摩斯贏。乍看之下他的策略比較緩慢，沒那麼有決定性，肯定也不像華生那樣全面，但最終會勝出。

大腦並不笨。多數時候我們都能以高超效率運作，即便存在著認知偏誤。但華生系統的注意力之所以如此有其原因。我們無法注意到所有細節，因為注意到一切，注意到所有聲音、氣味、影像、觸覺，會把我們逼瘋（事實上，缺乏篩選能力正是許多精神症狀的正字標記）。方才華生想的有道理：尋找飛機？或許有些浪費他的時間。

其實問題不在於不注意，而是不夠全神貫注與缺乏方向。正常來說，大腦會在我們未做有意識的預想下挑選專注的目標。我們要學的是如何告訴大腦該篩選的方式與內容，而不是任由大腦以既有思考模式，懶惰地為我們決定最輕鬆的道路。

站在帝國大廈頂端安靜尋找飛機的過程中，福爾摩斯示範了能教導大腦的四大要件：選擇、客觀、全面與融入。

1. 要選擇

想像以下情境：男子上班途中經過麵包店，甜美的肉桂香味一路尾隨。他停頓，遲疑，望進窗戶。美麗的糖衣，溫熱奶油捲，糖衣吻上玫瑰般的甜甜圈。他走進店裡，要買一個肉桂捲。我明天再減肥，他說。反正人只能活一次，而且今天例外。超冷，我一小時後要開的會是場硬仗。

迴轉，再重播。男子上班途中經過麵包店，聞到肉桂味。我沒有很喜歡肉桂，而且仔細想想，我比較喜歡豆蔻，可是這裡聞不到豆蔻香。他停頓，遲疑，望進窗戶。油膩糖衣導致的心臟病與血管阻塞案例可能不勝枚舉。濕潤的奶油捲，其實那搞不好是人造奶油，大家都知道用人造奶油做的奶油捲不會好吃。烤焦的甜甜圈會囤積在肚子裡，讓你後悔當初為什麼要吞下去。跟我想的一樣，他說。這裡沒有我要的東西。他繼續往前走，匆忙趕赴早上的會議。搞不好會有時間先喝杯咖啡，他心想。

情境一到情境二之間有何改變？看不出來。感官資訊都一樣，但這位男子的思維變了，這番改變徹底影響了他所體驗的現實；改變他理解資訊的方式、注意的東西，以及周遭環境與心智的互動方式。

這絕對可能。視覺精於選擇，通常視網膜每秒可接收十億位元的視覺資訊，但只有一萬位元真正能進入第一層視覺皮質，最糟的是該區突觸僅有百分之十完全用於處理進來的視覺資訊。又或者，換句話說，大腦一次會遭受近於一千一百萬件資料片段轟炸，也就是周遭訊息同時湧向所有感官，其中我們僅能有意識地處理約四十件。意思就是，我們「看見」的周遭環境非常少，以為是客觀所見的，其實更該稱為選擇性篩選，而心態、情緒、當下思緒、動機及目標，都可能使大腦更挑剔。

這就是所謂的雞尾酒會效應精華，在滿屋喧鬧中注意到自己的名字，或我們會去注意到自己當下正在想或剛認識的事物：孕婦四處注意到其他孕婦，人會注意到後來成真的夢境（其他的都忘記），九一一事件後到處看見數字一一。周遭環境並無變化，並沒有突然多出孕婦、預知夢境或出現特定數字，改變的是心境。所以我們才如此容易感受到巧合：忘記那些搞錯或什麼事都沒發生的時刻，僅記住符合的時刻，因為我們從一開始就只注意到那些。正如某華爾街大師的諷刺觀察，晉升為預言者的關鍵在於永遠做出相反預測組合。大家會記得那些成真的預測，沒成真的會立刻忘記。

心智如此設定有其原因。讓福爾摩斯系統全時間運作會相當疲憊且效益不彰。我們之所以如此易於過濾環境中絕大部分資訊的原因在於：對大腦來說，那都是雜訊。若全面接收，一定撐不了多久。還記得福爾摩斯說大腦閣樓是什麼嗎？寶貴的不動產。小心行事，謹慎使用。換句話說，慎選注意標的。

乍看之下似乎有些違反直覺：畢竟我們不是應該要擴大，而非縮小注意範圍？沒錯，但其關鍵差異在於質與量。我們要學會**更善於**注意，成為更優秀的觀察者，若是不假思索什麼都注意的話，絕對無法達成目標。那是自我矛盾。我們必須全神貫注分配注意力。這番選擇就從思維開始。

福爾摩斯比誰都瞭解這一點。的確，他可以在瞬間注意到華生衣著與行為舉止的細節、房間裝潢的最細微之處；但他同樣也很可能沒注意到戶外天氣，或華生曾有段時間離開公寓又回來。經常出現華生指出窗外下起雷雨，福爾摩斯卻抬頭說他沒發現的情況；BBC《新世紀福爾摩斯》影集中，常可見到福爾摩斯在華生已回房休息，或是根本離開公寓已久後，還在對著光禿禿的牆面說話。

無論情況為何，找出自己究竟想要達成什麼目標，便能得知自己該如何將有限的注意力資源發揮至極。以真正重要的目標與思緒引導，促發心智，將不重要的沒入背景。你大腦注意到的是甜甜香氣，還是紙巾上的油汙？是華生的小麥色肌膚，還是窗外的天氣？

沒錯，福爾摩斯在資料未齊之前不會直接推論。但他會擬定精準的作戰計畫：確立目標及達成目標所需之必要條件。因此，在《巴斯克維爾的獵犬》（*The Hound of the Baskervilles*）中，莫堤默醫生進入客廳時，福爾摩斯已經知道他想自該情境獲得什麼。在醫生進門前，他對華生說的最後一句話是：「科學家詹姆士・莫堤默醫生對犯罪專家福爾摩斯會有何要求？」福爾摩斯根本還沒見到來訪者，便已經知道自己的觀察目標。還沒開始他便已確立情況（更檢視了莫堤默醫生的拐杖與靴子）。

醫生現身後，福爾摩斯立刻開始確認他的來訪原因，詢問該潛在案件所有細節、相關人士與所有情況；瞭解巴斯克維爾傳說、巴斯克維爾莊園及巴斯克維爾家族之沿革；問及鄰居、巴斯克維爾宅邸住戶、醫生本人與家族之間的關係。他甚至派人送來該區地圖以全面瞭解，包含訪談中可能略過的細節。絕對專注於與他原始目標相關的所有要素，解開莫堤默醫生向福爾摩斯提出的懸案。

從醫生來訪到傍晚之間的真實世界則全然消失。正如福爾摩斯到了晚上對華生說：「我的軀殼停在扶手椅上，還有我很遺憾地發現，自己竟在離開之際灌下兩大壺咖啡，並抽了大量菸草。你離開後，我派人去斯坦佛取得這片荒野的地形測量圖，此後我的靈魂便一直專注於此。我對於自己能找到路感到相當自豪。」

福爾摩斯已神遊到德文郡。軀殼做了什麼，他不知道。他不是開玩笑，他很可能真的沒意識到自己喝過或抽過什麼，屋內空氣已經無法呼吸，華生回來必須打開所有窗戶，他連這個也都不知道。就連華生短暫外出都在福爾摩斯的注意計畫中：他特別要求樓友離開公寓，以免受到無用資訊干擾。

因此，什麼都注意到？差得遠了，儘管大家都是如此看待偵探的能力。他注意到與眼前目標相關的一切。關鍵差異就在於此。（正如福爾摩斯在《銀色馬》（*Silver Blaze*）裡發現探長忽略的證物時所說：「我之所以發現，是因為我刻意尋找。」要是他事前未演繹出搜尋的原因，他絕對不會發現，而且至少對他來說就不會有關係。）福爾摩斯不會隨便浪費時間，而是有策略地分配自己的注意力。

因此，我們也必須決定目標，才知道要找什麼，以及去哪裡找。在大腦熟悉的情境下，我們已經能自然運作，毋須額外解釋什麼東西很重要。還記得第二章雞尾酒會上頭髮挑染成藍色的女孩，與那個你懶得記住名字的男生嗎？想像自己重回人群，開心聊天。環顧四周，你會發現許多與你們相同的人群分散各角落，跟你們一樣開心聊天，不停地講呀講。想想會發現，其實一直不斷講話還蠻累的。所以你開始聽而不聞，全部聲音都成為背景雜訊。大腦知道該如何依據你平常的目標與需求，接受並消去周遭環境裡的多數資訊（確切來說，頂葉皮質與額葉皮質的背、腹側區同時以目標導向及刺激導向控制注意力，前者由頂葉皮質負責，後者歸額葉皮質）。派對上，大腦專注於你正在進行的對話，把剩餘世界（有些音量可能還一樣大）當成無意義的吱喳聲。

突然間，某段對話清楚浮現，不再只是吱喳聲，每個字你都聽得一清二楚。你轉頭，開始注意。發生了什麼事？有人提到你的名字，或是聽起來很像你名字的話。如此便足以提示大腦打起精神凝聚注意力。這裡有什麼跟你有關，要注意。典型的雞尾酒會效應：一提到你的名字，原本放空的神經系統便突然振奮運作，完全毋須費力。

多數情況卻沒有這種貼心的內建警示系統，提醒你事情的重要性。必須教導心智在缺乏如此清晰刺激時仍能打起精神，就像聽見你的名字。照福爾摩斯的說法，你得知道自己要找什麼才看得到。行經麵包店的男子就是個簡單例子，目標清楚：不要吃烘焙產品。注目條件清楚：甜點本身（從外觀找碴）、氣味（何不專注於街上的廢氣臭味而非香甜的烤焙氣味？或是咖啡焦味？）及整體環境（往前想到會議、婚禮及燕尾服，不要只看眼前的刺激）。我不覺得這樣很容易，但至少從頭到尾所需步驟相當清楚。

但如果是決策、解決工作上問題或更無形的情況，怎麼辦？原理相同。心理學家彼得．高爾維哲（Peter Gollwitzer）嘗試找出人類盡可能有效設定目標暨從事目標導向行為的方法，實驗過程中發現以下幾項有助提升專注力與表現：（一）超前思考，或將當下情境看成長遠時間軸上的一刻點，視為不過是邁向更美好未來前要度過的其中一站；（二）具體地設立明確目標，或盡可能清楚訂定終點，盡可能明確地匯集注意力資源；（三）設定「要是……那就」應變計畫，或完整考量，並瞭解若發生特定情況該怎麼辦（例：要是發現自己心不在焉，那就閉上眼睛數到十，重拾注意力）；（四）不要只是想，把每件事都寫下來，才能將潛力發揮至極，並事先知道不用凡事從零開始；（五）同時設想後果（不成功會怎麼樣）及正向回報（成功將獲得的獎勵）。

選擇（有意識的、深思熟慮、聰明的選擇）是學習如何關注及善用有限資源的關鍵第一步。從小處開始，從可掌握的範圍專注地去做。華生系統或許得花上數年才能近似福爾摩斯系統，而且可能還永遠無法完全轉變，但只要用心專注便能越來越接近。借一點福爾摩斯系統的工具給華生系統，助它一臂之力。它自己可是什麼都沒有。

但是要小心：設定目標有助篩選來自外在的資訊，但要謹慎使用，不可把目標當成眼罩阻隔外在世界。你的目標、重點、對於「我想達成什麼」一問的答案，必須要有彈性，能適應情況變化。若可得資訊改變，你也該跟著變。在邁向更遠大目標的過程中，不要害怕偏離預設軌道。這也是觀察歷程的一環。

讓內心的福爾摩斯引導內心的華生去看。不要像麥克當勞探長那樣（福爾摩斯都叫他「麥克」）。聽從福爾摩斯的建議，無論是改變方向或不情願地外出散步。

2. 要客觀

在《修道院公學》（*The Adventure of the Priory School*）中，重要學生自寄宿學校消失，學校

的德文教師也同樣失蹤。如此極具聲望，有著「無疑是全英格蘭最優秀精選之貴族中學」稱號的地方，怎會發生這樣的慘劇？創校者兼校長哈克斯特波博士極度困惑。等他終於從英格蘭北部來到倫敦尋求福爾摩斯協助時，已經受到太大刺激，過於勞累，差一點就要「疲憊且胡言亂語」地昏倒在貝克街二二一B號壁爐前的熊皮地毯上。

不只一人，是兩人失蹤；而且學生是前內閣首相並名列英格蘭首富的霍爾德內斯公爵之子。哈克斯特波對福爾摩斯表示，德文教師海德格想必是這起失蹤案的共犯。他的腳踏車不在腳踏車棚裡，房間也有倉促離開的跡象。是綁匪？還是綁匪的共犯？哈克斯特波無法確定，但這個人不可能無罪。實在很難將兩起失蹤案當成只是巧合。

警方立即展開調查，發現鄰近車站有人目擊一個年輕男子與小男孩搭上了早班火車，感覺上警方已優秀地完成任務，調查繼而終止。然而哈克斯特波非常懊惱，因為很快便發現該男子與男孩跟失蹤案毫無關聯。因此在離奇事件發生三天後，校長前來尋求福爾摩斯協助。偵探表示或許為時已晚，錯失了寶貴時間。能否在更重大悲劇發生前找回逃亡者呢？

這種情境是如何構成？要回答這個問題可不簡單，不只是列舉事實：男孩失蹤、教師失蹤、腳踏車失蹤等；或詳述連帶細節：男孩房間狀態、教師房間狀態、衣物、窗戶、植物等。還必須瞭解一個特定概念：情況（最廣義來說，無論是心理、物理的，或空房間這種不像情況的情況）本身是動態的。你的介入已經改變了該情況在你出現前的樣貌，自此不同以往。

這是將海森堡（Heisenberg）的測不準原理應用於現實生活：觀察行為本身改變了被觀察的對象。在你進入後，就連空房間也不再相同。若未曾改變，就無法繼續。聽起來很像常識，但體會如何實際運用，遠比瞭解理論還要困難許多。

以最廣為研究的白袍效應為例。你可能是哪裡痛或咳嗽想看醫生，也可能只是過了時間尚未健檢。總之你嘆口氣，拿起電話預約門診。隔天前往醫院，坐在候診室裡，聽到叫號，走進診間赴約。

我們應該可以認定走進診間健檢跟打電話預約的都是同一個你，對吧？錯了。研究一再顯示，對多數人而言，光是進入診間看見醫生（因此看見白袍）便足以影響生命徵象。脈搏、血壓，就連反應及驗血結果，都會因為你來看醫生而改變。你可能根本不會特別感到焦慮或有壓力，但無論如何，你的讀數及測驗結果都已改變。光是存在與觀察本身便已改變情況。

回想哈特斯特波博士對失蹤案周遭環境的看法：有逃犯（男孩）、共犯（老師），及可能用來逃跑或偷走以掩人耳目的腳踏車。不多也不少，就這樣。校長向福爾摩斯報告的是事實（至少他認為如此）。

但真的是這樣嗎？心理學家吉伯特對於相信我們所見的理論在此更進一步：我們相信**想要**看見及心智閣樓決定要看見的東西，以這般信念為大腦編碼而非使用事實，於是認為自己所見為客觀事實；但其實我們記得的所見不過是當下的有限感知。我們忘了要區分事實情況與對應的主觀詮釋。（只要看看專家證人的不精確證詞便知道，我們有多不善於評估與記憶。）由於校長立即懷疑是綁架，他關注及報告的都是佐證自己原始想法的細節，根本沒花時間全盤瞭解情勢。然而他卻完全不知道自己正在這麼做。就他所知，自己非常客觀。如哲學家培根所說：「人類一旦接受某個看法（無論是公認或自身願意接受的看法），理解力便會蒐集所有與其一致的證明。」人永遠不可能真正客觀，就連福爾摩斯所擁有的科學客觀都不夠完整，但我們必須瞭解自己偏離了多遠，才能最貼近當下情況的全面觀點。

事先設定目標有助妥善引導珍貴的注意力資源，**不該**當成藉口配合期望，或預期會看見的情況重新詮釋客觀事實。觀察與演繹是兩個截然不同的步驟，甚至不是接連發生的步驟。再來回顧華生短暫的阿富汗之旅。福爾摩斯緊貼著自己觀察到的客觀有形事實，並沒有一開始便進行推測；推測是後來的事。而且他總會問自己，這些事實如何相互輔佐。為全然瞭解情況所必須採取的步驟有好幾個，但首先且最為基本的步驟，是要明白觀察與演繹並不相同。要盡可能保持客觀。

我母親生下姊姊時相當年輕，以現在的標準來看是年輕得不可思議，卻是一九七〇年代俄羅斯的平均生育年齡。姊姊生下我外甥女時也相當年輕。數不清有多少時候，從陌生人、班上同學母親到餐廳服務生，大家按照自己以為看見的事實行事，實際看見的卻是截然不同的一回事。以前他們以為我母親是我姊姊的姊姊，現在大家都以為我母親是我外甥女的母親。當然，觀察者並沒有犯下滔天大錯，卻仍是錯的；而多數時候，這種錯誤進而影響他們的行為以及連帶的判斷與反應。他們不只是混淆世代，更是將現代的美國價值觀套用於蘇聯時代的女性行為，但後者是截然不同的世界。以美國俗話來說，母親是所謂的未成年媽媽。但是在俄國，她還不是朋友中最早結婚生子的人。那個年代就是這樣。

你思考後進行判斷，卻未多加思索自己做了什麼。

描述某個人物、物件、情境、情況或互動時，我們甚少認為對象只是毫無價值的客觀個體。我們也甚少想過其中差異，反正沒有什麼意義。但只有那難得一見的心智，才會訓練自己區分客觀事實，與隨後立即自動產生的潛意識主觀詮釋。

每當福爾摩斯進入某情境，首先便是瞭解發生了什麼事：誰碰了什麼、什麼從哪裡來、有什麼不該存在、什麼該存在的不在。即便在最極端的情況下，他仍能保持極度客觀。他記得自己的目標，但把目標用於篩選而獲得資料。相反地，華生則沒那麼謹慎。

再次回到失蹤的男孩與德文教師。福爾摩斯不像哈克斯特波博士，他瞭解自己的詮釋會曲解情況。因此他跟校長不同，會考慮到這些所謂的事實或許不似表象那般。校長搜尋的過程大幅受到一項關鍵細節限制：他（和所有人）都在找尋逃犯及共犯。但如果海德格先生根本不是這樣呢？如果他不是逃跑，而是去做根本無關的事呢？失蹤男孩的父親認為他協助男孩逃去法國找母親。校長認為他可能帶男孩去其他地點。警察則認為他們搭火車逃跑。但是，除了福爾摩斯，沒有人意識到情節就只是情節。他們要找的不是逃跑教師，無論他要逃去哪裡，而是教師（毋須修飾）與男孩，兩人也不一定在一起。大家都認為行蹤成謎的男子似乎與失蹤案有關，無論是身為共犯或教唆者。沒有人想到現有的唯一證據僅指向男子下落不明。

當然，除了福爾摩斯沒有人想到。他充分理解自己要找的是下落不明的男孩，還要找尋下落不明的教師。就這樣而已。其餘額外事實則任其浮現於該出現的時候。因為採取更為公正的手法，他偶然發現校長**以及**警察都忽略的事實：教師根本沒和男孩一同逃跑，而是死在附近，「高大蓄鬍男子，戴著眼鏡，一邊鏡片破損掉落。死因為頭部遭受重擊，部分頭骨粉碎。」

福爾摩斯找到屍體並不是因為發現新線索，只是懂得以客觀角度審視所有線索，不帶偏見或預設理論。他向華生逐一列出發現的步驟：

「我們來還原案發過程。他死於距離學校八公里處，不過，注意了，死因不是連小男孩也能輕易發射的子彈，而是遭到強壯手臂殘暴重擊。男孩當時曾有逃亡旅伴，而且他們是迅速逃脫，連教師如此專業的腳踏車手都追了八公里才成功超車。然而調查犯案現場周遭環境時找到了什麼？只有少數牛隻蹤跡。我擴大搜尋範圍，周圍近五十公尺內都沒發現步道。另一位騎士可能跟謀殺案完全無關，現場也沒有其他人類足跡。」

「福爾摩斯，」我大喊，「這是不可能的啊！」

「非常優秀！」他說。「極具啟發性的評論。以我的說法來看確實不可能，所以從某個角度來看我的說法一定錯了。然而你自己也看見了。能指出我哪裡推論錯誤了嗎？」

華生無法指出，反而是建議乾脆放棄。「我已經束手無策了。」他說。

「嘖嘖，」福爾摩斯斥責華生，「更困難的案子我們都破過。只要懂得運用，至少材料不少。」短暫交談中，福爾摩斯已證明校長的所有理論都遭到誤導。至少有三人涉案，不是至多兩人。德文教師想救男孩，不是傷害或協助他逃跑（這是最有可能的情境，畢竟他已經死了，而且事實是他跟著原始胎痕，還超車追過逃亡的男孩，所以他顯然不會是綁匪或共犯）。腳踏車是追趕的工具，不是要用於邪惡意圖的贓物。除此之外，想必還有另一台腳踏車在現場協助男孩與不知名第三者或更多人。福爾摩斯做的並不是什麼了不起的事，只是讓證據自己說話。而且過程中他也沒放任自己配合情況扭曲事實。簡單來說，他反應出福爾摩斯系統的冷靜，哈克斯特波的結論則在在透露華生系統快速、反動、不看清楚就跳的特色。

要觀察就得先學會區分情況與詮釋，區分自我與所見。華生系統想逃入主觀、假設、演繹的世界，進入自己覺得最為合理的世界。福爾摩斯系統則懂得克制。

以下練習很有幫助：無論是大聲說出或寫下，當作是對完全不瞭解細節的人從頭描述情況，就像福爾摩斯總會對華生詳述他的理論。福爾摩斯透過這種方式說明自己的觀察時，所有先前沒發現的漏洞或矛盾都會浮現。

這種練習就好比大聲唸出自己的作品才會發現文法、邏輯或風格錯誤。撰寫文章、故事或報告時，太過熟悉自己文字的你會跳過錯誤，或讀出文字應該有而非實際寫出的意義；就像觀察與思緒、知覺交錯緊纏，很難而甚至不可能釐清客觀現實與心智的主觀呈現。開口說話會強迫你放慢速度，發現那些看不見的錯誤。眼睛沒看見的，耳朵會聽見。全神貫注地大聲重讀，雖然看似浪費時間精力，卻總是能讓你找出沒這麼做就不會發現的錯誤或缺陷。

我們很容易臣服於華生的整合邏輯，屈服於哈克斯特波的言之鑿鑿。但每當你發現自己觀察後立即做出判斷（其實就連你都不覺得自己有這麼做，就算覺得一切都很合裡時），訓練自己暫停並複誦：**以我的說法來看確實不可能，所以我一定是在某個方面說錯了**。然後回頭以不同於第一次的方式重述。大聲說出而非在心裡默念。寫下來，不要只用想的。如此一來就能為你避掉許多知覺錯誤。

3. 要全面

暫且重回《巴斯克維爾的獵犬》。故事開頭前幾章裡，巴斯克維爾宅邸繼承人亨利・巴斯克維爾表示他的靴子不見了，但不只是丟了一只靴子。亨利發現，原本遺失的靴子在隔天便神奇地出現，結果另一雙靴子卻又遺失一只。對亨利來說就是很討厭而已，但對福爾摩斯來說，這個超自然現象是可能演變成巫毒理論竄生的關鍵要素。其他人只是感到好奇，福爾摩斯卻認為是該案件較具啟發的線索：他們所要面對的「獵犬」是真正的動物，以基本方式仰賴嗅覺的動物，不是幽靈。如福爾摩斯事後對華生所說，交替失蹤的靴子是「相當具啟發的事件，對我的心智來說，證明了我們所面對的確實是真正的獵犬，畢竟沒有其他假設能解釋這種必須取得舊靴子而無視新靴子的焦慮。」

但不僅如此。除了消失的靴子，還有更明顯的警訊。前來倫敦尋求福爾摩斯協助時，亨利收到極力勸他遠離巴斯克維爾宅邸的匿名紙條。同樣地，紙條對大家來說就是紙條而已，福爾摩斯則不這麼認為。對他來說是構成該案件的第二關鍵線索。他對華生說：

「你或許還記得，檢驗貼上那行印刷字的紙時，我特別仔細檢查有無浮水印。我把紙貼近眼前，聞到淡淡的白茉莉香味。香水一共有七十五種，身為犯罪專家必須要能辨認各種香水味，我個人經手的案件就曾不只一次需要能立即判別香水味。香水味表示有女子涉案，我立即想到斯坦布萊頓家族。因此早在我們動身往西部前，我便確定了獵犬的存在，也猜到犯人是誰了。」

氣味，這是第二次出現了。福爾摩斯不僅是閱讀及看紙條，他還聞了紙條。而且是靠香水味，不是文字或紙條外觀，讓他找到能辨識嫌犯的線索。少了氣味，便無法發現該案的兩個主要線索，除了福爾摩斯，大家都沒聞到。我當然不是要你去記住七十五種香水的氣味，但永遠不要忽略嗅覺（若任何感官），因為感官絕對不會忽略你。

想像自己要去買車。來到經銷商車行，看著展示間的閃亮樣車，該如何決定哪款車子適合自己？若我此時問你這個問題，你大概會說要考量成本與安全性、外觀與舒適度、里程數與耗油量等各種條件。然後選出最符合你條件的車子。

但實際狀況卻複雜許多。想像自己此刻站在展示間，某位男子端了杯熱騰騰的熱巧克力經過。你可能根本不記得他曾經過，但熱巧克力氣味讓你想起爺爺：以前兩人在一起的時候，他都會泡熱巧克力給你喝，那是你們之間的小小儀式。結果，不知不覺你便買下與爺爺的車極為相似的車款，恰好徹底忘記（或根本沒注意到）這台車的安全評價不高。你也很可能不清楚自己到底為什麼選中這台車。嚴格來說你沒有錯，但選擇性回憶很可能讓你做出事後會後悔的決定。

再想像另一個情境。這次你四處都聞到汽油味，展示間對面就是加油站。你想起母親提醒你碰到汽油時要小心，容易著火，容易受傷，這下你的重心都擺在安全性能。離開展示間時，你買的車很可能與爺爺的車款極為不同。同樣的，你或許也不懂為什麼。

直至目前為止，我都把注意力形容成某種視覺現象。多數時候而言確實如此，但絕對不只這樣。回到爬上帝國大廈的旅程，雖然很奇怪，但還記得福爾摩斯透過聽覺與嗅覺尋找飛機蹤影嗎？注意力是要動用所有感官：視覺、嗅覺、聽覺、味覺與觸覺。我們要盡可能透過所有可用管道接收一切。要學習不放過**任何**細節，與你設定目標相關的任何細節。還要明白我們會受所有感官影響，無論我們是否有意識到。

要真正徹底地觀察，就必須全面包覆，無所不漏，也必須瞭解注意力會在無意識間轉移，由我們以為不存在的感官所引導。茉莉香？福爾摩斯刻意聞了那封信。因為如此，他觀察到女性的存在，還是特定女子。若拿起信件的是華生，我們可以確定他絕不會這麼做。但他的鼻子很可能已無意識地聞到香氣。然後呢？

我們會記住自己聞到的氣味。事實上，研究顯示與氣味相連的回憶最為生動，強烈且富有情緒。聞到的氣味會影響記憶、後續感受，以及事後可能會有的想法。但我們常視嗅覺為不存在的感官，經常體驗卻從未有意識地體會。氣味進入鼻腔來到嗅球，直接通往海馬體、杏仁核（情緒中樞）及嗅覺皮質（不僅負責嗅覺，還與記憶、學習、決策等複雜工作相關），引發許多想法、感覺及回憶，然而無論氣味或記憶，我們很可能都沒察覺。

若華生在他橫跨數大洲的風流史中碰巧曾與使用茉莉香水的女性交往呢？先假設那是一段美好的感情。他可能發現自己突然看得格外清晰（還記得吧，心情愉快，視野會更廣），但他也可能因為眼前蒙上了粉色光暈，沒能注意到某些細節。搞不好那封信不具惡意，搞不好亨利並沒有真的身陷危險，搞不好去喝個一杯，認識幾個漂亮小姐會更好，畢竟小姐都很美啊，不是嗎？走吧。

若那是一段激烈粗暴又短暫的感情呢？他會產生管狀視覺（心情不好，視野便有限），同時忽略多數該注意的要素。那有什麼重要？我幹嘛要更努力？我累了，感官超載，我想休息。亨利幹嘛要拿這些狗屁來煩我們？靈異狗個鬼啦，我受夠了。

全面觀察時，絕不要忘記所有感官都牽涉其中。不要讓感官帶動情緒與決策，而是要像福爾摩斯對靴子及信件的做法，主動要求協助並學會控制感官。

上述兩種假設情境中，從聞到茉莉香味開始，華生的所有行為都已受到影響。雖然無法得知確切影響方向，但有件事是確定的：他不僅會失去全面的注意力，注意力還會遭受以他為名的華生系統挾持，落入更為受限的無意識主觀。

看似有些誇大，但我敢保證，感官的影響力相當強烈，特別是嗅覺。如果像平常那樣沒察覺感官影響力的存在，很可能會危及並任其主導我們小心翼翼建立的目標與客觀性。

嗅覺或許是最為惡名昭彰的罪魁禍首，但不是唯一的。我們或許沒發現，不過當我們看到某個人，很可能會活化與其相關的各種刻板印象。碰到冷或熱的東西，性情也可能轉熱或冷；若有人以讓人心安的方式碰觸我們，我們或許會突然發現自己比原本更勇於冒險或更有信心。握住重物時，我們會更有可能判斷某樣東西（或某個人）更具分量、更嚴肅。這些都和觀察與注意力本身無關，卻能讓我們在未察覺時偏離小心經營的軌道。確實相當危險。

我們不用成為福爾摩斯，或學會一聞便能分辨數百種氣味，才能運用感官察覺原本看不見的情境全貌。帶有香氣的紙條？你不用知道那是什麼氣味也能發現有味道，發現那可能是線索。若根本沒注意那香味，很可能完全沒發現線索的存在，但也很可能在你沒注意到發生什麼事的情況下破壞了客觀性。靴子失蹤？又一只靴子失蹤？或許重點在於某項特性而非失蹤的靴子，畢竟最後徹底消失的是那只破舊靴子。不用瞭解太多也會發現這裡或許還有別的感官線索，如果忘了運用其他感官就會錯過。兩種情況下，沒能運用所有感官就等於沒能看盡情境的全貌，注意力未妥善分配，已分配卻不夠理想的注意力則遭到潛意識線索扭曲。

積極運用各感官，便是承認世界為多面向。世事透過眼睛、鼻子、耳朵、肌膚發生，各項感官都該提供訊息。若沒有，也透露著某種訊息：該感官從缺。某件事物**缺乏**氣味、沉默無聲或根本不存在。換句話說，有意識地使用各項感官能超越闡明該情境樣貌，進而展現遭到遺忘的情境：**從缺**之處，以各種方式衡量該存在卻從缺之處。從缺與存在都同樣重要，且都能透露線索。

以失蹤但沒人能找到的知名賽馬「銀色馬」為例。當福爾摩斯終於有機會檢視現場時，連馬這種看似不可能錯過卻仍然無法找出蹤跡的葛里森探長問他：「你是想要我注意什麼嗎？」當然啊，福爾摩斯說，「狗在夜裡的奇怪行為。」可是探長反駁：「狗在夜裡沒有動靜啊。」福爾摩斯因而道出關鍵句子：「就是這一點很奇怪。」

對福爾摩斯來說，該案轉捩點正是狗沒吠：狗一定認識那位入侵者。否則早就大吠特吠了。而對我們來說，狗沒有吠這件事很容易遺忘。多數時候我們甚至不會排除那些從缺事物，因為一開始就沒放在心上：尤其是聲音，又是不如視覺那般明顯屬於注意力與觀察範疇的感官。但通常這類從缺要件與對應存在的要件同等重要且能透露線索，也同樣會改變思考方式。

不用宛如偵探辦案，從缺訊息也會在思考歷程中扮演重要角色。以決定買什麼手機為例。以下我給你看兩款手機，請告訴我你比較想買哪一款。（表一）

做好決定了嗎？繼續閱讀前，請先寫下選擇 A 款或 B 款手機。現在我要再次描述兩款手機。已知條件不變，但新增規格。（表二）

現在你比較想買哪一款呢？再次寫下你的答案。我將三度描述這兩款選擇，再新增一項規格。（表三）

這下你會想買哪一款？

你可能在第二份及第三份規格表出來的過程中，從決定買 B 款手機變成 A 款手機。然而這兩款手機完全沒有改變，差別僅在於你所意識到的訊息。這種現象稱為遺漏型忽略。未預先感

表一

	A 款手機	B 款手機
Wi-fi：	802.11 b/g	802.11 b/g
通話時間：	12 小時	16 小時
待機時間：	12.5 天	14.5 天
記憶體：	16.0 GB	32.0 GB
手機價格：	3000 元	4500 元

表二

	A 款手機	B 款手機
Wi-fi：	802.11 b/g	802.11 b/g
通話時間：	12 小時	16 小時
待機時間：	12.5 天	14.5 天
記憶體：	16.0 GB	32.0 GB
手機價格：	3000 元	4500 元
手機重量：	135 克	300 克

表三

	A 款手機	B 款手機
Wi-fi：	802.11 b/g	802.11 b/g
通話時間：	12 小時	16 小時
待機時間：	12.5 天	14.5 天
記憶體：	16.0 GB	32.0 GB
手機價格：	3000 元	4500 元
手機重量：	135 克	300 克
電磁輻射值：	0.79 W/kg	1.4 W/kg

知的我們不會注意，也不會進一步探究，或將從缺片段納入決策考量。有些資訊永遠存在，有些卻總是沉默，而且除非主動掀起，否則會永遠保持沉默。這裡我僅用到視覺資訊。當我們從二度空間進入三度空間，從清單進入真實世界，所有感官都會參與其中公平競爭。忽略遺漏訊息的可能性相對增加，但積極且盡可能全面運用的話，也可能蒐集到更多相關訊息。

再回到那隻奇怪的狗。本可吠或不吠，牠沒有吠。探長的說法是一種看法，牠什麼動靜也沒有；但福爾摩斯的看法又是一種，狗主動選擇不吠。兩種推論的結果都一樣：沉默的狗。但其中含意卻徹底相反：消極地什麼都不做，或積極做什麼。

非選擇也是選擇，也是會透露線索的選擇。每一項非行為都意謂著平行行為，非選擇意謂著平行選擇，從缺意謂著存在。以知名預設值效應為例：人通常都會沿用預設選項，不浪費精力去改變，即便另一個選擇其實更好。除非預設為要提撥，我們不會選擇提撥退休金，即便公司會等額提撥。除非預設是可成為捐贈者，我們不會選擇成為器官捐贈者。例子不勝枚舉。什麼都不做比較容易，但那不表示其實什麼也沒做。有。從某方面來說，我們選擇保持沉默。

要注意就表示全部都得注意，要積極融入與運用所有感官，接收環境中的一切，包括那些應該出現卻沒出現的，表示要提問並確保得到答案。（在還沒去買車或手機前，我應該要問：我最在乎哪些條件？然後確保自己注意這些條件，而非其他東西。）表示明白這是個三度的多感官世界，喜歡與否，我們都會受到環境影響，所以最好是注意周遭一切好掌控這種影響力。我們或許無法掌握全貌，也可能做出進一步反省後決定仍是錯的，但至少努力過了。我們只能盡力去觀察，永不預設立場，例如從缺等於沒有。

4. 要融入

即便是福爾摩斯也會偶爾犯錯，但通常都是錯估情勢：錯估人，以艾琳・阿德勒為例；錯估馬躲起來的能力，以《銀色馬》為例；錯估男子維持不變的能力，以《歪嘴男子》（*The Case of the Crooked Lip*）為例。他甚少犯下最為基本的錯誤：未能融入。確實，至少就我所知，這位偉大的偵探就只有那麼一次忽略了該要併入注意力的最終要素，未展現出積極的興趣並參與融入他在做的事，因此幾乎要了該嫌犯的命。

該事件發生在《證券交易所的職員》（*The Stockbroker's Clerk*）尾聲。故事中，書名裡的職員霍爾・派克夫特接受亞瑟・皮納先生的邀請，至法蘭科・米德蘭五金公司擔任業務經理。派克夫特從沒聽過這間公司，而且已預定隔週要開始在一家聲譽良好的證券交易所工作，但對方開出的薪水很高，難以拒絕，於是他同意隔天就去上班。然而，當他發現新雇主皮納先生的哥哥哈利長得跟亞瑟出奇得像，便開始心生疑竇。再來，他還發現所謂的辦公室裡根本沒有其他員工，牆上也沒有招牌提醒潛在客戶他們的存在。最後，派克夫特的工作內容根本不像一般職員，就只是抄寫厚重電話簿名冊。一個星期後，他看到哈利跟亞瑟有一樣的金牙，再也無法忍受這些怪現象，於是帶著難題來找福爾摩斯。

福爾摩斯和華生陪同派克夫特前往米德蘭，進入老闆辦公室。福爾摩斯自認為非常清楚情況，打算假裝去找他求職，然後一如往常地直接與他對質。所有細節都有了，他已全面瞭解情況。這次不像其他案件，還需要犯人提供主要資訊。他知道怎麼進行，就只差這個人本身了。

但三人踏入辦公室時，皮納先生的反應卻完全不如預期。華生描述的場景如下。

我們先前在街上看到的男子坐在單人桌前，晚報攤在桌上，以我從未見過的哀傷表情看著我們，哀傷之餘還有多數人一輩子都不會遭遇的恐懼。汗水鑲在眉毛上，臉頰是死魚肚的慘白色，瘋狂的眼神盯著前方。他看著自己職員的眼神好似不認得對方是誰，從我們這位領隊者的表情我看得出來，他的雇主平常絕不是這樣。

接下來的情況更是出乎意料，幾乎徹底摧毀福爾摩斯的計畫。皮納先生企圖自殺。福爾摩斯完全摸不著頭緒，他可沒預料到這一點。直至當下為止一切都「清楚明白，但不清楚為何那個騙子一看到我們就走出辦公室上吊。」他說。

答案快速揭曉。好醫生華生救醒該男子後，他自己說了：報紙。福爾摩斯一行人走進辦公室打斷他前，他正在看報紙，又或者該說是正在看報紙上的特定段落，導致他徹底崩潰。福爾摩斯聽到消息後興奮得宛如變了個人。「是報紙！當然了！」福爾摩斯激動大喊。「我真是智障！只是一直想著我們的來訪，從頭到尾都沒想到報紙。」

提到報紙，福爾摩斯便立即瞭解其中涵義，以及事情為何演變成如此。但他當初為什麼會沒注意到，以至於犯下連華生都會羞愧低頭的錯誤？福爾摩斯系統怎麼會變成……華生系統？很簡單，福爾摩斯自己說了：他已經對這個案件不感興趣。在他腦海裡，案件已經破解，滴水不漏，而且他如此認真構思這次造訪，覺得其他東西都可以不管沒關係。這可不是他平常會犯的錯。

福爾摩斯比誰都清楚正確的觀察與思考需要融入。心智必須在其中活躍，否則會變得輕率，任由關鍵細節溜走而差點要了觀察對象的命。動機很重要。失去動機，表現就會下滑，不論截至當下為止表現有多好；就算截至目前該做的事都做得很成功，只要動機趨弱，不再投入，就會出錯。

融入其中時，什麼都會發生。遇上難題會堅持更久，因此更可能解開難題，會經歷心理學家特洛伊．辛吉斯（Tory Higgins）所謂的心流，不僅讓我們得以從手邊事中獲得更多，還讓我們**感覺**更好、更快樂：可從積極投入並專注於某項活動中得到實際可衡量的享樂價值，即便像信件分類如此無趣的活動。如果有原因讓我們融入參與其中，就會做得更好，感覺更快樂。該原理也同樣適用於必須耗費相當心力的活動，例如解開困難的謎題。儘管耗費精力，還是會感覺更快樂、更滿足、更投入。

除此之外，融入與心流會促進良性循環：整體上會更有動機、更振奮，因而更多產、創造更多價值。我們甚至可能會更少犯下最為基本的觀察錯誤（例如誤以人的外表來判斷其實際人格），連立志成為福爾摩斯等級的觀察者所設想完美的計畫都可能因而顛覆。換句話說，融入會激發福爾摩斯系統。福爾摩斯系統會更有可能出現，從後方觀看並伸出可靠的手搭在華生系統肩上，在後者正要貿然行動時說：**且慢，我覺得行動前應該要再仔細考慮一下。**

想瞭解我說的意思，就要回到福爾摩斯，確切來說是回到福爾摩斯對華生在《諾伍德的建築師》（*The Adventure of the Norwood Builder*）中對客戶過度膚淺（且脫離）的判斷。故事中，華生醫生展現了華生系統的典型觀察手法：太快憑初步印象判斷，爾後又沒能隨著涉入的特定情節修正。雖然這裡的判斷是對人（適用於人則有特定名稱：對應偏誤，先前探討過的概念），闡述的歷程卻遠超越個人知覺。

福爾摩斯列舉出該案件遭遇的困難並強調動作要快後，華生表示：「這人的外表想必能獲得陪審團的好感吧？」且慢，福爾摩斯說，「我親愛的華生，那是相當危險的論點。你還記得一八八七年想要我們為他脫罪的可怕殺人犯伯特．史蒂芬斯嗎？應該沒有長得比他還要溫和有禮的年輕人了吧？」華生必須承認確實如此。多數時候，人往往不同於旁人對他們的初步判斷。

個人知覺恰好能簡單解釋匯入歷程如何運作。說明下述步驟的過程中，要瞭解該歷程不僅適用於人，什麼都可以，我們只是以人為例，協助想像更為常見的現象。

個人知覺的歷程會讓人以為直接明瞭。首先要分類。這個人在做什麼？他展現什麼行為？他**看起來**如何？對華生來說，就要回想到約翰·海特·麥克法蘭初次踏入二二一 B 號的時候。他（在福爾摩斯的提示下）馬上知道來訪者是律師及共濟會會員，若要說十九世紀倫敦有何正派職業可言，這兩種都是。他進而注意到其他細節。

> 亞麻色頭髮配上俊俏臉龐，散發著疲憊消極的氣息，一雙驚恐的藍眼，臉上乾淨沒有鬍渣，雙唇柔弱敏感。年齡約莫二十七，儀容舉止都很紳士。成綑的簽名文件從夏季薄外套口袋探出頭，宣告他的職業。

（現在想像該程序以相同方式應用於物件、地點或任何東西。以基本的東西為例，比方說描述蘋果：看起來如何？位在何處？正在做什麼嗎？就連躺在碗裡也是動作。）

分類後便要描述特性。此時我們知道他在做什麼或看起來如何，那代表了什麼？是否可能有什麼潛在特質、特性，引發我的初步印象或觀察？華生對福爾摩斯說「這人的外表想必能獲得陪審團的好感」時正是這麼做。他把先前的眾多觀察（俊俏、敏感、紳士儀態、宣告職業為律師的文件）整合起來，認為這些代表了可靠。不會有陪審團懷疑這種踏實正直的本質。（無法描述蘋果的特性嗎？只因為蘋果恰好是水果，便推論其內在特質是有益健康，並因前述觀察而認為蘋果具有高度營養價值又怎麼說？）

最後要修正：**除了（在描述特性階段做出的）初步評估，有沒有其他原因導致該行為？是否需要調整我的初步印象，看是否要加強或漠視某些要素？**感覺很簡單：以華生判斷的可靠性或你判斷的健康養生，看是否需要調整。

但有個很嚴重的問題：雖然前面兩個階段進行都近乎自動，最後這個階段卻不是，而且往往完全不會進行。以麥克法蘭的例子來說，修正華生印象的不是他自己。他直接照單全收就準備做別的事了，反而是隨時融入的福爾摩斯向華生指出他的推理「是相當危險的論點」。光靠外表，麥克法蘭或許能獲得陪審團好感，也或許不能，這都要看陪審團及該案其他論點而定。外表本身會騙人。光是看麥克法蘭的外表能看出他有多可靠嗎？再回到那顆蘋果：光檢視外表真能知道蘋果有益健康嗎？要是這顆蘋果本身不僅非有機，而且還產自以使用非法農藥出名的果園，摘下來後從沒洗過或妥善處理呢？即便這種時候外表也會騙人。因為你的腦海裡已經有了蘋果的既定概要，就覺得繼續探究是浪費時間也不必要。

為什麼我們常在知覺的最後階段失敗？答案就是我們一直討論的要素：融入。

知覺分為兩種，消極與積極，其中差異跟你想的可不相同。在這裡，華生系統為積極，福爾摩斯系統為消極。身為消極知覺者，我們只觀察。意思就是除了觀察，什麼事都不做。換句話說，沒有一心多用。消極知覺者福爾摩斯把所有心智機能聚焦於觀察對象，在這裡指的是麥克法蘭。他「緊閉雙眼，指尖碰指尖」，以慣常的姿勢聆聽。**消極**一詞可能會讓人誤會，因為他專注的知覺可是一點也不消極。消極的是他對此外一切事物的態度。他不會因其他工作分心。身為消極知覺者，我們其他什麼事情都不做，僅專注於觀察。我認為更適合稱為消極融入：融入到極致，視情況決定僅著重於單一件事或單一個人的狀態。

然而，多數時候我們無法僅是觀察（即便可以，通常也不會選擇這麼做）。處於社交環境（可形容多數環境）下的我們，無法就這樣後退看著。反而是處於實際一心多用的狀態，嘗試在操控社交互動的錯綜複雜之餘，同時做出歸因判斷，無論是對人、事物或環境。積極知覺指的不是存在並融入的積極，而是指知覺者真的很積極：同時做很多事。積極知覺就是像華生系統那樣滿場飛，什麼也不錯過，就是那個除了檢視來訪者，同時還忙著擔心門鈴、報紙、午餐何時會好、福爾摩斯心情如何的華生。更適合稱為積極疏離：看似積極與多產，實際上什麼事也沒能做到最好，注意力資源過度分散。

切割福爾摩斯與華生、消極觀察者與積極觀察者、消極融入與積極脫離的關鍵，正是我在形容這兩造時使用的描述：融入。心流、動機、興趣，隨你怎麼稱呼，總之能讓福爾摩斯徹底專注於來訪者，使他神魂顛倒，不會心不在焉而僅著重於手邊事物。

一群哈佛研究員嘗試透過典型研究證明積極知覺者會近乎潛意識、自動、不多加思索地分類與描述，卻沒能執行最終的修正步驟（即便握有所需的全部資訊），因而對人留下未顧及互動中所有變數的印象。他們像華生，只記得陪審團會喜歡的人物表象；但不像福爾摩斯，沒能將可能導致欺人表象的所有因素納入考量，或那些可能讓陪審團視其表象（無論多可靠）為假象的情況，例如分量十足的額外證據會導致該案所有主觀條件變得無關。

在第一組研究中，研究人員想測試認知功能「忙碌」，或像我們平常同時處理情況中許多要素那樣一心多用的個體，能否適當調整以修正初步印象。受試群眾要看七支系列影片，片中女子正與陌生人交談。影片沒有聲音，表面上是為保護對話雙方的隱私，但影片下方均打上字幕告知受試者對話主題。女子在七支影片中有五支表現焦慮，另外兩支則相當平靜。

雖然大家看的影片都相同，但有兩項條件不同：字幕及受試者要做的事。其中一組設定為五支焦慮影片搭配性生活等會引發焦慮的主題，其他組別的七支影片則都搭配環遊世界等中性主題（換句話說，那五支影片中的焦慮表現對照搭配的輕鬆主題會很不恰當）。在這些條件下，半數受試者要以性格向度為影片中女子評分，另外一半則要以性格評分，同時並按照順序記住七支影片主題。

研究人員獲得的結果毫不意外，但確實顛覆了大家一直以來對個人知覺（我們如何看待他人）的看法。僅需專注於女子性格的受試者，隨著情境調整將女子出現於中性主題時的性情評為較為焦慮，出現於會引發焦慮主題時為較不焦慮；但同時還必須記住，對話主題的受試者完全沒有在判斷女子焦慮程度時將主題納入考量。判斷所需的資料他們全部都有，卻從沒想過要用。因此，雖然他們知道**理論上**任何人在該情境下都會感到焦慮，實際上卻只是判定女子整體而言就是個焦慮的人。除此之外，他們還預測她在未來情境中也會繼續焦慮，無論那些情境會引發何種程度的焦慮。對話主題記得越清楚，預測就越偏離事實。換句話說，大腦越忙碌，初步印象形成後就越少調整。

這是好消息也是壞消息。首先是明顯的壞消息：多數時候多數情況下的我們都是積極觀察者，也因此更可能無意識地犯錯，自動分類與描述特性，最後卻未能修正初步印象。所以我們只看表象，忘了要巧妙拿捏，忘了人在任何時候都會輕易受到無數外力與內力影響。附帶一提，無論你傾向於從穩定特質推論短暫狀態（如多數西方人），或從狀態推論特質（如多數東方文化），都同樣適用；無論你的錯傾向於哪一種，都會無法調整。

但好消息來了。研究一再顯示，擁有動機會比沒有動機的人更自然（且更正確地）修正。換句話說，我們必須同時承認自己容易如自動導航般下判斷，然後又不修正，還必須積極地**想要**變得更正確。心理學家道格拉斯．克魯爾（Douglas Krull）在一項研究中採用的初始設定與哈佛的焦慮研究相同，但為某些受試者新增目標：估算面談主題引發的焦慮程度。即便忙於認知複習，這些受試者認為女子本身就很焦慮的可能性也會更低。

不然，換成另一個常用典範：指派政治立場給受試者，而非讓他們自行刻意選擇。以死刑為例（反正過去也提過相同議題，還很適合福爾摩斯的犯罪國度，同時也常用於這類實驗設定）。好，概括而論你對死刑的態度不出下列三種：可能贊成，可能反對，或可能不太在乎、不太瞭解、從沒真正思考過。若我給你看一篇支持死刑的短文，你會如何反應？

答案是，要看情況。如果你不太瞭解或不太在乎——如果你比較不感興趣或疏離——便很可能照單全收，接受該篇文章論點。若沒有理由要懷疑文章來源，讀來也合乎邏輯，便很可能相信該論點。你會分類、描述特性，但不太需要修正。修正很費力，而你個人沒有原因要費這個力。以此與假設你是強烈支持／反對死刑者的反應相比，無論支持或反對，光是聽到文章主題你就會注意。你會更加仔細閱讀，並且會視需要費力修正。同意文章與否的修正結果或許不同，而且若反對文章論點，甚至可能會朝反方向過度修正；但無論如何，你都會耗費必要的心神挑戰自己的初步印象。因為正確與否對你來說很重要。

（刻意選擇政治議題是為證明內容不一定要與人相關，試想以下兩者知覺的差異：初次認識偶然遇見的陌生人與即將要面試或評估你的人。你是不是會更留意自己的印象，以免出錯？於是會更費心修正與重新校準？）

當你自己對某樣東西有強烈融入感，就會覺得值得更費心。而且在融入過程中，更仔細觀察、更注意和警覺，便更可能會挑戰自己追求正確。當然，你必須要先清楚這過程，而你現在知道了。若你發現自己應該要融入卻不想這麼做呢？心理學家阿里耶．庫蘭斯基（Arie

Kruglanski）畢生都在研究結論需求的現象：心智渴望對某議題有確定的認識。除了探討個人在這方面需求的差異，庫蘭斯基進而證明，我們能操控這種需求以提升注意力與融入程度，並確保能完成判斷的最終修正步驟。

達成方法有許多種。最有效的是讓我們覺得要為自己的判斷負責，便會在決定前花更多時間從各角度看各種可能性，也因此會花更多心力修正初步印象以確保正確。完成搜尋前我們的心智不會「結束」（或「凝結」，如庫蘭斯基所說）搜尋，直到我們很確定已經盡力。雖然不會永遠都有實驗要我們為自己負責，我們卻可以自己將所有重要判斷或觀察設為挑戰。**我能有多正確？我能做到多好？我的注意力能比上次進步多少？**這些挑戰能讓我們融入觀察且更為有趣，還能避免事前未多加思考便驟下結論做出判斷。

積極觀察者受到阻礙是因為他同時想做太多事情。若他是社會心理學實驗受試者，被迫得按順序記住七個主題、數字串，或任何心理學家為確保受試者認知功能忙碌的任務，那他注定要失敗。為什麼？因為實驗目的就是要強迫避免融入。除非擁有全像記憶或讀過記憶宮殿技巧，如果很努力想要記住無關資訊就會無法融入（就算是相關資訊也無法，重點在於你的資源已經用於他處）。

但我要告訴你，人生不是社會心理學實驗。我們從來不**需要**成為積極觀察者。沒有人要我們按照正確順序回憶對話，或在事前未知的情況下演講。沒有人要強迫我們限制自己融入，只有我們自己會這樣。無論是因為不感興趣了，像福爾摩斯對派克夫特先生的案件，或因為忙著想未來的陪審團審判而沒專心在眼前的男子，就像華生那樣，與某人或某事疏離是特權。我們大可以不這麼做。

相信我，想要融入的時候，就能夠融入。我們不僅會因為這樣而更少犯下知覺錯誤，還會成為我們以為自己無法成為的那種善於觀察又專注的人。就連診斷為注意力不足過動症的小孩，也會發現自己能夠專注於特定吸引自己、活化並融入心智的事物，例如電子遊戲。事實證明，電子遊戲能激發人們沒想過自己擁有的注意力。而且融入過程中浮現的持續注意力與對細節的新鑑賞力，可繼而轉至螢幕之外的領域。以認知神經科學家黛芬妮・巴伐利爾（Daphné Bavelier）與西恩・格林（C. Shawn Green）為例，他們一再發現所謂的「動作」線上遊戲（以高速度、高知覺、運動負載、無法預測及邊緣處理為特性的遊戲）會增強視覺注意力、低階視覺、處理速度、注意力控制、認知力控制與社會控制能力，以及許多廣泛如駕馭無人飛行載具與腹腔鏡手術等各領域機能。大腦能夠改變並學會延長注意力，都是因為那些曾融入某件**真正**在乎事情的時刻。

這章以心不在焉開頭，也以此結束。心不在焉對融入來說是詛咒，無論是因為沒有動機而心不在焉，一心多用而心不在焉（現代人的通病），或參與強制的實驗範例而心不在焉，都無法與融入並存。也因此無法與全神貫注並存，也就是觀察所需的注意力。

然而我們卻經常積極選擇脫離。走路、跑步或搭捷運時聽音樂，與朋友家人吃飯時看手機，開這個會時想著下一個會。簡單來說，心智充滿了自製的記憶主題或令人分心的數字串。世界版的吉伯特根本不用限制我們。事實上，吉伯特本人曾透過 iPhone 提醒追蹤超過兩千兩百位成人的日常生活，請他們回報自己的心情、在做什麼、收到提醒時是否想著手邊活動以外的事情。知道結果如何嗎？這些人思考手邊活動以外的事情與思考手邊活動的頻率差不多（準確來說是百分之四十六・九），而且還是無論從事什麼活動都沒差；無論是看似多讓人融入，有趣或無聊至極的活動，人都會心不在焉。

富於觀察、注意力十足的心智，就是存在當下的心智，沒有心不在焉，積極融入當下手邊事物。這種心智讓福爾摩斯系統能站出來，不至於讓華生系統像個瘋子一樣滿場飛，想要什麼都做、什麼都看。

我認識一位心理學教授，每天會把電子郵件與網路關掉兩個小時，完全專心於寫作。我覺得這種自願執行的紀律與抽離相當值得學習。絕對是我希望自己也能多採用的方法。想想近來某神經科學家試圖以大自然介入證明人在完全失聯的野外待上三天會發生什麼事，結果是：創造力、思緒清晰、大腦徹底重新活化。不是每個人都能在野外放逐三天，但或許，只是或許，可以三不五時花幾個鐘頭讓自己做出有意識的決定：專心。

福爾摩斯延伸閱讀

「我注意到（他手上）貼滿……」、「看來你去過阿富汗。」——《血字的研究》第一章：夏洛克．福爾摩斯先生（P.7）

「我知道你從阿富汗回來。」、「論及最為困難的道德與心靈層面……」——《血字的研究》第二章：演繹科學（P.15）

「科學家詹姆斯．莫堤默醫生對犯罪專家福爾摩斯會有何要求？」——《巴斯克維爾的獵犬》第一章：夏洛克．福爾摩斯先生（P.5）

「我的軀殼停在扶手椅……」——《巴斯克維爾的獵犬》第三章：懸案（P.22）

「我們來還原案發過程。」——《福爾摩斯歸來記》（*The Return of Sherlock Holmes*）：《修道院公學》（P.932）

「你或許還記得，檢驗貼上那行印刷字的紙時……」——《巴斯克維爾的獵犬》第十五章：回顧（P.156）

「你是想要我注意什麼嗎？」——《福爾摩斯回憶錄》（*The Memoirs of Sherlock Holmes*）：《銀色馬》（P.1）

「我們先前在街上看到的男子坐在單人桌前……」——《福爾摩斯回憶錄》：《證券交易所的職員》（P.51）

「這人的外表想必能獲得陪審團的好感吧？」——《福爾摩斯回憶錄》：《諾伍德的建築師》（P.829）

第4章　探索大腦閣樓：創造與想像的價值

年輕律師麥克法蘭某天起床發現自己的人生徹底顛覆：一夜之間，他成了當地建商謀殺案的頭號嫌犯。證據對他相當不利，差點來不及找到福爾摩斯說出自己的故事就給抓去蘇格蘭警場了。

他在遭到逮捕前向福爾摩斯解釋，自己前一天下午才初識受害者：強納斯．歐德艾克。這位男子來到麥克法蘭的辦公室，要求他謄寫並見證自己的遺囑；出乎麥克法蘭先生的意料，那份遺囑竟是要將這建商所有財產都留給他。歐德艾克先生解釋自己獨身且膝下無子，曾與麥克法蘭先生的父母熟識，他想要以此遺產紀念雙方友誼，但又要求麥克法蘭等到隔天才能把這件事告訴家人。他想給他們驚喜。

當天晚上，該建商邀請律師共進晚餐，餐後可共同研究與宅邸相關的重要文件。麥克法蘭必須前往，情況看似如此簡單。直到隔天早報描述了歐德艾克的死，屍體在屋後堆放木材的地方遭到焚毀。頭號嫌犯：年輕的麥克法蘭，除了可繼承死者宅邸，還將他沾滿血跡的手杖留在案發現場。

麥克法蘭把這段離奇故事告訴福爾摩斯後，便立即遭雷斯垂德探長逮捕。儘管看似逮捕有理，可繼承遺產、手杖、夜間造訪，所有證據指向麥克法蘭有罪，但福爾摩斯就是覺得有些不對勁。「我知道不對勁，」福爾摩斯說，「我骨子裡感覺得到。」

然而，這次福爾摩斯的骨子卻跟壓倒性勝利的證據背道而馳。對蘇格蘭警場來說，這個案件可說是萬無一失，只剩把警方報告寫完而已。福爾摩斯堅持情況仍不明朗時，雷斯垂德探長相當不以為然。「不清楚？如果這樣還不清楚，什麼才叫清楚？」他插嘴。

「這個年輕人突然得知，若某個老人死了，他就會發財。接著他怎麼做？什麼都不跟別人說，但假裝當天晚上要出門見客戶。等到屋內僅剩的另一個人上床睡了，就在這名男子的房間裡獨自殺了他，把屍體丟到木材堆上焚燒，再離開到鄰近旅館投宿。」

這樣不夠的話，還有：「屋裡與手杖上的血跡都很少。可能是他認為如此手法不會流太多血，希望火舌吞噬整具屍體，就此掩蓋死因證據，那想必是會指向他的證據。這樣不明顯嗎？」

福爾摩斯依舊不相信。他對探長說：

「雷斯垂德，我覺得這樣有些太過明顯。你的眾多天賦中不包含想像，但如果你能暫時假想自己是這位年輕人，你會選擇在立定遺囑當天晚上犯案嗎？兩起事件接連發生，對自己來說不是很危險嗎？再來，僕人都應門讓你進來了，你還會選這種人家明知你在屋內的時機下手嗎？最後，你這麼大費周章毀屍滅跡，還把自己的手杖留下來指向你自己是凶手嗎？老實說吧，雷斯垂德，都不太可能啊。」

雷斯垂德卻只是聳肩。想像跟這有什麼關係？觀察與演繹當然必要，那可是偵探辦案的兩大要素。但想像？不就是那些游手好閒，與蘇格蘭警場八竿子打不著關係，腦袋不嚴謹不科學的藝術家的薄弱依歸？

雷斯垂德不懂自己錯得有多離譜，也不懂想像所扮演的角色有多重要，無論對成功的警探或偵探，對所有認為自己是成功思想家的人來說都是。要是他在聽福爾摩斯說話時，不僅只聽取嫌犯身分的線索或案件偵查方向，就會發現自己未來需要他協助的機會越來越少。因為若沒有想像介入，而且是在任何演繹過程**之前**介入，這些觀察，對前面三章內容的理解就都沒有價值了。

想像是思考歷程必備的下一步。以你蒐集的所有觀察為積木，用於未來演繹的扎實基礎，無論是強納斯．歐德艾克死亡的致命諾伍德之夜，或在家中、工作上始終纏著你的惱人問題。若你以為可以跳過這個步驟，認為這是不科學、無足輕重的方法，那你會發現自己浪費了太多精力只為獲得與現實相悖的結論，不論那對你來說有多清楚或多明顯。

想像是什麼，為什麼如此重要？

可以跟雷斯垂德提的事情這麼多，福爾摩斯為何提起這項特質？該項特質在聽來嚴謹的心智科學方法中又扮演了什麼角色？

雷斯垂德不是唯一對想像參與科學推理嗤之以鼻的人，福爾摩斯也不是唯一如此堅持反對意見的人。二十世紀最偉大的科學思想家之一，諾貝爾物理學獎得主理查．費曼，對於沒有人欣賞他所認為的思考和科學的核心特質，經常感到訝異。他曾對聽眾說：「很難相信大家不相信科學包含想像。」觀點顯然錯誤之餘，「這種想像還非常有趣，不同於藝術家的想像力。最困難之處在於要去想像你未曾看過的，那東西一致地存在於所有看過的細節裡，卻又與曾經想過的不同；此外還必須是確切無疑不曖昧含糊的提議。真的很難。」

要更適當地總結並定義想像在科學思考歷程中扮演的角色相當困難。想像將觀察與經歷重新組合成新的東西。這麼做能為演繹鋪好路，篩選各種想像方案做出決定：想像過那麼多種可能性後，哪一種最能確切解釋所有事實？

想像過程會帶入假設性的東西，現實中可能存在或不存在，但心智積極創造出來的東西。如此一來，你想像出來的會「與他人所想的不同」。不是重新陳述事實，或毋須多加思考便可從甲畫到乙的簡單線條，而是你自己的綜合創作。把想像當成是閣樓必要的心智空間，讓你能自由運用各種內容，卻不用特屬任何儲存空間或組織系統，可以任意移動、組合、再組合，亂搞一通，也不用擔心影響主要閣樓的秩序或整潔。

這種空間之所以必要，是因為沒有這種空間，閣樓便無法運作，總不可能把儲藏空間全部填滿箱子吧。那你要怎麼進去？哪裡有地方讓你把箱子拖出來找需要的東西？要怎麼看到有哪些箱子，以及要去哪裡找？當然是需要空間，需要光線，需要能取得閣樓內的物品，要能走進去，四處觀看，看有些什麼東西。

自由便存在於此空間，你可以把蒐集到的觀察暫時全部放在那裡。先不要分門別類或放入閣樓永久儲藏室，而是全部攤在地上一覽無遺，隨意把玩。看是否浮現什麼模式？永久儲藏室裡有什麼合理的東西可以加入改變其樣貌？站在空地上，你審視著自己蒐集的結果，抽出不同要素，嘗試不同組合，看怎樣行得通，怎樣行不通，怎樣感覺才對，怎樣不對，最後創作出來的與匯入的事實或觀察都不相同。都源於那些觀察與事實，當然沒錯，但也獨樹一格，僅存在於腦海裡的假設，真實與否都有可能。

但不會是無中生有的創作，而是有現實依據。取自你截至當下的觀察，「一致地存在於所有看過的細節」。換句話說，是由那些在觀察歷程中所蒐集的內容與始終存在的原料（既有知識庫與對世界的理解）結合有機生長而成。費曼因此形容是「緊綁在束衣內的想像力」。對他來說，物理定律就是束衣，而對於福爾摩斯基本上是一樣的東西：知識庫與截至當下的觀察。絕對不是天馬行空，你不能把這種背景下的想像與小說家或藝術家的創造力想成一樣。不同。首先，最簡單的原因在於此想像**確實**源於你建立的現實依據，再來，因為「必須是確切無疑不曖昧含糊的提議」，你的想像必須具體詳細。不存在於現實，但實體必須能夠在理論上毋須過多調整便從腦海躍入現實。據費曼的說法，想像綁在束衣裡；據福爾摩斯的說法則是由你獨特的大腦閣樓約束與決定。想像必須以此為基礎，按其遊戲規則行事，而這些規則包含了勤奮觀察。費曼接著說：「這場遊戲就是要找出我們知道什麼，有什麼可能性？必須要逆向分析，檢查合適與否，根據已知情況來看是否行得通。」

這句話本身提供了最後一項定義。是的，想像必須源於真實可靠的知識，源於具體特定的閣樓。而且，沒錯，用處更為重要：為演繹做準備，無論是演繹科學真理、謀殺案真相，或與前兩者八竿子打不著關係的人生重大決定或問題。上述事件都需要應付特定限制，但也相當自由。很好玩。換句話說就是一場遊戲，這是認真努力時最有趣的一環。福爾摩斯在《格蘭其莊園》（*The Adventure of the Abbey Grange*）開頭的知名引言「遊戲開始」不是沒有原因。短短四字不僅道盡他的熱情與興奮，還有他的偵探藝術與整體的思考手法：工作確實嚴肅，但絕不可忘記玩樂。玩樂是不可或缺的要素。少了玩樂，如何認真努力也沒有用。

我們總會把創造力想成是全有或全無，有就有或沒有就沒有的心智特性。但實際上絕非如此。創造力**可以**經由教導習得。創造力就好比一條肌肉，就像注意力與自制力，可以透過使用、訓練、專注與動機磨練，使其茁壯。事實上，研究顯示創造力是流動的，而訓練能讓人更富創意：若你認為想像能隨著練習茁壯，就會更善於想像。（又是那持續存在的動機需求。）你若想提升整體的思考與決策能力，並擁有如福爾摩斯而非華生（或雷斯垂德）般的行動力，關鍵在於你得相信自己能跟佼佼者一樣有創意，也能學會獲得創造力的必要要素。

以下我們要探討合成、重組與頓悟的心智空間。外表欺人的無憂場所即將讓福爾摩斯得以破解諾伍德建商的謀殺案，因為他絕對會破案；你也會看到雷斯垂德顯而易見的信心是如何被證明是錯誤的，曇花一現。

學習克服想像的疑慮

想像以下情境：有人帶你進房間，裡面有張桌子，桌上有三件物品：盒裝圖釘、書式火柴及蠟燭。你只有一項任務：把蠟燭固定在牆上，需要多少時間都可以。你會怎麼做？

如果你像完形心理學家卡爾・董克（Karl Duncker）的經典研究中超過百分之七十五的受試者一樣，你很可能會嘗試下述其中一種方式：你可能會把蠟燭釘在牆上，但你很快會發現這個方法只是徒勞無功。又或者你會點燃蠟燭，利用融落的蠟液將蠟燭黏在牆上，完全不用那盒圖釘。（你心想，搞不好那只是障眼法！）然後再一次失敗。蠟不夠堅固，無法支撐蠟燭，整個裝置會掉落。現在怎麼辦？

想出真正解答需要想像力，沒有人能立即看出。有些人思考了一兩分鐘就發現答案，其他人則是在幾次失敗後發現。還有些人沒有外力幫助根本無法解決。答案來了。倒出盒子裡的圖釘，把盒子釘在牆上，點燃蠟燭。用火柴軟化蠟燭尾端，讓蠟開始逐漸滴落在盒子上，把蠟燭插入盒裡軟化的蠟堆，固定蠟燭，在蠟燭燒到近尾端即將燒毀盒子前跑出房間。解決。

為什麼這麼多人都想不出替代方案？大家都忘了，從觀察到演繹之間還有個重要的心理時刻。他們都採取華生一頭熱的路線，行動、行動、再行動，低估完全相反卻關鍵的需求：安靜反思的時刻。因此他們理當立即接受最自然或明顯的答案。這個情況下，多數人都沒看出最明顯的盒裝圖釘，其實是**較不**明顯的盒子**和**圖釘。

這種現象稱為功能固著。我們通常僅以物品呈現的方式看待，認為那就是物品既定的特定功能。盒子與圖釘組成盒裝圖釘，盒子裝載圖釘，沒有其他功能。為跨越這一關，將物件實際分成兩個個別元件，而要意識到盒子與圖釘是兩個不同物件則需要跳躍性想像。（完形心理學派的董克所研究的正是該現象：人們傾向於看見整體而非單獨元件。）

確實，以董克的研究為基礎的後續實驗顯示，若個別陳列這些物件，把圖釘擺在盒子旁，解開謎題的人數比例便大幅增加。簡單賣弄文字也有相同效果：若事先以**連接詞**接起字串促發受試者，例如「盒子**與**圖釘」，他們會更容易發現答案。即便只是將各詞語劃上線成為五個物件（蠟燭、書式火柴、盒裝圖釘），受試者也會更可能解開謎底。

但原本的問題仍需思考，才能不靠外力協助偏離明顯答案。這不是像檢視觀察一切並立即行動，或嘗試演繹出最能滿足目標的可能情境那麼簡單。能夠解開謎底的人瞭解不行動的重要性，瞭解讓心智吸收情況並在內在安靜反思的價值。簡單來說，他們瞭解觀察到演繹之間還有相當關鍵且不可替代的步驟：想像。

我們很容易將福爾摩斯視為冷酷無情的推理機器：演算邏輯的極致。但把福爾摩斯看成邏輯機器人實在錯得離譜，而且事實恰好相反。福爾摩斯之所以是福爾摩斯，他之所以能凌駕其他偵探、探長之類的普通民眾，答案都在於他樂於從事非線性思考、擁抱假設、斟酌猜測；這是他創意思考與想像反思的能力。

那為什麼我們總忽略他更為柔軟近乎藝術的一面，反而著重於電腦般的理性演算能力？很簡單，這種看法更容易且安全。這般思維在我們心裡根深蒂固。我們從年幼時便開始受到訓練。如愛因斯坦所說：「我們當然要小心不讓智力成為我們的神。沒錯，智力有強壯肌肉但無個性，無法領導只能效力，而且對其選擇的領導者並不吹毛求疵。」我們所在的社會崇尚電腦模式，奉非人般的福爾摩斯為偶像，他能自然而然地吸收無數資料，出奇精準地分析後吐出解答。這個社會不太在乎無法量化的想像力，卻相當看重智力。

不過，且慢，你可能會覺得那是鬼扯。我們也因為創新與創造力的概念而繁榮，我們活在企業家、創新者、賈伯斯及以「不同凡響」為座右銘的時代。嗯，沒錯，但也不算是。意思是，表面上我們重視創造力，但內心深處卻極度害怕想像。

整體而言，我們討厭不確定，會感到不安。確定的世界更友善，因此我們努力降低任何不確定，通常都是藉由做出能維持現狀、習慣且實際的決定。聽過「明槍易躲」的俗諺嗎？差不多就是這個原因。

但反過來說，創造力需要新意。想像是新的可能性，不存在但可能發生的事，反事實，以新的方式重新組合。想像未經過證明，未經證明便是不確定，不確定會讓人害怕，即使我們不清楚個人究竟會感到多害怕，而且可能會讓人丟臉（畢竟無法保證成功）。不然你覺得柯南・道爾筆下的探長為什麼總是極不願意拋開正當程序行事，不願做任何可能危及或甚至僅稍微耽擱調查一秒的事？福爾摩斯的想像讓他們害怕。

想想以下常見的矛盾：組織、機構及個人決策者即便公開表明創造力非常重要，有時還說是核心目標，但通常都會拒絕創意。為什麼？新的研究顯示我們可能像對種族或恐懼症一樣，對創意懷有無意識偏誤。

還記得第二章的內隱聯結測驗嗎？珍妮佛・穆勒（Jennifer Mueller）及同仁決定稍微修改研究，測試那看似未曾需要的創造力。受試者必須完成與標準內隱聯結測驗相同的好／不好分類配對，只不過這次的配對詞組是用於描述實際（**功能**、**建設**、**有用**）或創意（**新穎**、**創新**、**原創**）的態度。結果顯示，就連在自己的正向特徵清單上將創造力評為高分的人，在不確定條件下也會對創造力有內隱偏誤，認為不切實際。更重要的是，他們認為先前已證明為具有創意的概念（例如運用奈米科技改變布料厚度，降低腳部溫度與減少水泡的運動鞋），比對手更**不具**創意。因此，他們不僅有內隱偏誤，還沒能在直接面對創造力時看清其本質。

沒錯，該效果僅見於不確定狀況，但那不正描述了多數決策環境嗎？至少絕對適用於偵探工作，還有企業、科學及生意，任何你想得到的都是。

偉大思想家都跨越了這項阻礙：對虛無的恐懼。愛因斯坦也失敗過，林肯也是，他可能是少數赴戰場時是上尉，回來卻降級為普通士兵的人，成為總統前還曾兩度申請破產。迪士尼曾因為「缺乏想像」遭報社開除（如果真有創意矛盾這種說法，在這可說是火力全開）。愛迪生也是，發明了上千件失敗樣本才終於做出能用的燈泡。福爾摩斯也是。（記得艾琳．阿德勒嗎？歪嘴男子呢？或是稍後我們會詳加探討的黃色臉孔？）

他們的差別不在於不曾失敗，而是不會對失敗感到恐懼，這種包容心是創意心智的正字標記。這些人或許也曾一度與我們多數人一樣持有反創意偏誤，但總之他們設法鎮壓該偏誤使其聽命於自己。福爾摩斯擁有電腦所缺乏的要素，也正是該要素才讓他是福爾摩斯，將偵探的形象減損為優秀的邏輯學家：想像。

誰不曾因為沒有立即發現明顯答案而放棄難題？誰不曾因為沒有駐足思考所謂的清楚明顯、可能有點**太過**明顯而做錯決定或拐錯彎？誰不曾堅持不夠理想的起點，只因為大家都是這麼做，而且就算可能有更好的方法，也會因過度偏離經過證明的正道而放棄？明槍易躲啊。

我們對不確定的恐懼會牽制自己，但其實我們最好是陪同福爾摩斯徜徉於他的想像漫遊，演完那些至少就目前為止僅存於腦海的情境。愛因斯坦發表相對論時憑的就只是直覺。一九二九年，菲爾瑞克（George Sylvester Viereck）問及他的發現源於直覺或靈感時，愛因斯坦回道：「我是個能自在想像的藝術家，我覺得想像比知識更重要。知識有限，想像卻能環繞世界。」少了想像，這位偉大的科學家也只能受困於確定的直線思考與唾手可得的東西。

此外，多數問題根本沒有明顯答案可選擇。以諾伍德懸案來說，雷斯垂德有現成的故事與嫌犯。如果沒有呢？如果直線敘事不存在，只能靠心智的迂迴假設漫遊找出答案呢？（《恐怖谷》（*The Valley of Fear*）便是例子，受害者根本不是表面上的樣子，房屋本身也不是。在這種情況下，缺乏想像就等於沒有答案。）至於在與偵探、探長及建商毫無關係的世界裡，要是沒有明顯能讓我們更快樂的工作方向、更好的感情對象或選擇呢？要是答案反而需要鑽研與有創意的自我探索呢？沒有多少人會以暗箭取代明槍，更少人會以什麼都沒有取代明槍。

沒有想像，我們便永遠無法來到自己能攀達的思考境界，最好也只是注定變得善於反吐出細節與事實，但會覺得難以用任何方式讓事實有意義地改善判斷或決策。閣樓裡將堆滿整理完善的箱子、資料夾及材料，卻不知該從哪裡開始找起，只是反覆一一翻找成堆的資料，或許找到正確的方法，或許找不到。要是對的要素不是直接獨立存在，而是得自兩個或甚至三個資料夾呢？祝自己好運了！

再回到諾伍德建商的案件。為什麼在缺乏想像的情況下，雷斯垂德會沒有機會破案，還差點將無辜的人判刑呢？想像在此提供了什麼是直接分析所沒有的？探長與偵探兩人可採用的資訊完全相同。福爾摩斯並沒有掌握任何祕密知識讓他能看見雷斯垂德看不見的，至少不是什麼雷斯垂德無法輕易以相同方式應用的知識。但兩人不僅從共享知識中選擇不同要素，還進而以徹底相反的方向詮釋自己所知。雷斯垂德採取直接手法，福爾摩斯則採取探長連想都覺得不可能的想像手法。

調查之初，福爾摩斯與雷斯垂德從完全相同的起點開始：麥克法蘭在雙方面前同時道出自己的供述。其實雷斯垂德占了優勢，他已經去過案發現場，福爾摩斯當下則是初次聽聞。然而他們的手法卻立見分歧。在雷斯垂德逮捕麥克法蘭把他帶走前，他問福爾摩斯還有沒有問題時，福爾摩斯回他：「待我去過黑石南才知道。」「黑石南？可是凶殺地點在諾伍德啊。「你是指諾伍德吧。」雷斯垂德糾正福爾摩斯。「喔，是啊，我想必是這個意思。」福爾摩斯回他，繼而當然是前往黑石南，可憐的麥克法蘭先生的父母家中。

「為什麼不是去諾伍德？」華生的問題跟早先雷斯垂德的一樣。

「因為，」福爾摩斯說，「目前是這個單一事件緊接在另一單一事件後。警方錯把注意力全集中於第二件，只因為那恰巧是實際的犯罪事件。」稍後你就會看到，與雷斯垂德過度直接的手法相比，這是福爾摩斯打出的好球。

該旅程讓福爾摩斯很失望。「我追了一兩個線索，」回來後他對華生說，「但沒發現什麼有助於我們的假設，反而有好些不利的訊息。最後我放棄了，改去諾伍德。」但我們很快會看到，他去那裡並沒有浪費時間，福爾摩斯也不覺得那是浪費時間。畢竟你永遠無法得知，當你將閣樓的想像空間潛力發揮至極時，看似最直接的事件會如何展開。而且你也永遠不知道，究竟哪些資訊片段會讓不合理的謎題突然間顯得合理。

然而案件似乎沒有成功破案的跡象。如福爾摩斯對華生所說：「除非運氣好，不然諾伍德消失案恐怕無法列入我預期大眾不久後得要忍受的連續成功紀錄。」

結果，好運就從最不可能的地方降臨了。雷斯垂德稱之為絕對能讓麥克法蘭定罪的「重要新證據」。福爾摩斯一陣苦惱，直到他意識到所謂的新證據是什麼：麥克法蘭留在走廊牆上的血指印。在雷斯垂德看來是罪證，在福爾摩斯看來卻是麥克法蘭無罪的縮影。此外更證實了截至當下都甩不掉的疑慮，照福爾摩斯的說法是「直覺」，那就是根本沒有人犯罪。歐德艾克其實還生龍活虎。

怎麼會這樣？同樣一筆資訊，怎麼會對探長來說是定罪證據，對福爾摩斯來說卻證明那人無罪，甚至讓他懷疑整起案件的本質？全都是因為想像。

我們一步一步來看。首先，福爾摩斯對事件敘述的初步反應：不立即趕往案發現場，而是先熟悉所有可能角度，無論會不會有用。也因此要去黑石南見麥克法蘭的父母，據說他們年輕時與歐德艾克相識，而且當然也認識麥克法蘭。此舉看似不特別具有想像力，但比起雷斯垂德主張的手法要來得思想開明且非線性：直接去犯罪現場，而且只去犯罪現場。就某方面來說，雷斯垂德從一開始便關上了其他所有可能性。若你需要的都在同一處，又何必去別處找呢？

想像泰半時候都是要把不太明顯的東西串連起來，那些起初看似截然不同的要素。小時候父母送了我一種玩具：中間有洞，底部有圓環的木棒。兩端繫了木圈的粗繩穿越木棒中間的洞，目標是要把木棒上的圓環取下。起初看起來好像很簡單，直到我發現繫了木圈的繩子害圓環無法以最顯而易見的方法取下：從木棒上方。我試著用蠻力，更用力，加快速度，搞不好我能騙過這個玩具？我試著把繩子跟木圈分開。圓環會滑過木圈，之前不會。全都沒用。那些看來有希望的答案，結果都不是答案。相反地，要把圓環取下得要繞好大一圈，花了我好幾個小時（中間還隔了許多天），才終於有耐心走上那條路。因為首先得要停止試著取下圓環。我每次都從那個圓環開始，心想這樣才對。畢竟重點在於把圓環取下不是嗎？最後，直到我忘了要取下圓環，退後看清整體情況並探索其中可能性，這才找到答案。

我也得先去黑石南才能釐清諾伍德發生了什麼事。不像雷斯垂德，我的指南相當嚴謹：正確解開謎底時我會知道。所以我不需要福爾摩斯的提醒。我知道自己錯了，因為我很確定自己何時是對的。但多數問題並沒有這麼清楚明確，沒有始終無法取下而只會提供兩種答案的圓環：對與錯。反而是一大堆誤導人的方向與假答案。若少了福爾摩斯的提醒，你可能會一直想扯下那個圓環，而且以為已經取下圓環，卻發現其實只是往木棒更上方擠。

於是，福爾摩斯去黑石南，但他可沒有因此停止想像。想要像福爾摩斯那樣著手調查諾伍德建商案，並與他有相同成果，就必須先從思想開明擁抱可能性開始。你不能把最明顯的事件與唯一可能事件劃上等號。要是這麼做，很可能會永遠想不到那些最後可能是真正答案的可能性，而且也很可能會落入前面幾章見識過的確認偏誤的陷阱。

在這裡，福爾摩斯不僅深信麥克法蘭是無辜的，還繼續演完那些僅存在他腦海的假設情境，情境中的所有證據都不如表象，就連建商的死也是。要真正瞭解事發經過，福爾摩斯必須先想像事發經過的可能性，不然就只會像雷斯垂德那樣說：「不知道你是不是覺得麥克法蘭先生為了加強對自己不利的證據在深夜裡逃出監獄，」然後繼續自問自答，「我是個實際的人，福爾摩斯先生，手上有證據我就會做出結論。」

雷斯垂德自問自答的篤定之所以錯誤，**正是**因為他是個有證據就做出結論的實際派。他忘了中間還有個關鍵步驟，讓你有時間反思，思考其他可能性，考慮可能發生了什麼事及照著腦海裡的假設路線走的空間，而不是非得只能用眼前的證據。（但絕對不要低估先前觀察階段的關鍵重要性，將空間堆滿大小資料供你取用；福爾摩斯能對大拇指印做出結論，是因為他知道自己先前並沒有漏看。「我知道昨天檢驗走廊時沒有那個印記。」他對華生說。他相信自己的觀察、自己的注意力，相信自己的閣樓，以及閣樓內容物都非常完整。雷斯垂德缺乏這些訓練又受華生系統擺布，當然無法如此篤定。）

缺乏想像就會這樣導致錯誤行動（逮捕或懷疑錯人），**以及**缺乏適當行動（尋找真正的罪魁禍首）。若只尋求最明顯的解答，便可能永遠找不到正確的解答。

缺乏想像的推理就好比任由華生系統主導。看似合理，也是我們想做的事，但太過衝動快速。不退後一步讓想像說話，根本不可能評估並看見全貌，即便最後解答很平凡。

想想以下對於雷斯垂德行為的反證據。在《威斯特里亞寓所》（*The Adventure of Wisteria Lodge*）中，福爾摩斯罕見地稱讚貝恩斯探長：「你的前途無可限量，你擁有本能與直覺。」貝恩斯的做法跟其他蘇格蘭警場探長有何不同，才會贏得如此稱讚？他會預期而非屏除人性，故意逮捕錯的人，讓真正的犯人自得意滿而被誘出洞。（當然，錯的人選有相當多不利的證據，逮捕他綽綽有餘，雷斯垂德型的人就會覺得他逮到對的人。事實上，起初福爾摩斯也以為貝恩斯逮捕這人的行徑就跟雷斯垂德一樣愚蠢。）想像手法最主要的價值便存在於這般預期：詮釋事實時超越簡單邏輯，並以相同邏輯創造假設性替代方案。雷斯垂德型的人就絕對不會想到要這樣非線性思考。若不是依法該逮捕的人，何必耗費心力逮捕？缺乏想像，就只能直線思考。

跳高在一九六八年是形式相當固定的運動。你要跑、要跳，以數種方式讓身體過竿。更早期可能是以剪式，過竿時雙腳於空中如剪刀般揮擺，到了六〇年代則可能是跨越或滾臥，面朝下滾過竿。無論採用哪種方式，可以確定的是：跳躍時會面向前方。想像要背對著跳就覺得荒謬可笑。

然而理查・佛斯巴里（Dick Fosbury）卻不這麼認為。對他來說，背對著跳似乎是可行的方法。高中在學期間，他都在發展背越式跳法，到了大學，這個方法讓他達到前所未有的境界。他不確定自己為什麼這麼跳，但若真要他想，可能會說靈感來自於東方：孔子與老子。他不在乎其他人怎麼跳。他就是帶著這種感覺去跳。大家都嘲笑他。佛斯巴里的模樣就跟他們認為的一樣好笑（他的靈感聽起來也很可笑。但問及他的手法，他對《運動畫刊》說：「我根本沒想著跳高。我就是正向思考，順其自然。」）當然，沒有人期望他能入選美國奧林匹克運動會代表隊，更不用說贏得奧林匹克獎章。但他得了獎，還以二・二四公尺的高度創下美國與奧林匹克紀錄，僅比世界紀錄低了三・八公分。

他這個前所未見的技巧獲封為背越式跳高，佛斯巴里憑著該技巧做到了許多傳統運動未能做的事：實際改革了跳高。即便得了獎，大家仍以為他會是唯一以這種難解方式跳高的人，全世界都會繼續旁觀。然而從一九七八年後，所有紀錄都是由背越式跳高選手創下；到了一九八〇年，十六位奧林匹克決賽選手中，有十三位以背越式過竿。直至今日，背越式仍是跳高的主流方法。相較之下，跨越顯得過時又笨重。為什麼之前沒人想過要換方法呢？

當然，事後回顧都覺得是直覺。但現在看來非常清楚的，在當時可是徹底的創新與前所未見。沒人想過真能背對著跳，聽來就可笑。佛斯巴里本人呢？他甚至不算是很有天分的跳高選手。照他的教練伯尼．華格納的說法：「我有個鐵餅選手跳起來能碰到的高度都比佛斯巴里高。」都是因為那個方法。確實，與哈維爾．索托梅爾（Javier Sotomayor）所創的現今紀錄二．四五公尺相比，佛斯巴里的高度遜色許多，他的成就甚至無法打入前二十強。但跳高運動自此再不相同。

想像讓我們得以看見事物沒有的樣貌，無論是死人其實還活著，背越式跳高確實更具有前瞻性，或盒裝圖釘其實也可以只是一個盒子。想像讓我們得以在缺乏堅實證據下仍看見過去或未來的可能性。所有細節都攤在眼前時，你要怎麼安排？怎麼知道哪些才重要？簡單的邏輯能引導一段路，沒錯，但無法全靠邏輯，沒有呼吸空間會到不了終點。

抗拒創造力的我們就是雷斯垂德。但好消息來了：內心的福爾摩斯就在不遠處。內隱偏誤或許強烈，但不是無法改變，而且也不一定會這樣影響思考。

看左頁圖片：

試著以三條線連接這幾個點，但筆尖不得離開紙面或重複任何畫過的線條，結束與開始之處也必須相同。你最多有三分鐘的時間。

完成了嗎？如果還沒，不要擔心，你絕不孤單。事實上，你跟其他百分之七十八必須解開謎題的受試者一樣。如果已完成，花了多久時間呢？

想想看：若我在你解題時，在你的視線範圍內點亮燈泡，尚未完成者解開的機率會更高，而且解答速度會比沒看見燈泡還快；看見燈泡亮起的人有百分之四十四解開謎題，處於原始狀態（與你方才沒有燈泡的情況相同）則只有百分之二十二的人解開謎題。燈泡會活化腦海裡與頓悟相關的概念，進而促發心智以較原本自然狀態下更有創意的方式思考。這就是促發作用的例子。由於我們將燈泡與創造力、頓悟力連在一起，因此看見燈泡亮起時，便更可能不斷地琢磨難題，並以非線性的創意方式思考。閣樓裡存放在「燈泡時刻」、「頓悟」、「找到了！」點子旁的所有概念自此活化，進而有助於採取更具創意的手法。

對了，點線腦筋急轉彎的答案在下一頁。

我們的自然思維或許對我們有所牽制，但簡單的促發絕對足以暗示心智朝不同方向前進，而且不一定要是燈泡。牆上的藝術品也有相似效果。藍色、知名創意思考家的照片、笑臉、愉快的音樂（基本上都是正向暗示）、植物、花與大自然景色，這些都能在我們有意

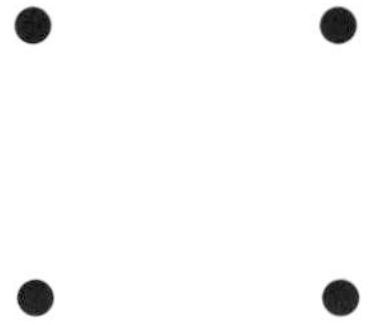

識或無意識下提升創造力。這是非常值得慶祝的事。

無論刺激為何，只要心智開始反思某個概念，你便更有可能體現該概念。甚至有研究顯示，身著白袍能讓你以更科學的角度思考，更善於解開難題。白袍很可能會活化研究員與醫生的概念，於是你會進而套用你所聯想到的這些人的特質。

但是若沒有在燈泡亮起、牆上掛著愛因斯坦或賈伯斯照片的藍色房間裡聽愉快的音樂，穿著白袍為美麗玫瑰花澆水，該如何盡可能邁向福爾摩斯的想像思考呢？

距離的重要性

促進想像思考最重要的辦法是透過距離，多面向的距離，以確保自己不會像雷斯垂德直接從證據跳到結論。《布魯斯—帕廷頓計畫》（*The Adventure of the Bruce-Partington Plans*）中有個案件出現在福爾摩斯與華生的合作後期，華生觀察到：

> 福爾摩斯最驚人的特質是，每當他已經確定自己無法

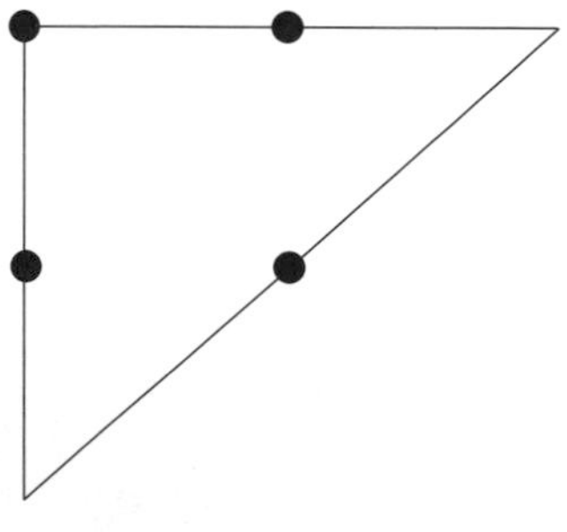

再有效思考，便有力量讓大腦暫停運作，改而思考較輕鬆的事。我還記得那值得紀念的一天，他整天都沉溺在撰寫以拉索複音經文歌為主題的論文。我個人沒有這種跳脫的力量，因此那天顯得永無止盡。

強迫心智後退相當困難。拋開自己想解開的難題似乎與直覺背道而馳，但實際上這項特質對福爾摩斯或任何深度思考者來說都不算驚人。華生眼裡看來如此驚人（還有他也承認自己缺乏該技巧）的事便足以說明，為什麼福爾摩斯成功，他卻經常失敗。

心理學家雅各．托普（Yaacov Trope）主張心理距離或許是改善思考與決策最重要的步驟。心理距離可採多種形式：時間或時間距離（過去與未來）、空間或空間距離（與某樣東西的實際遠近距離）、社交或人際距離（別人的看法），以及假設或現實的距離（可能發生的情況）。無論何種形式，這些距離都有個共同點：你都必須超越即刻心智，必須後退。

托普的假設是，距離越遠，觀點與詮釋就會越籠統抽象，能顧及的局面也越廣。相對的，再次靠近時，思考會更具體、確切與實際；看法越接近自我中心，眼前的格局便越小越有限。建構層次會進而影響我們如何評估情況，以及最終選擇如何與之互動。決定、解決問題的能力都會受到影響，甚至會從神經層面改變大腦處理資訊的方式（確切來說，前額葉皮質與內側顳葉的使用率往往會比後續還高）。

說到底，心理距離達成了重要目標：讓福爾摩斯系統融入，強迫我們冷靜反思。疏離已證實能改善從實際解決問題到鍛鍊自我控制能力等認知表現。運用心理疏離技巧的兒童（例如把棉花糖想像成蓬鬆雲層，下個段落我們會詳細探討該技巧），更能延後享受稍後更豐碩的獎賞。被要求退後一步，從更廣義觀點想像情況的成人能更好地判斷與評估，自我評鑑與降低情緒反應的表現也更佳。在典型解決問題情境中採用疏離技巧的人，會領先那些更為投入的同伴；而那些對政治議題採取疏離觀點的人，往往能提出更能承受時間考驗的評估。

你可以把這種練習想成更複雜巨大的拼圖：外盒不見了，所以你不知道自己拼出來的到底是什麼；多年下來，其他相似拼圖的圖片已混在裡面，以至於根本不確定到底哪些片屬於同一幅拼圖。

要完成拼圖，首先必須對整體樣貌有個概念。有些拼圖片會立刻浮現：角落、邊框、明顯要拼在一起的圖案。不知不覺中，你會更清楚哪些圖片要放哪裡，剩餘的該如何拼在哪裡。但你若不花時間把拼圖片全攤開整理，辨識要從哪幾片開始，試著讓完整圖樣形成於腦海，就絕對無法完成拼圖。隨意硬塞圖片會花上許久時間，造成不必要的挫折感，甚至還可能永遠無法完成拼圖。

完成拼圖要學會讓兩項要素合作：特定的具體片段（細節與顏色、告訴你什麼、有什麼含意）與整體大致圖像（讓你能瞭解整體畫面的廣泛印象）。兩者都很必要。拼圖片已透過近距離觀察蒐集完成，如何拼在一起就只能靠想像的距離。可以是托普提出的任何一種距離，時間的、空間的、社交的或假設的，但一定要有距離。

小時候，我最喜歡是非猜謎遊戲。只有一個人知道某個簡單謎題的答案（幼時最愛的謎題：喬和曼蒂躺在地上已死亡，周遭是玻璃碎片、一攤水及一顆棒球。發生了什麼事？），其他人要猜出答案，但只能問答案為是或否的問題。我可以一玩好幾個小時，強迫許多不幸的朋友與我共享這個有些詭異的遊戲。

當時我只覺得這些猜謎遊戲是打發時間的有趣活動，還能磨練出我卓越的偵探能力，但其中原因也包含我覺得自己能勝任。直到現在，我才真正明白，這種強迫問答的方法有多聰明：願意與否，都強迫你將觀察與演繹分開。從某方面來說，猜謎遊戲本身便內建如何解答的地圖：漸進地藉由頻繁休息讓想像整合，並將所學重塑。你不能無間斷地一直前進。觀察、學習，然後花時間思考所有可能性，從各角度探討，試著把這些要素置入適當脈絡，看先前是否誤下結論。是非猜謎遊戲強迫產生想像的距離。（喬與曼蒂所陷困境的謎底：牠們是金魚。棒球從窗外飛入，打破了魚缸。）

少了這種內建暗示，我們該如何創造距離？我們要怎樣才能抗拒華生所缺乏的疏離，進而能夠像福爾摩斯那樣，知道何時及如何讓大腦停止運作，改去專注於較輕鬆的事物？原來即便是創造與想像這種看似天生的能力，也能分解為超越「有就有，沒有就沒有」的分類。

候了。

藉由無關的活動拉開距離

到底什麼是三斗煙的問題？當然不是心理學文獻裡常見的問題類型，但或許該是納入的時候了。

在《紅髮聯盟》（*The Red-Headed League*）中，福爾摩斯面臨了乍看沒有合理解答的非凡難題。怎麼會有人因為頭髮顏色遭到歧視，然後收錢不用做事，只是頂著那頭紅髮長時間坐在封閉的房間裡？

長了火紅頭髮的威爾森先生把故事告訴福爾摩斯，接著在他離開後，福爾摩斯對華生說，他必須刻不容緩地關注此案。「那你要做什麼呢？」華生急於知道要如何破案。福爾摩斯的回答讓人有些訝異：

> 「抽煙斗，」他說。「這是個三斗煙的問題，請你五十分鐘內都不要跟我說話。」他蜷縮在椅子上，併攏的膝蓋貼近鷹勾鼻，就這麼闔眼靜坐，黑色煙斗像怪鳥的鳥喙突伸出來。就在我以為他已經睡著，而我自己也打起瞌睡時，他突然像是下定了決心，從椅子上彈起，把煙斗擺回壁爐架上。

所謂三斗煙的問題：從事別的活動（例如抽煙斗）而非直接思考該問題，而且要無比專注沉默（想必還要抽煙斗），長達抽完三根煙斗的時間。假定這是問題子集，包括從一斗煙到可以抽的最大數量，卻不至於讓自己不舒服而前功盡棄的問題母集。

當然，福爾摩斯回應的含意不僅如此。對他來說，煙斗不過是達成目標的眾多手段之一：在自己與眼前難題之間建立心理距離，讓觀察（在此指他從訪客的故事與外表所得的觀察）能滲入心智，輕鬆地與大腦閣樓裡所有事物混在一起，才能知道該案下一步該怎麼走。從華生的問題看來，是指望福爾摩斯立即採取行動。福爾摩斯則是在自己與難題間插入煙斗，給想像力時間，不受打擾地做該做的事。

煙斗不過是達成目標的手段，沒錯，卻是實際重要的手段。在此的重要性，在於我們面對的是實際物件與實際活動。改變活動，做些與眼前難題看似無關的活動，最有助於建立讓想像生根所需必要距離的要素。這確實是福爾摩斯經常運用的有效策略。他抽煙斗，但也拉小提琴、看歌劇、聽音樂，這些是他的疏離機轉。

確切的活動並不如其實際本質及訓練你轉換思考方向的能力來得重要。活動必須具備以下特質：必須與你設法達成的目標無關（若原本試著破案，便不該改破其他案件；若原本要針對某項重要採購做出決定，便不該改逛其他東西等諸如此類）；必須讓你不用太費心力（例如你若想學習新技能，大腦會忙到無法釋出在閣樓翻箱倒櫃所需的資源；福爾摩斯拉小提琴，但除非你跟他一樣是大音樂家，不用選這條路）；而且必須是你在某種程度上能融入（若福爾摩斯討厭抽煙斗，三斗煙問題對他便沒有幫助；同樣的，若他覺得抽煙斗很無聊，心智會悶到無法在任何層次真正思考，或心智會無法疏離，以致像華生那樣深受影響）。

換檔時，我們會實際把設法解決的問題從意識大腦移到潛意識大腦。我們或許覺得自己在做別的事情（注意力網絡也確實融入別的事情），但其實大腦仍在琢磨原本的難題。我們或許離開了閣樓去抽煙斗或拉首奏鳴曲，但那個舞台空間仍忙碌不已，拖出各種物件，嘗試各種組合，評估各種手法。

診斷華生為何無法為自己與案件拉開距離的關鍵，或許在於他沒能找到足以融入卻不至於無法負荷的替代活動。有時候他試著閱讀。任務太困難：他不僅無法專心閱讀，進而失去活動的意義，也無法阻止心智一再回到他不該去想的事。（然而對福爾摩斯來說，閱讀卻是很好的疏離方法，還記得「拉索複音經文歌」嗎？）其他時候華生則試著靜坐。但如他自己所說，太無聊，不久他便開始打瞌睡。

無論何種情況，都無法成功拉開距離。心智根本沒在做該做的事：將自己與當下環境分開，進而啟用更為擴散的注意力網絡（大腦處於休息狀態時活動的相同預設網絡）。與上一章所探討的分心問題相反，華生這下是**不夠**分心。他應該是要讓自己分心不去想案件，案件卻讓他分心，無法專注於他選擇的分心活動，因而無法受惠於專注思考或擴散性注意力。分心不一定是壞事，端視時機與類型而定。（有趣的事實：疲憊或喝醉的我們更善於解開頓悟問題。為什麼？此時執行機能受限，於是平常視為令人分心的資訊得以滲入，我們因而更善於看出遠距聯想。）上一章探討的盡是粗心大意的分心，這一章則是反過來探討全神貫注的分心。

但是必須選對活動才會有效，無論是抽煙斗、拉小提琴、看歌劇，或任何其他活動。只要足以讓你融入，適當分心，但不至於不能負荷，以致無法於背景中反思。找到你的所選之惡後，就能將面臨的問題與決定依序稱為：三斗煙、兩個動作、一趟博物館之旅等，你懂的。

事實上，有種活動幾乎是為所有人量身訂做，保證有效，而且非常簡單：散步（正是福爾摩斯在《獅鬃毛》（*The Lion's Mane*）中頓悟時從事的活動）。散步已經過反覆證實能刺激創意思考與解決問題，特別是在自然環境中散步，例如森林，而非都市化的環境（但也比不散步要來得好，甚至沿著種滿行道樹的馬路行走也有幫助）。散步後，人會更善於解決問題，更堅持琢磨困難的任務，也更有可能頓悟解答（就像能夠連接先前看到的四個點）。全都靠在樹木與天空下散步。

大自然的環境確實能讓人感到更幸福，而幸福的感覺會促進解決問題與創意思考，調整注意力與大腦認知控制機能，讓我們更容易融入福爾摩斯般的想像。當壓力大到無法負荷，像華生那樣連想做別的事情都不敢想，散步甚至可由觀看大自然景象的擷取畫面取代。不甚理想，但緊要關頭時或許剛好能派上用場。

淋浴也同樣常讓人聯想到創意思考，能夠促成與福爾摩斯抽煙斗或公園散步同類型的距離。（然而淋浴也沒辦法太久，三斗煙問題可能表示得要淋浴好一陣子。在這種情況下，散步或許是比較好的解決方法。）聽音樂也有異曲同工之妙，就像福爾摩斯拉提琴或看歌劇，融入刺激視覺的活動也一樣，例如看錯視圖或抽象畫。

上述各種情況下，擴散性注意力網絡都能做該做的事。隨著限制降低，注意力網絡會接管困擾我們的事，可以說是加強馬力，準備迎接即將到來的任何事物。我們將更能掌握遠距聯想，活化在該情形下有幫助的無關記憶、思考與精力，合成所需合成的東西。只要提供空間與時間運作，無意識處理是相當強大的工具。

想想稱為複合遠距聯想的典型解謎範例。請看以下的字：

CRAB PINE SAUCE

（蟹、松、醬）

現在，試著想出一個能與上述每一字連接成複合字或雙字詞的字。

完成了嗎？花了多久時間？怎麼想出答案的？

解開這個謎題的方法有兩種。一是頓悟，也就是想個幾秒鐘便看出適合的字；二是分析法，也就是逐一嘗試適合的字直到找出答案。來，正確答案為 *apple*（蘋果）（可組成 *crab apple*

〔野山楂〕、*pineapple*〔鳳梨〕、*applesauce*〔蘋果醬〕）；可以直接看出或一一嘗試可能的字，以找出這個答案（*cake* 嗎？適用 *crab* 但不適用 *pine*。*grass* 呢？也一樣。諸如此類）。前者等同於從閣樓對角挑出物件變成第三關聯，同時卻也無關：那些你一眼看見便覺得完全合理的物件。後者則等同於在閣樓裡一箱一箱緩慢地細心翻找，把不合適的物件一一拋開，直到最終找到合適的。

少了想像，就只剩第二個不太可口的選擇，華生就是。華生或許最終能在這些字串聯想謎題中找到正確答案，現實生活中卻很難保證一定成功，因為那些要素不會像 *crab*、*pine*、*sauce* 這三字整齊攤在他眼前。他沒能建立讓頓悟得以存在的必要心智空間，對於哪些要素或許該擺在一起他根本不知道。換句話說，他對於整個問題都沒有概念。

無論是字串聯想或建商案件，華生連探討問題時的大腦都與福爾摩斯不同。乍看之下，華生若靠自己想出正確答案，我們或許也看不出差別。但無論以福爾摩斯或華生來說，只要透過腦波掃描，便可看出答案早在答題者意識到前約三百毫秒形成。確切來說，是會看見大量活動出現在右前顳葉（右耳上方與複雜認知處理相關區域），並且更活化右前上顳迴（與知覺情緒節律相關區域，也就是傳達特定感覺的語言韻律與音調，以複雜的語言理解結合呈現截然不同的資訊）。

但華生或許永遠無法解出答案，我們可能會遠比他自己還更早知道他注定失敗。在他拚命想解開謎底時，我們只要看兩個區域的神經活動便能預測他的方向是否正確：與字彙、語意資訊處理相關的左右顳葉，以及與切換注意力、偵測不一致與相競活動有關的中額葉皮質，包含前扣帶迴。後者的活化會特別使人感興趣，因為那暗示了我們得以頓悟，解開那出奇難測謎題的**過程**：前扣帶迴很可能正等著偵測來自大腦的不同訊號，即便是我們無意識送出的微弱訊號，並將注意力轉向這些訊號以解出可能答案，也可說是強化已經存在，但需要一點助力整合並處理為整體的資訊。我們在華生的大腦可能不會看到多少活動，但福爾摩斯的可又是另一番故事了。

事實上，我們只要比較華生與福爾摩斯的大腦，便可看出跡象顯示福爾摩斯易於頓悟，華生則缺乏此一傾向，甚至缺乏心智能攀附的目標。更確切來說，我們會發現這位偵探的大腦右半球比一般的華生大腦更活躍，該區域與字彙、語意處理相關，並展現出更為強烈的視覺系統擴散性活化。

這些差異代表了什麼？大腦右半球更為投入頓悟時，常伴隨出現鬆散或遠距聯想處理，左半球則往往著重於更緊密明確的聯結。伴隨頓悟出現的明確模式很可能是種訊號，表示心智隨時準備好處理乍看之下毫無關聯的聯想。換句話說，能夠在看似無關中找到關聯的心智，便能夠接觸廣大的概念與印象網絡，連微弱聯結都能偵測到並增強，以辨識其（若存在的）廣泛意義。頓悟看似無中生有，但其實來自於相當明確的地方：閣樓，以及忙著其他事情時仍在繼續處理的進程。

煙斗、小提琴、散步、音樂會、淋浴，先前推舉這些適合拉開距離的活動還有其他共同點。這些活動都能讓心智放鬆，能夠紓壓。基本上，無關、不太費力、卻又夠費心等特質，都能共同營造神經放鬆的適當環境。要是必須解決問題就無法放鬆，因此活動必須無關；若覺得某事很費力，同樣也無法放鬆；但太過散漫可能也沒有動力想做任何事，不然就是太過放鬆然後睡著。

就算遠離難題的那段時間裡沒有得到結論或見解，回來時也很可能會再度充滿活力，準備好付出更多心血。完形心理學家布魯瑪・蔡格尼克（Bluma Zeigarnik）於一九二七年注意到有趣的現象：維也納某餐廳的服務生都只能記住還沒上完菜的點單。該桌菜全部上完，似乎就會從記憶中抹去該筆點單。蔡格尼克進而做了任何優秀心理學家都會做的事：她回到實驗室設計了以下研究：一群大人與小孩必須從事十八到二十二項不等的任務（包含製作陶偶等動手任務，與解開謎題等動腦任務），但半數任務會遭到打斷無法完成。到了最後，受試者記得的中斷任務比完成的任務還多，而且多了兩倍以上。

蔡格尼克歸納結論為緊張狀態，類似懸疑待續的結局。心智**想要**知道接下來會發生什麼事，想要完成工作，想要繼續運作，而且即便你下令停止也會繼續運作。從事其他任務同時，心智都會潛意識地記住沒能完成的任務。就像我們先前探討過的結論需求，心智渴望終止不確定狀態，解決未竟之事。這種需求讓我們有動機更努力工作，做得更好並做到完成。而我們已經知道，擁有動機的心智是更為強大的心智。

以實際距離拉開距離

要是你跟華生一樣，即便已有上述建議供選擇，仍無法想像自己從事其他讓你能夠思考別的事的活動？還好，拉開距離不僅限於改變活動（雖然那是比較容易的方法）。另一個讓心理距離出現的方法是拉開真正的距離，實際上移動到另一地點。對華生來說，等於起身步出貝克街住所，而非坐在原地看著他的樓友。福爾摩斯或許能夠在心智上切換地點，但真正的實體改變對意志較薄弱的人或許有幫助，甚至可在大偵探本人的想像靈感未能出現時有所幫助。

福爾摩斯在《恐怖谷》中計畫傍晚回到調查中的犯案現場，離開他多半待在那裡思考的飯店。

「單獨過一晚！」華生驚呼。那也太病態了吧。胡扯，福爾摩斯反駁。搞不好能說明許多。「我計畫即刻動身前往。已經跟可敬的艾姆斯安排好，他對巴克可是一點好感也沒有。我會坐在那個房間，看那裡的氛圍是否會為我帶來靈感。我相信**地靈**的存在。華生，我的老友，你笑吧，但我們等著看。」說完福爾摩斯便起身去了書房。

他是否找到靈感了呢？是的。隔天早上，他已經準備好要破案。怎麼可能？地靈真為福爾摩斯帶來他希望的靈感嗎？

可能真的是。位置會以最直接的方式影響思考，甚至會影響生理。這都要回到心理學界最知名的實驗：巴夫洛夫的狗。伊恩．巴夫洛夫（Ivan Pavlov）想證明實體暗示（在這裡是聲音，但也能輕易換成視覺暗示、氣味或常見位置）最終能引出與實際獎賞相同的反應。因此他搖鈴，然後給狗看牠的食物。狗看見食物（自然）會流口水，而且很快地，狗就開始在還沒看見或聞到食物就對鈴鐺流口水。鈴鐺引發狗對食物的預期，進而引發生理反應。

我們現在知道這類習得的聯想遠超出狗、鈴鐺和肉。人類也傾向自然建立這種模式，最終導致鈴鐺這類物品引發大腦的可預期反應。比方你進入醫生診間，光是氣味就會引發不安，不是因為你知道會有什麼痛苦的事在等著（你可能只是進來放個表格），而是你已經學會將該環境與就診的焦慮聯想在一起。

習得聯想的威力無所不在。例如，我們往往會比較容易在初次習得的地方記住資料。學生在原本唸書的教室裡考試，成績往往會比在新環境考試來得好。反之亦然：若特定位置與挫折、無聊或分心有關，就不適合唸書。

位置在各生理與神經層級都會與記憶相連。地點往往與該處發生的活動類型產生聯想，這種模式很難打破。例如在床上看電視就很難入睡（除非是看電視看到睡著）。整天坐在相同的桌子前，也很難在腦子打結時解開此結。

位置與思考之間的聯結能解釋，為何這麼多人無法在家中工作，必須到指定的辦公室場所。他們不習慣在家工作，於是會發現自己因為平常在家做的事情而分心。這類神經聯想不是有助於完成任何事的聯想，至少不是工作相關的事。記憶痕跡根本就不存在，存在的不是你想要活化的痕跡。這也說明了為何散步如此有效。若景色不斷變化，便難以陷入反效果的思考模式。

位置會影響思考，也可以說是位置的改變，暗示了我們要換方式思考。根深蒂固的聯想變得毫不相干，我們因此得以自由產生新聯想，探討先前未考慮過的思考方式與路徑。慣常位置雖會阻礙想像，與習得限制分開時卻能獲得釋放。沒有記憶或會啟動的神經聯結綁住我們，而其中便存在著想像與實際距離的祕密聯結。實體觀點改變，最重要的是促進心理觀點改變。就連福爾摩斯，他不像華生那樣，必須有人強迫他離開貝克街住所才能從心智距離獲益，也受益於此特性。

再次回到《恐怖谷》裡福爾摩斯的詭異要求，在謀殺案發生的房間裡獨自過夜。將地點、記憶與想像距離納入考量後，他相信地靈一事便不再顯得那麼詭異。福爾摩斯並非真的以為置身案發房間便能重建過程，他指望能做的正是我們方才討論的事。他想藉由實體位置改變引發觀點改變，在這裡是指非常明確的位置與非常明確的觀點，也就是涉案人的觀點視角。如此一來，他的想像不再受限於自己的經歷、記憶與聯結，而是涉案者的經歷、記憶與聯結。那房間會為他引發什麼樣的聯想？有什麼啟發？

福爾摩斯瞭解有必要進入戲中演員的思維，並且在眾多隨時可能出錯的要素包圍下，要做到有多困難。還有什麼方法比單獨在案發房間內過夜，更能排除所有干擾資訊，而專注在最可能回想原始演員最基本的細節？當然，福爾摩斯到了之後仍需要用上他所有的觀察與想像技巧，但這下他已經可以取得所有呈現在案發現場的畫面與要素。自此，他具有更踏實的立足點繼續下去。

他確實是在那個房間初次注意到啞鈴只有一只，並立即推測這對啞鈴消失的那一只，必定與該處發生事件相關，並從那房間推論另一只啞鈴最有可能的所在位置：房內僅有的窗戶是唯一能合理拋出之處。離開書房時，他原本對於事件發生過程的猜測已經改變。在書房的時候，他更能進入演員的思維，進而釐清先前模糊不清的要素。

從這個角度來看，福爾摩斯召喚的情境記憶原理與我們探討的相同。利用情境提示觀點取替與想像。在這間特定房間、在這個特定時間下，正在犯案或剛犯案的人很可能會怎麼做或是在想什麼？

然而，少了實體改變與距離，就連福爾摩斯也很可能發現自己的想像動搖無力，正如在那一晚的經歷之前，他沒能想到其中一種可能性便是實際發生的過程。我們一般都沒學過如何從他人觀點，以更基本全面且超越簡單互動的方式看世界。他人對於情況的詮釋與我們有何不同？他人在明確條件下會如何行動？獲得特定資訊後，他人會如何思考？這些都不是我們常會問自己的問題。

我們確實是疏於**實際**採納他人觀點的訓練，以至於明確要求我們這麼做時，仍會從自我中心的角度出發。

研究人員在一連串研究中發現，採納他人觀點時，人們只是稍微調整自己的觀點。差別在於程度，而非類型：我們總會以自己的看法當作支點，然後稍微朝某個方向調整，而非徹底改變看法。除此之外，一旦達到聽來讓我們滿意的估計值，便不再思考，認為問題已經解決。我們已經成功獲得所需觀點。這種傾向又稱為滿足度（satisficing），足夠與滿意的結合：以自我中心面對問題，獲得看似真實的答案，因而犯下錯誤的反應偏誤。只要找到令人滿意的答案，我們便立即停止尋找，無論答案是否理想，或甚至只是隱約正確。（以近來對網路行為的研究為例，人在評估網站時深受既有個人偏好影響，以這些偏好為支點，減少納入考量的網站數量及終止線上搜尋。結果是他們往往回到先前已知的網站，而非花時間評估潛在的新資訊來源，並選擇仰賴搜尋引擎提供的摘要，而非實際造訪該網站做決定。）滿足度的自我中心偏誤，在搜尋過程早期便出現似真答案時會特別強烈，我們會因而傾向於認為任務已達成，即便可能還相差甚遠。

簡單來說，實體位置帶來的觀點改變，會強迫人全神貫注，強迫我們重新思考世界，以不同角度看事情。有時候，觀點改變會讓困難的決定變得能夠掌握，或產生原本不存在的創造力火花。

思考下述原由實驗心理學家諾曼・麥爾（Norman Maier）於一九三一年設計的知名解決問題實驗。一名受試者所處房間的天花板上垂掛著兩條細繩，受試者必須將兩條細繩綁在一起。然而，手握一條細繩就不可能同時搆到另一條。房間裡有幾樣物品提供使用，例如長竿、延長線及鉗子。你會怎麼做？

多數受試者都試著以長竿與延長線輔助，盡可能抓住一端，同時伸手撈另一條細繩。難度相當高。

最優雅的解決方法呢？將鉗子綁在其中一條細繩尾端當鐘擺，握住另一條細繩，等著抓住盪過來的鉗子。簡單、聰明、迅速。

但飽受任務困擾時，很少人能想像改變物件的使用方式（在這裡是把鉗子想成不是鉗子，而是能綁在細繩尾端的法碼）。任務成功的人都做了一件與其他人不同的事：往後退。他們從實際距離觀看這個任務，看見了整體畫面，再試著想像該如何拼湊細節完成任務。有些人自然而然做對了，有些人是經由實驗人員暗示：看似不經意地撥動其中一條細繩引發擺盪（這動作本身便足以使受試者自發地想到使用鉗子來解決）。但無論有多細微，每個人都經歷了觀點轉移，或套用托普的說法是從具體（鉗子）移到抽象（擺錘重量），從拼圖片到整體拼圖。絕對不要低估以實體觀點為暗示的強大效力。如福爾摩斯在《雷神橋之謎》（*The Problem of Thor Bridge*）中所說：「只要改變觀點，原致毀滅的也可能成為發現真相的線索。」

以心理技巧拉開距離

再次回到我們引用過的場景。在《巴斯克維爾的獵犬》中，莫堤默醫生初次來訪後，華生醫生離開貝克街住所前往俱樂部，而福爾摩斯卻繼續坐在扶手椅上。華生晚上九點左右回到公寓時，也看到他坐在那裡。福爾摩斯整天都坐在椅子上嗎？華生詢問。

「正好相反，」福爾摩斯回他，「我去了德文郡。」

華生馬上反問：「神遊嗎？」

「正是。」偵探回他。

坐在椅子上，心思遠離實體當下的福爾摩斯到底在做什麼？他的大腦裡有什麼動靜？為什麼如此有效的想像工具，是他思考歷程中十分重要且不會放棄的要素？福爾摩斯的心靈旅程有諸多名稱，最常聽見的是冥想。

當我說**冥想**，很多人腦海裡浮現的畫面會包含和尚、練瑜伽的人，或其他聽來具有靈性的稱號。但這只是冥想一詞廣泛涵義的冰山一角。福爾摩斯不是和尚也不練瑜伽，但他瞭解冥想的實際意義：清空心智的簡單心智練習。冥想不過是整合、想像、觀察與全神貫注思緒所需要的安靜距離。

冥想能在你的心智建立時間與空間距離，隔開你與設法解決的問題。甚至不用像大家常以為的方式體驗空白，經過引導的冥想能帶你到特定目標或目的地（例如德文郡），只要你能清除心智其他雜念，或更正確來說，只要你的心智能清除所有雜念，並在雜念（無可避免）持續產生時繼續清除。

威斯康辛大學的研究員於二〇一一年研究一群沒有冥想習慣的人，並以下述方式指導他們：閉上眼睛放輕鬆，把心思集中於鼻尖循環的氣息；若浮現雜念，承認該念頭後，藉由輕輕將注意力導回氣息循環而放開念頭。受試者嘗試遵循以上說明長達十五分鐘，過後所有人分為兩組：一組可在五週內接受九次三十分鐘的冥想教學，另一組也有相同選擇，不過是在實驗結束後，不能更早。五週過後，所有人再度進行前述思緒練習。

每次上課，研究員都會測量受試者的腦波活動（貼著頭皮記錄電波活動），研究顯示結果頗誘人。即便是如此短的訓練期（受試者平均每天接受訓練及練習的時間為五至十六分鐘不等），仍能造成神經層次改變。研究員對於前額腦波不對稱性特別感興趣，其活動展現出與正向情緒相關的模式（接受七十小時以上的全神貫注冥想技巧後也會顯示該模式）。兩組受試者在訓練前的表現沒有差別，但到了研究尾聲，那些接受額外訓練的受試者展現出不對稱性向左遷移的模式，意思是移向與正向暨方法導向的情緒狀態相關之模式，這類狀態一再顯示與創造力及想像力增加有關。

這代表了什麼？首先，過去冥想研究會要求受試者付出相當大量的時間與精力，該實驗與過去不同，不要求投入廣泛的資源，卻仍顯示出驚人的結果。此外，實驗所提供的訓練相當彈性：受試者可選擇想要接受指導的時間與自己想要練習的時間。然而，或許更重要的是受試者回報的自發性消極練習量激增，他們在沒有刻意決定要冥想的情況下，發現自己在無關情境下想著所受的訓練。

該研究只有一個，沒錯。但大腦的故事可不僅如此。早期研究顯示，冥想訓練能影響預設網絡（也就是先前討論過的擴散性注意力網絡），能促進創意頓悟，讓大腦得以在我們從事完全無關行為時繼續遠距聯想。與沒有冥想習慣的人相比，定期冥想者網絡中的休息狀態機能聯結也增長。

此外，在某個針對冥想效果進行長達八週的研究中，相較於控制組，研究員在一群沒有冥想經驗的受試者（也就是在研究開始前沒有冥想習慣的人）中發現灰質密度有所改變。左海馬體、後扣帶迴皮質、顳頂接合點及小腦凝注力增加，這些區域負責學習及記憶、情緒調節、自我參考歷程及觀點取替。海馬體、後扣帶迴皮質與顳頂接合點共同組成支持自我投射（包含思考假設性未來）與觀點取替（想到他人觀點）的神經網絡，換句話說，正是我們先前所探討的疏離類型。

冥想是一種思考方式，一種運氣好能因此自我增強的距離習慣。這是心理技巧庫中能幫助你建立適當心智架構，以取得全神貫注、想像思緒所需距離的工具，遠比你對該詞涵義的認識還容易獲得，應用範圍也更廣。

想想像雷・達里歐（Ray Dalio）這樣的案例。達里歐幾乎每天早晨都會冥想，有時上班前冥想，有時就在公司辦公桌前：往後靠，閉上眼，雙手握在一起。其他什麼都不需要。他曾在接受《紐約客》（*New Yorker*）採訪時說：「就只是清空思緒的心智練習。」

想到冥想者，你的腦海裡並不會立即出現達里歐這個人。他不是和尚、瑜伽迷或什麼新世紀嬉皮，他也不是因為有興趣參與心理學研究而冥想。他可是全球最大避險基金橋水聯合公司的創辦人，他沒有時間可以浪費，僅有的時間還有多種用途。然而他卻積極地每天都抽一點時間，致力於意義最廣泛的典型冥想。

達里歐冥想時會清空思緒，讓心智放鬆為一天做準備，並努力將會持續干擾他無數小時的所有思緒都阻擋在外。是的，看似是在浪費時間，嗯，看起來一點也不具生產力。但是把這些時間花在心智空間裡，反而會讓他更具有生產力、更有彈性、更富想像與見解。簡言之，有助於他成為更好的決策者。

但每個人都適合嗎？冥想所創造的心智空間並非不勞而獲，而是需要付出相當的精力與專注（因此實體距離反而比較容易）。雖然像福爾摩斯及達里歐這種人，能栽入並善用空白的心智，但我敢打賭華生絕對很難。少了其他念頭占據腦海，單靠呼吸很可能不足以牽制其他所有思緒，以實體暗示拉開距離，遠比單靠心智容易多了。

還好我先前曾提過，冥想不一定要讓心智空白。我們確實可以在冥想時專注於呼吸、情緒，或身體感官之類難以捉摸的東西，以至排除其他一切。但我們也能利用所謂的視覺化：專注於能以更有形可觸的東西取代空白的特定心智圖像。暫時回到《巴斯克維爾的獵犬》裡，漂浮在德文郡荒野上空的福爾摩斯。那也是冥想，而且絕非毫無目的、空白或缺乏心智圖像。這種冥想與其他冥想方式需要同等專注力，但就某方面來說卻更容易運用。你有具體規劃，能占據心智，將入侵的思緒擋在門外，更活力充沛與多元，讓你能將精力集中其上，而非單靠呼吸起伏。除此之外，你還能專注於達成托普所謂的假設性距離，開始思考那些假設與如果。

試試這個練習。閉上雙眼（好啦，看完以下說明後把眼睛閉上）。回想一個曾讓你生氣或敵對的特定場景，例如最近與好朋友或某個重要的人吵架。想到那個時刻了嗎？盡可能準確地回憶，彷彿再次經歷。想好後，告訴我你有什麼感覺。告訴我，就你所知是哪裡出了問題？是誰的錯？為什麼？你覺得可以有所彌補嗎？

再次閉上眼睛。想像同樣場景。只不過這次我要你想像是發生在不包括你的兩個人身上。你只是牆上的小蒼蠅，望著下方場景注意情況。你可以自在亂飛，從各角度觀察，沒有人會看到你。同樣的，完成後，告訴我你有什麼感覺。然後回答與前段相同的問題。

你剛完成了以視覺化拉開心理距離的典型練習。這是個生動的想像歷程，但要從遠處開始，因此也從本質上與儲存在你記憶中的實際觀點不同。從情境一到情境二，你已經從具體思維變成抽象思維，情緒很可能已經趨於平緩，能看見第一次漏掉的東西，甚至結束後對於整起事件的記憶稍微有所調整。事實上，**整體而言**你甚至很可能變得更有智慧，更善於解決問題，解決與該情境無關的問題。（同時你還練習了某種形式的冥想，很狡猾吧！）

心理學家伊森．克羅斯（Ethan Kross）已證實這種心理疏離的方式（上述情境其實出自他的研究）不僅對情緒調節有好處，還能增進智慧，無論是相反的概念（意識到世界上的改變與矛盾）或智識的謙虛（知道自己的極限），讓你更善於解決問題與選擇。當你拉開距離，便開始更廣泛地理解事情，看見先前位於更近的制高點所看不見的關聯。換句話說，更有智慧也表示更富想像。或許不會帶你走向「找到了」的歡呼時刻，但會帶你走向頓悟。你的思考**彷彿**實際換了位置，其實你仍坐在扶手椅上。

電機工程師雅各．雷比諾（Jacob Rainbow）是二十世紀最有才華的多產發明家。在他擁有的兩百三十項美國專利中，有郵政系統仍在使用的信函自動分撿機、硬碟前身的磁性記憶裝置，與直臂式留聲機。他驚人的創造力與生產力的永續訣竅是什麼？就是視覺化。他曾對心理學家契克森米哈賴（Mihaly Csikszentmihalyi）說，每當發現任務很困難，耗時或沒有明確答案，「我會假裝自己在坐牢。若我在牢裡，時間就不重要。換句話說，如果得要琢磨一個星期，那就花一個星期。反正我還有什麼事要做？我得在這裡待上二十年啊。懂嗎？這是一種心理詭計。不然你會說『老天啊，根本沒有用』，然後犯錯。以我的方式，你會說反正時間不重要。」視覺化有助雷比諾將思維遷移至別處，讓他能夠處理原本會淹沒自己的問題，提供解決這類問題的必要想像空間。

這技巧的應用相當廣泛。運動員經常在實際動作前將比賽的特定元素或招式視覺化，先在腦海裡演練才輪到現實中：網球選手在球離手前會先想像發球；高爾夫球選手舉桿前會先想像球的路徑。認知行為治療師利用視覺化技巧，協助患有恐懼症或其他症狀的人，讓他們能放輕鬆地體驗情境，而不用實際經歷。心理學家馬汀·塞利格曼（Martin Seligman）極力主張，視覺化甚至可能是培養更富想像與直覺思維的最重要工具。他甚至表示，藉由反覆刺激視覺重演「或許能大規模地以虛擬方式教導直覺」。這個背書夠厲害吧。

主要就是學習實際想像一個世界，彷彿你是真實看見與體驗，藉此以心智建立距離。如哲學家維根斯坦（Ludwig Wittgenstein）曾說：「要重複：不是用想的，用看的！」視覺化的精髓便在於此：學習向內看，以心智創造情境與不同選擇，讓非現實宛如現實演出。視覺化能幫助你看得更遠，超越眼前腦海僅播放的或你想看見的情境，才不至犯下與雷斯垂德或葛里森相同的錯誤。視覺化能強迫想像，因為它必須用到想像。

視覺化比你所想的還要容易。其實說到底，就是我們自然回想某段記憶時所做的事。連使用的神經網絡都相同：內側前額葉皮質、外側顳皮質、內側與外側頂葉及內側顳葉（海馬體所在處）。只不過，我們不是準確地回想記憶，而是移動過往經歷的細節，以創造未曾真實發生的情境，無論是尚未存在的未來或反事實的過去。在腦海裡測試，不必在現實裡經歷。如此一來，能達成的目標與實體距離的方式相同：將自己與嘗試分析的情況分開。

這都算某種形式的冥想。在《恐怖谷》裡看見福爾摩斯時，他要求變換實體位置，由外在世界實際刺激心智。但不用去任何地方也能得到相同效果，若你是達里歐就坐在辦公桌前，若你是福爾摩斯則坐在扶手椅上，或任何你可能身處的地方。你只需要能夠在心智裡釋放所需空間，讓那塊空間成為空白畫布。然後整個想像世界都會成為你的調色盤。

維持想像：好奇心與遊戲的重要性

很久很久以前，福爾摩斯主張要保持大腦閣樓乾淨簡潔：拋棄無用垃圾，存入整理得一絲不苟，沒有無用雜物的箱子。但是事情沒有這麼簡單。

比方說，《獅鬃毛》裡的福爾摩斯怎麼會知道大海的某個溫暖角落裡存在著一種鮮為人知的水母？根據他先前強加諸大家的僵硬條件來看，根本無從解釋。一如多數情況，應該可以假設福爾摩斯只是為求效果而誇大其詞。去蕪存菁，沒錯，但絕不僵硬死板。若閣樓裡僅有成就專業的基本必需品，真的會是個悲傷的小閣樓，根本就不會有材料可取用，而且幾乎沒有什麼了不起的頓悟或想像。

水母到底是怎麼跑進福爾摩斯潔淨無瑕的宮殿？很簡單，福爾摩斯必定曾一度感到好奇，就像他曾對經文歌感到好奇，像他對藝術好奇的時間長到試圖說服蘇格蘭警場，他的世仇莫里亞蒂教授絕對是一肚子壞水。就像麥克當勞探長在《恐怖谷》裡憤慨地拒絕福爾摩斯提議閱讀莊園歷史的書時，福爾摩斯對他說的話：「我親愛的麥克先生，見識廣博對我們這一行非常必要。想法與知識間接使用的交互作用，往往讓人感到格外有趣。」福爾摩斯一再地產生好奇，好奇心則帶著他瞭解更多，進而將那些「更多」塞進閣樓不見天日（但標示清楚）的箱子裡。

福爾摩斯想對我們說的，基本上就是這樣。閣樓有其儲存層次。積極與消極知識有所差別：定期與自然會需要取用的箱子，以及有天或許會需要但不必經常取用的箱子。福爾摩斯並非要我們不再有好奇心，要我們不再學習那些水母的知識。不是。他是要我們將積極知識保持乾淨整齊，然後把消極知識整齊乾淨地放入正確的資料夾、正確的抽屜，擺進標示清楚的箱子與櫃子裡。

並不是要我們突然違反他先前的所有忠告，把珍貴的心智不動產塞滿垃圾。絕對不是。只不過我們並非每次都能看出哪些乍看像垃圾的東西，結果可能根本不是垃圾，而是要加入心智庫的重要材料，所以我們必須把那些東西安全地收起來，以免未來要用。甚至不必把整個東西都存起來，只要儲存曾經存在的痕跡，保留讓我們能再次尋獲的提示，就像福爾摩斯在舊書裡找到水母資料而非自然知道的。他只需要記得書本以及其關係存在就好。

井井有條的閣樓並非靜止不變。想像讓你能比原本更善加利用心智空間。事實是你永遠不會確切知道哪些要素會最常派上用場，又何時會證明比你所以為的還要實用。

這是福爾摩斯最重要的警告：最讓人吃驚的物件，最後可能會以最讓人吃驚的方式派上用場。你必須敞開胸懷接受新資訊，無論是否看似無關。

你的日常思維在此登場。你是否思想開明，不斷接受新資訊，無論看似多奇怪或不必要，而不是無視任何潛在干擾？思想開明是你習慣用來訓練自己思考與看待世界的方式嗎？

我們會隨著練習逐漸更善於感覺哪些東西會或不會有用，哪些要存起來以備未來使用，哪些暫時要丟棄。乍看彷彿是單純直覺的，其實不只如此，而是根據無數小時的練習，訓練自己開明，在腦海裡整合經歷，直到熟悉這些經歷常有的模式與方向所獲得的知識。

還記得那個要你找出能夠同時與三個字組成字串的遠距聯想實驗嗎？在某種程度上，那也囊括了泰半人生：一連串除非你花時間駐足、想像並考慮，否則看不見的遠距聯想。若你的思維害怕創造力，害怕對抗占上風的習俗，那只會拖累你。若你害怕創造力，即便只是潛意識害怕，也會更難有創意。無論如何努力，永遠無法變得像福爾摩斯。不要忘了，福爾摩斯可是相當離經叛道，與電腦南轅北轍的離經叛道。這就是為什麼他的手法如此厲害。

福爾摩斯在《恐怖谷》裡道出關鍵，他警告華生「不該有任何事件組合的發生原因，是人的心智無法想出來的。就當是心智練習也好，毋須斷言是否為真。我承認這只是想像，但想像不往往是事實之母嗎？」

福爾摩斯延伸閱讀

「這個年輕人突然得知……」、「待我去過黑石南才知道。」——《福爾摩斯回憶錄》：《諾伍德的建築師》（P.829）

「你的前途無可限量。」——《最後致意》（*His Last Bow*）：《威斯特里亞寓所》（P.1231）

「福爾摩斯最驚人的特質是……」——《最後致意》：《布魯斯—帕廷頓計畫》（P.297）

「這是個三斗煙的問題……」——《福爾摩斯探險記》：《紅髮聯盟》（P.50）

「我去了德文郡。」——《巴斯克維爾的獵犬》第三章：懸案（P.22）

「我相信地靈的存在。」、「我親愛的麥克先生，見識廣博對我們這一行非常必要。」——《恐怖谷》第六章：黎明曙光（P.51）；第七章：解答（P.62）

第3部
演繹的藝術

第5章 定位大腦閣樓：演繹事實

假設你是福爾摩斯，而瑪莉亞我本人是潛在客戶。你已經看了一百多頁我提供的資訊，已在客廳觀察了我好一陣子。花一分鐘想想看，思考你對我這個人有什麼瞭解。從我的文字當中能推論出什麼與我相關的事？

我不會詳列所有可能答案，但以下這點可以讓你停頓思考一下：我初次聽聞福爾摩斯名號是俄文發音。我父親在壁爐邊唸給我們聽的故事全都是俄文翻譯，不是英文原文。因為當時我們才剛到美國不久，他唸書給我們聽的時候，都是使用全家人仍在家交談的語言。大仲馬、哈格德（Sir H. Rider Haggard）、傑羅姆．K．傑羅姆（Jerome K. Jerome）、柯南．道爾爵士：我第一次聽見他們說話時都是俄文發音。

這有什麼意義嗎？很簡單：不用我講，福爾摩斯就會知道了。他會根據現成事實簡單演繹，再加一點上一章探討的想像特質，就會發現我初次與他的手法相會時，只可能是聽俄文，不會是其他語言。不相信我嗎？所有要素都在了，真的。等讀完這一章，你也應該能夠跟隨福爾摩斯的腳步，把所有線索拼湊成唯一適用所有現成事實的解釋。如同這位偵探一再強調的，如果已經耗盡所有途徑，那麼僅存的，無論有多不可信，都必定是事實。

於是我們終於來到最華麗的步驟：演繹。大結局，辛勤工作一天後的美麗煙火。這一刻終於能夠完成思考歷程，獲得結論，下決定，做任何原先打算做的事。一切都已蒐集分析，再來就只剩看出意義，那意義暗示了什麼，然後找出這弦外之音所引出合乎邏輯的結論。就是福爾摩斯在《駝背人》（*The Crooked Man*）裡吐出不朽台詞「**只是基本**」那一刻。

「親愛的華生，我已經知道你的習慣，所以比較占優勢，」他說。「你外出路程短的時候會走路，路程長會搭雙輪輕馬車。就我所看到，你的靴子雖然穿過，卻不髒，因此我毫不懷疑你目前忙到都搭馬車進出。」

「太厲害了！」我驚呼。

「只是基本，」他說。「這是推論者能夠讓鄰居深感不可思議的例子，只因為後者遺漏了演繹基礎這一點。」

演繹到底需要什麼？演繹就是最後一次通行於大腦閣樓，把先前出現過的所有要素拼湊成合理全貌的單一凝聚體時，閣樓井然有序端出先前有系統地蒐集來的資料。福爾摩斯口中的演繹與正式邏輯推理的演繹意義並不相同。純以邏輯學來看，演繹是從通則推出特定事例。或許最知名的例子是：

人都會死。

蘇格拉底是人。

蘇格拉底會死。

但是對福爾摩斯來說，這不過是獲得結論的一種可行方法。他的演繹包含多種推理方式，只要你根據事實推論，排除其他所有可能性[3]，獲得的結論必定為實。

無論是破案、做決定或個人下定決心，過程基本都相同。你把自己的觀察（那些你決定要儲存並整合入既有閣樓架構，已經在想像中琢磨重設過的閣樓內容物）全部整齊排放，從頭開始一絲不漏，然後看最後剩下什麼可能答案能同時囊括所有觀察，還能回答你最初的問題。或者，套句福爾摩斯的話，列出推論串，反覆測試可能性，直到最後剩下的（無論是否可信）就是事實：「過程從假設你已排除所有不可能開始，剩下的，無論有多不可信，必定是事實，」他對我們說。「也可能還剩下好幾種解釋，那就反覆一一測試，直到其中一個的證據數量足以令人信服。」

這就是演繹的精髓，又或者如福爾摩斯所稱是「系統化的常識」。但常識並不如一般人所希望的常見或直接明瞭。每當華生自己試著效法福爾摩斯，都常發現自己出錯。那是當然的。就算我們截至目前為止都正確，也要再一次回推，以免華生系統在最後一刻誤導我們。

演繹為什麼比表面上要難得多？為什麼華生每次試著跟隨同伴腳步都常躊躇不定？到底是什麼阻礙我們的最終推論？為什麼經常如此難以清楚思考，即便所需要的已經全部具備？我們又該如何避開這些困難，才不會像華生總是卡住，一再重蹈覆轍，而能利用福爾摩斯系統協助我們脫離沼澤並適當演繹？

適當演繹的困難：由內在敘事者控制

三位惡名昭彰的搶匪相中格蘭其莊園，肯特郡富豪尤斯塔斯・布萊肯史托爵士的住所。某天晚上，三位搶匪假定所有人都已就寢，從餐廳窗戶入侵，準備重演兩週前於鄰近宅邸做過的豪宅洗劫。然而他們的計畫卻在布萊肯史托夫人走進餐廳的那一刻付諸流水。他們快速敲昏她的頭，將她綁在餐廳一張椅子上。原本一切進行順利，布萊肯史托爵士卻前來查看那到底是什

3. 按照邏輯學用語，福爾摩斯確實有些演繹方式更適合稱為歸納或誘導。書中提及的演繹與演繹推論都採福爾摩斯的概念，而非正式邏輯學。

麼奇怪的聲音。他就沒妻子那麼幸運，遭撥火棒擊中頭部，立即倒地死去。搶匪倉促掃光餐具櫃裡的銀器，因為殺死人太過激動無法繼續而離去。不過，在此之前他們還先開了瓶葡萄酒壓驚。

至少根據現場唯一倖存者布萊肯史托夫人的證詞看似如此。但是在《格蘭其莊園》（*The Adventure of the Abbey Grange*），幾乎事事都不若表面那般單純。故事聽來完整。布萊肯史托夫人的解釋經女僕泰芮莎證實，所有跡象也都指向案件發生過程如她所述。然而福爾摩斯就是覺得哪裡不太對勁。「我全身上下的直覺都不相信，」他對華生說。「不對，不對，我敢發誓一定是哪裡錯了。」他開始細數所有可能瑕疵。過程中，原本看似非常可靠的細節，也在逐一檢視下反過來為故事蒙上可疑的陰影。一直討論到葡萄酒杯的時候，福爾摩斯才真正確定自己是對的。「除了那些，還有葡萄酒杯。」他對夥伴說。

「你的腦海裡看見杯子了嗎？」

「一清二楚。」

「據說有三位男子用那些杯子喝酒。你覺得有可能嗎？」

「為什麼不可能？每只杯裡都有酒。」

「沒錯，但只有一杯裡有酒膜。你一定注意到這點了。這點對你來說代表什麼？」

「最後斟出的一杯酒最可能含有酒膜。」

「絕對不是。整瓶酒都有，因此很難想像前兩杯乾乾淨淨，第三杯卻都是酒膜。這種情況有兩種解釋，而且只有兩種。第一種是斟完第二杯酒後，酒瓶經過劇烈搖晃，因此第三杯有酒膜。但這種情況不太可能。不，我確定我是對的。」

「那你覺得是怎麼樣呢？」

「僅有兩只酒杯是用過的，然後兩杯殘渣一併倒入第三只杯子，好讓人以為在場有三個人。」

華生對葡萄酒懂多少？我敢猜不太多，但福爾摩斯問到陳年酒會出現的酒膜時，他卻立即回答：想必是最後斟出的一杯。原因看似合理，卻毫無根據。我敢打賭在福爾摩斯暗示前，他甚至沒有多加思考答案。然而問到他的時候，卻樂於建立合理的解釋。華生甚至沒意識到自己這麼做了，要不是福爾摩斯暫時打斷他，他未來可能會錯把該解釋當成事實，進一步佐證原本故事的真實性，而非視為故事的可能漏洞。

沒有福爾摩斯時，華生採取自然又直覺的敘事手法。沒有福爾摩斯的堅持，我們也很難抗拒自己敘事的欲望，即便是不完全正確或根本錯了也要說故事。我們喜歡簡單，喜歡具體理由，喜歡肇因。我們喜歡讓直覺成為感官的東西（即使那項感官恰好是錯的）。

反過來說，我們不喜歡橫亙於單純與具體因果之間的任何要素。不確定、機運、隨意、非線性，這些都威脅到我們的解釋與快速且（看似）符合邏輯的解釋能力，因此盡可能處處找機會消除這些要素。就像我們決定，酒杯透明度不一時，最後一杯斟出的葡萄酒最可能是裝了所有酒膜的杯子；例如，我們若看見某人一連成功射籃，可能會認為對方投籃手感好（熱手謬誤）。在這兩種情況下，我們用來做結論的觀察太少。以玻璃杯來說，我們靠的僅是那瓶酒，而非各種情形下其他相似的葡萄酒。

以籃球來說，我們靠的僅是短期表現（小數法則），而非任何球員打球時的固有變數，其中也包含長期表現。又或者比方說，我們認為硬幣若已多次字朝上，下次便更有可能人頭朝上（賭徒謬誤），但忘了短期表現不一定有長期才會出現的平均分布。

無論我們是要解釋某件事為何發生，或推論事件的可能原因，我們的直覺往往會讓我們失望，因為我們偏好事情比現實中更加能控制、可預測，而且更有因果關係。

不假思索形成的想法便因為這些偏好衍生錯誤。我們會在不該演繹時演繹，套用福爾摩斯的說法，就是趕在資料前進行論證，而且往往無視資料。當事情剛好合理時，我們就很難變換視角。

W. J. 是二次大戰退役軍人。他合群、有魅力，又機智詼諧。但他同時也飽受導致他失能的癲癇所苦，病情嚴重到他自願於一九六〇年接受工程浩大的大腦手術：切斷胼胝體，也就是聯繫大腦左右半球使兩邊能溝通的神經纖維。這種治療在過去經過證實，能明顯降低癲癇發作次數。原本無法正常生活的患者，突然間能過起沒有癲癇妨礙的日子。但如此劇烈改變大腦的自然聯結是否得要付出代價？

在W. J.接受手術的當下，沒有人真正知道答案。但當時美國加州理工學院的神經科學家，後來因大腦半球聯結研究而獲得諾貝爾獎的羅傑．史培利（Roger Sperry），卻懷疑有可能要付出代價。至少以動物來說，切斷胼胝體代表了左右半球無法溝通。其中一個半球裡發生的事情，對另一半球來說是個謎。兩半球徹底分開的情況也會發生在人類身上嗎？

當時普遍的理解是不會，且相當肯定。人類大腦跟動物大腦可不相同。說真的，人類大腦更複雜、更聰明、更進化。還有什麼比經歷手術後的高功能患者更能證明。這可不是什麼前額葉切除術。手術後的患者智商完好無損，還有十足的推理能力，且記憶似乎不受影響，語言能力也正常。

廣受讚揚的智慧似是出於直覺且正確。只不過，當然也是大錯特錯。從來沒人想出該如何以科學方法驗證：建立於同樣缺乏事實依據的基礎上，看似合理的華生模式就是這樣論述。直到科學模式的福爾摩斯登場：史培利實驗室的年輕神經科學家麥克．葛詹尼嘉（Michael Gazzaniga）。葛詹尼嘉找到方法測試史培利的理論——胼胝體切除會讓大腦左右半球無法溝通，利用能夠在特定時間內顯示視覺刺激的儀器「視覺記憶測試鏡」，最關鍵的是它能夠分別測試每隻眼睛的左右邊。（如此橫向呈現意謂著任何資訊都只會進入其中一個半球。）

葛詹尼嘉在W. J.手術後進行測試，結果相當驚人。這位在兩週前輕易做完測試的男子，已經無法形容出現在他左邊視野的單一物件。葛詹尼嘉在他右邊視野顯示湯匙影像時，W. J.可輕易說出湯匙，但相同畫面出現在左邊視野時，患者似乎等同於視盲。視力沒有任何問題，但已經無法說出或想起曾看過的東西。

到底怎麼了？W. J.成了葛詹尼嘉後續長串患者中的零號患者，他們全都指向：兩邊大腦生來就不相同。一邊負責處理視覺輸入——還記得我形容的希爾弗斯坦書封圖像的話，就是那個有扇小窗通往外面世界的半邊；但另一邊則負責將所知化為語言——也就是有階梯通往整間房子的半邊。兩個半邊分裂後，原本聯結兩半的橋梁不復存在。對一邊而言，另一邊獲得的資訊都等於沒有。事實上，我們擁有兩個各別的心智閣樓，各有其獨特的儲存空間、內容，以及某種程度上的架構。

真正難搞的在這裡。若你把雞爪之類的影像只給左眼看（亦即只由有窗戶負責視覺的大腦右半球處理），堆滿雪的車道影像只給右眼看（亦即只由有樓梯連向屋內的大腦左半球處理），然後請受試者指出最接近自己所見的影像，兩隻手的答案會不同：右手（與左邊輸入相關）會指向鏟子，左手（與右邊輸入相關）會指向雞。問受試者為何指出兩個物件，他不會感到困惑，而是立即想出聽來完全可靠的解釋：你需要鏟子清掃雞籠。他的心智已編造出完整的故事，看似能夠合理解釋兩隻手答案為何相異的敘事，但其實最終原因還是在於起初的靜止影像。

葛詹尼嘉稱左半球為左腦口譯，致力於以自然直覺的方式尋找原因與解釋，即便是可能沒有或至少不是立即可想到的原因或解釋。口譯員的說法雖然聽來完全合理，卻總是錯得離譜，就像是華生對酒杯的錯誤解釋達到極致。

裂腦患者為我們提供了最佳科學實證，證明我們敘事善於自我欺騙，創造合理但其實偏離事實甚遠的解釋。甚至不用切斷胼胝體我們也會這麼做，而且總是自然而然地這麼做。還記得研究創造力的鐘擺嗎？受試者在實驗人員不經意盪起其中一條細繩後解出答案。接著問受試者頓悟從何而來，他們引用的原因有許多：

「只剩下那個辦法。」

「我剛發現如果將重物綁上，細繩就會搖晃。」

「我想到盪過河面的情境。」

「我腦中浮現猴子在樹林間盪來盪去的畫面。」

全都言之有理，但都不正確。沒人提到實驗者的策略。即便事後告訴他們，三分之二的受試者依舊堅持自己沒注意到，而那跟他們自己解出答案完全無關，儘管他們平均都在暗示後的四十五秒內想出答案。此外，就連那承認可能受到暗示影響的三分之一，都顯示容易受到錯誤解釋影響。給他們看對解決問題**沒有**影響的陷阱暗示（重物繫在延長線上旋轉），他們會引用該暗示為引發解答的暗示，而非實際有幫助的暗示。

大腦隨時都會將南轅北轍的要素凝聚形成敘事。要是沒有原因我們就不舒服，於是大腦會不經我們同意便以某種方式判定原因。心有疑慮時，大腦會採取最容易的途徑，而且從推論到總結的各推理階段都會如此。

W. J.的行為與華生對酒杯的推論其實完全相同，不過是更極端的例子。兩者都自發地編造故事，進而深信其準確性，即便僅只建立於看似存在的凝聚力。這就是演繹問題一號。

雖然材料任君取用，但有意無意忽略某些材料的可能性是真的。記憶相當不完美，而且非常容易改變與受到影響。就連觀察本身，儘管起初正確，最後也會影響我們的回憶，進而以超乎我們想像的程度影響演繹推論。我們必須小心，以免注意到什麼，無論是因不成比例（突顯）、才剛發生（近時），或因為我們在想著完全不相干的事情（促發或框架），在推論過程中占的分量過重，導致我們忘記其他對適當演繹很關鍵的細節。我們還必須確定能回答最初提出的相同問題，是由初步目標與動機形成的，而非似乎看來更切題、符合直覺或容易的問題，畢竟思考歷程已來到尾聲。為何即便證據都指向相反答案，雷斯垂德及其他探長仍常堅持逮捕錯的人？為何他們總力挺自己的原始敘事，彷彿完全沒發現它即將解體？其實很簡單，我們不喜歡承認自己的初步直覺錯了，情願排除相反的證據。或許就是因為這樣，即便離開柯南．道爾的世界，現實警察逮錯人的情況也層出不窮。

確切錯誤或我們對其錯誤的稱呼是其次，重要的是整體概念：我們經常不會全神貫注演繹，越接近終點，掩飾與直接跳到尾聲的誘惑便越強烈。自然生成的敘事無比強勢，迫使我們難以忽略或逆轉。福爾摩斯教導的系統化常識因而受阻：逐一檢視**所有**選擇，從巧合中篩選出關鍵，從不可能中篩選出不可信的，直到獲得唯一答案。

為簡單解釋我的意思，請思考以下問題。我要你寫下第一個想到的答案。準備好了嗎？

1. 球棒與棒球總共要價一・一元。球棒比棒球貴一元。請問棒球要多少錢？
2. 若五台機器要花五分鐘才能生產五件小工具，請問一百台機器要多久才能生產一百件小工具？
3. 湖中有一片睡蓮田。睡蓮田的大小每天都會成長一倍。若睡蓮田要四十八天才能覆蓋整個湖面，覆蓋一半湖面會需要多久的時間？

你剛完成的是西恩・弗雷德瑞克（Shane Frederick）的認知反應測驗（Cognitive Reflection Test）。若你與多數人相同，那麼以下答案你很可能至少寫出了一個：第一題寫〇・一元；第二題寫一百分鐘；第三題寫二十四天。每個答案都是錯的，但是在錯的路上你不孤單。同樣的問題拿去問哈佛學生，平均答對題數為一．四三（其中百分之五十七得到零分或一分）。普林斯頓大學也差不多：答對題數一．六三，百分之四十五的學生得到零分或一分。就連麻省理工學院的成績也不甚理想：平均答對題數二．一八，百分之二十三（近四分之一）的學生得到零分或一分。這些「簡單」的題目並不如乍看之下那麼直接明瞭。

正確答案各為〇．〇五元、五分鐘、四十七天。花點時間思考後，你很可能就會看出為什麼，然後會對自己說：**對嘛，我怎麼會沒發現？**因為華生系統再次拔得頭籌。最初的答案總是較吸引直覺的答案，不暫時駐足思考，很快就會自然浮現腦海。我們總受特定突顯要素（刻意以突顯目的設計）吸引，而無法公平正確地考量每個要素。運用不需動腦的逐字策略（重複先前答案的要素，不去反思真正能解決眼前問題的最佳策略），而非用心的策略（基本上就是把更為困難耗時的問題換成出於直覺的替代方案，只因為兩者恰巧看似相關）。那些第二出現的答案會需要你壓抑華生系統的急切回應，好讓福爾摩斯能檢視：反思、抑制你的初步直覺並依序編輯；不是我們會急著想做的事，特別是當我們已經因為前面的思考而感到疲憊。要從頭到尾維持動機與全神貫注相當困難，讓華生掌舵好開始保存認知資源還比較容易。

認知反應測驗看來或許與我們現實生活中會遭遇的問題大相逕庭，但在各種需要邏輯與演繹的情況下，其預測可是相當驚人。事實上，這個測驗揭露的往往比任何認知能力、思考傾向與執行功能測量還要多。在那三個小問題上表現良好，預測了能夠抵抗許多常見邏輯謬誤的能力，加起來便預測了能夠堅持理性思考基本架構的能力。認知反應測驗甚至能透過在這章開頭看過的正式演繹問題（蘇格拉底）預測我們的推理能力：測驗成績若差，表示你很可能會說若生物皆需要水分，而玫瑰需要水分，則玫瑰為生物。

即便所有證據井然有序擺在眼前，驟下結論，敘述選擇性而非符合邏輯的故事，仍屬常態（不過稍後你會發現，其實是可避免的）。仔細推論截至前一刻發生的一切，不因平凡的細節感到無趣，不在接近推論歷程尾聲時淡出，都非常難得。我們必須學習享受推理最卑微的體現。小心不要在勞心勞力後，讓演繹顯得過於無趣或簡單，這是一項艱鉅的任務。福爾摩斯在《紅櫸莊奇案》開場白中提醒我們：「對熱愛藝術的人來說，愛的往往是最不重要且卑微的體現形式，並從中獲得最熱切的歡愉……若我對自己的藝術主張全然公平，那是因為該藝術無關個人，而是超越我自己。犯罪常有，邏輯少見。」為什麼？因為邏輯很**無聊**。我們認為自己已經想出答案了，挑戰就在於跨越此偏見。

學會分辨關鍵與巧合

到底如何從頭開始並確保演繹途徑正確，在尚未開始之前不會誇張地偏離軌道？

福爾摩斯在《駝背人》中向華生描述新案子，詹姆士・巴克利中士之死。乍看之下事實相當離奇。有人聽見巴克利與妻子南茜在晨間起居室爭執。兩人向來感情很好，因此爭執本身便是件大事。但更不尋常的是女僕發現房門上鎖，而且敲門也沒人回應。此外，她還聽見好幾次大衛這個陌生名字。最驚人的則是：馬車伕自屋外從敞開的落地窗進到房間，根本找不到鑰匙。失去意識的夫人躺在沙發上，臉龐因驚恐而扭曲的中士已死，後腦勺有不規則創傷。兩人身上都沒有鑰匙能打開上鎖的門。

該如何理解如此多重要素呢？「華生，我搜集了所有事實後，」福爾摩斯對醫生說，「抽了好幾根煙斗，設法區分關鍵事實與純粹巧合。」這麼一句話，就是踏出成功演繹的第一步：從中區分哪些因素是判斷關鍵，哪些則只是巧合，確保唯有真正重要的要素會影響決定。

思考以下對比爾及琳達兩人的描述。每項描述都配有一串職業與嗜好。你的任務是按照比爾及琳達與該階級典型成員的相似度，為列表中的項目排序。

比爾三十四歲。聰明但缺乏想像力，衝動且多半時候了無生氣。他在學校的拿手科目是數學，但社會與人文學科不甚理想。

比爾是外科醫生，嗜好為打撲克牌。

比爾是建築師。

比爾是會計師。

比爾的嗜好是彈奏爵士樂。

比爾是記者。

比爾是會計師，嗜好為彈奏爵士樂。

比爾的嗜好是登山。

琳達三十一歲，單身，直率，非常聰明。大學主修哲學。學生時代的她非常關切歧視與社會不公等議題，還曾參加反核遊行。

琳達是小學教師。

琳達在書店工作，平常會上瑜伽課。

琳達積極參與女權運動。

琳達是精神醫院社工。

琳達是女性投票聯盟成員。

琳達是銀行行員。

琳達是保險業務員。

琳達是銀行行員，積極參與女權運動。

排序完成後，看看特定兩組陳述：**比爾的嗜好是彈奏爵士樂／比爾是會計師，嗜好為彈奏**

爵士樂；琳達是銀行行員／琳達是銀行行員，積極參與女權運動，你列為最有可能的是上述兩組陳述中的哪兩項？

我敢打賭兩位的排序都是選第二項。若是這樣，你就跟大多數人一樣，而且犯了極大的錯誤。

這項練習逐字摘自艾默斯．特維斯基（Amos Tversky）與康納曼於一九八三年共同發表的論文，以說明此刻重點：區分關鍵與巧合細節時，我們通常做得不太好。研究人員將列表給受試者看時，後者一再做出的判斷，與方才我所預測你會做的相同：比爾比較有可能是以彈奏爵士樂為嗜好的會計師，而非以彈奏爵士樂為嗜好；琳達是女權主義銀行行員的可能性也遠勝過她是銀行行員。

依照邏輯推理，兩種概念都不合理：聯結句的可能性絕不會高於前後兩項條件。若你一開始便不覺得比爾可能彈奏爵士樂或琳達是銀行行員，那就不應該因為你**覺得**比爾可能是會計師及琳達是女權人士而修改原有判斷。可能性不高的要素或事件，與可能的要素結合後，也不會神奇地變得更有可能。然而百分之八十七與百分之八十五的受試者，各針對比爾與琳達的情境做出如此判斷，過程中犯下了惡名昭彰的聯結謬誤。

就連選擇有限時他們也這麼做：若僅有兩個相關選項（琳達是銀行行員或琳達是女權主義的銀行行員），**依舊**有百分之八十五的受試者將聯結句評為可能性較單一事件來得高。即便詳列出陳述背後的邏輯，選擇錯誤的相似邏輯（琳達看來比較像女權主義者，所以我覺得她比較有可能是支持女權主義的銀行行員）而非正確延伸邏輯（提倡女權的銀行行員只是銀行行員下的特定子集，因此琳達是銀行行員的可能性，一定比她是個提倡女權的行員要來得高）的受試者也有百分之六十五。我們都看相同的事實與特性資料，但獲得的結論不一定能對照。

大腦天生就不是要從這種角度評估情況，在此失敗其實還頗合理。只要扯上機運與機率，我們往往會成為無知的推理者（而機運與機率在多數演繹過程中占了相當比例，也難怪我們常常誤入歧途）。這叫做機率不連貫，全都源於我們自然而然隨時預備要採取同樣務實的敘事手法，或許還可回溯到更深層的神經解釋，在某種程度上源於W. J.與裂腦的傾向。

一言以蔽之，機率推論看似局限於左半球，但演繹則似乎大多活躍於右半球。換句話說，評估邏輯涵義與尋找經驗可行性的神經位置可能位於相反半球，也就是對於協調陳述邏輯與機運、機率評估沒有幫助的認知結構。結果就是我們並非總善於整合各種需求，而且也常沒能適當整合，同時卻仍深信自己表現優異。

琳達與女權主義（及比爾與會計師）的描述如此相符，我們很難不當成實證看待。這裡的關鍵在於我們是否瞭解某事在現實生活中發生的頻率，以及整體的可能性不會高於其零組件總和這種基本邏輯觀念。然而我們卻讓巧合的描述過度蒙蔽心智，以致忽略關鍵機率。

我們該做的是更平凡的事。我們應該衡量任何單一事件發生的可能性有多高。我在第三章裡介紹過基本比率的概念，即某事在人們口中出現的頻率，並承諾探討演繹時會再提到。這是因為基本比率（或我們對它們的一無所知）正如聯結謬誤，是演繹錯誤的根本。基本比率會妨礙觀察，但真正會誤導你是在演繹的時候，將所有觀察導向基本比率隱含的結論。因為選擇性（或選擇性無知）在這裡會徹底誤導你。

要正確計算比爾與琳達屬於任何職業的可能性，得要先瞭解會計師、銀行行員、業餘爵士樂手、女權分子等眾多身分在整體人口中的普遍率。我們不能把主角從環境抽出，任由一個潛在組合誤導我們可能有的其他資訊。

因此，我們要如何抵抗這種陷阱，適當整理而不會捲入不相干的細節？

福爾摩斯演繹能力達到巔峰的案子，或許是在一個相較於他在倫敦其他工作比較不傳統的案子。與故事同名的冠軍賽馬銀色馬，有許多人押以重注，卻在盛大的威塞克斯盃比賽前幾天消失了。同一天早上，有人發現銀色馬的訓練師陳屍於距離馬廄稍遠處，顱骨看似遭到大型鈍器重擊。看守銀色馬的小廝遭人下藥，對於事件發生當晚的記憶少得可憐。

該案造成相當大的轟動：銀色馬名列英國最為知名的賽馬。因此，蘇格蘭警場派出葛里森探長前往調查，然而葛里森卻不知該如何是好。他逮捕了呼聲最高的嫌犯，有人在銀色馬失蹤當晚看到嫌犯在馬廄附近徘徊，但葛里森也承認全都是間接證據，情況隨時會改變。三天後仍不見銀色馬的蹤影，福爾摩斯與華生醫生於是前往達特木。

銀色馬會出賽嗎？殺害訓練師的凶手能否被繩之以法？又過了四天，來到比賽當天早上。福爾摩斯向憂心忡忡的馬主人羅斯上校保證，銀色馬一定會出賽，不用擔心。銀色馬也確實出賽，不僅出賽，還跑贏了。隨後也找出謀殺訓練師的凶手。

我們後續還會多次回顧《銀色馬》中對科學演繹的見解，但首先來想想福爾摩斯對華生介紹該案的方式。

「這是屬於那種，」福爾摩斯說，「推理者的技巧該應用於篩選細節而非取得新證據的案子。這個慘案如此不尋常、如此完整，又與許多人切身相關，以至於我們背負了過多的臆測、猜想與假設。」換句話說，有太多資訊要著手，細節過多，無從整理成連貫的整體，區分關鍵與巧合。這麼多事實堆在一起，任務越加困難重重。自己的觀察與資料已經非常龐大，那些不如你全神貫注觀察的人所提供的，可能錯誤資訊量更大。

福爾摩斯如此形容問題所在：「困難之處在於將事實（完全無法否認的事實）架構與推論者、記者的修飾分開。然後在這穩固基礎上站定後，我們有責任看能推論出什麼，整起懸案又有什麼特定的轉捩點。」換句話說，釐清比爾與琳達的困境之際，心智應該要清楚哪些是實際事實，哪些則是心智的修飾或故事。

奮力隔開關鍵與巧合時，我們必須與觀察時同樣謹慎，以確保正確記錄所有印象。若不小心，連我們認為自己最初觀察到的細節都會受到思維、偏見或隨後的改變影響。

在伊莉莎白・羅芙托斯（Elizabeth Loftus）的一個目擊者證詞典型研究中，受試者觀看了一部描述汽車意外的影片。羅芙托斯接著要求每位受試者估算意外發生時的車速，以現有資料進行典型演繹。不過有個轉折，每次她提問都會稍微修改用字。她以不同動詞描述意外：**猛撞**、**相撞**、**碰撞**、**接觸**或**撞擊**。羅芙托斯發現自己的用詞對受試者的記憶有極大影響。那些在「猛撞」條件下觀看的受試者，不僅估算的車速相較於其他條件下觀看的受試者高，還更有可能在一週後想起曾在影片中看見碎玻璃，儘管影片中根本沒有碎玻璃。

這叫做錯誤訊息效應。當我們接收到誤導人的訊息，很容易在想起時信以為真，並納入演繹過程的考量。（在羅芙托斯的實驗中，受試者甚至沒有接觸到任何明顯不實的資訊，只是有些誤導。）特定選出的字僅做為簡單框架，影響推理過程，甚至是記憶。所以福爾摩斯形容為困難且絕對必要，是學習從真實、客觀、確實的事實中，篩選出無關的（及所有的媒體猜想），且要經過思考系統化地篩選。若不是這樣，你可能會發現自己記得的是碎玻璃，而非實際看到的完整擋風玻璃。

事實上，我們真該小心的是擁有更多（而非更少）資訊的時候。我們對自己演繹的信心往往會隨著所依據的細節數量增加而提升，特別是其中若有合理的細節。清單越長，似乎就越合理，即便根據手邊資訊來判斷，清單上某些項目根本不太可信。因此當我們看見聯結句中有一項看似符合的要素，便很可能接受整個聯結句，即使這麼做根本不合理。提倡女權的銀行行員琳達，彈奏爵士樂的會計比爾。其實有點任性。我們觀察得越仔細，蒐集的資料越多，就越可能因單一主導細節而墮落。

同樣的，看見的巧合細節越多，便越不可能鎖定關鍵細節，我們也越可能過度重視巧合。若聽到故事的同時獲得更多資料，我們便越容易產生興趣並信以為真，即便細節與故事真實性無關。心理學家魯瑪・弗克（Ruma Falk）發現，當敘事者在巧合事件（例如同一小鎮有兩人中樂透）中加入特定的多餘細節，聽者更會認為這個巧合令人驚訝且信服。

通常在推論時，心智會傾向於抓住看似切題的資訊，過程中同時蒐集相關暗示，與看似有關但其實可能根本不重要的暗示。這麼做的原因可能有以下幾項：熟悉度，有種以前看過或應該知道，即便不太清楚為什麼的感覺；擴散活化，一個小小記憶節點的活化，觸發其他節點，久而久之，觸發的記憶已從原點進一步擴散；或單純意外或碰巧，我們正好在想著某件事情的時候想到別的事情。

比方說，若福爾摩斯神奇地從書中現身，然後要我們（不是華生）列舉手邊案件的細節，我們會翻遍記憶（我剛讀到的是什麼？還是那是別的案子？），從儲藏室中取出特定事實（好：馬消失了，訓練師死了，小廝遭人下藥，已逮捕可能嫌犯。還漏了什麼嗎？），然後過程中可能帶出根本不那麼重要的細節（我好像因為入戲太深而忘了吃午餐，就像初次讀《巴斯克維爾的獵犬》一樣忘了吃飯，然後就頭痛，躺上床，然後……）

若過度活化與過度涵蓋的傾向沒受到控制，活化擴散的程度對眼前目標便不再有用，甚至會干擾專注於該目標所需的適當觀點。就《銀色馬》這案子，羅斯上校不斷催促福爾摩斯要做更多、看更多、考慮更多，套他的話來說是「滴水不漏」。這是他的指導原則：精力與活動，越多越好。福爾摩斯拒絕這麼做，反而選擇專注於已經找出的主要要素，讓上校感到極度挫敗。但福爾摩斯很清楚，想要剔除巧合，他什麼都能做，就是**不能**再吸收更多推論與可能有關（或無關）的事實。

基本上我們需要做的就是認知反應測驗所教導的：反思、限制、編輯。插上福爾摩斯系統，克制未經思考而蒐集觀察的傾向，專心仔細思考已經有的細節。那些觀察呢？我們要學會在腦海裡加以區分，才能讓有效推理達到極限。我們必須學習什麼時候**不要**去想，以及什麼時候要納入考量。我們必須學會專心（反思、限制、編輯），否則可能會變成無數想法在腦海裡來去，卻一點結果也沒有。全神貫注與動機對成功演繹來說不可或缺。

但不可或缺不表示簡單或足夠。就連在《銀色馬》裡，專注與動機十足如福爾摩斯，也覺得很難從所有可能思考方向中篩選。正如他在尋獲銀色馬後對華生說：「我承認，我從報上新聞所歸納出的推論全都錯了。然而其中確實有些跡象可循，只不過其他細節已掩蓋那些跡象的真實意涵。」區分關鍵與巧合是各式演繹的主幹，就連最訓練有素的心智都會覺得很困難。

這也是為什麼福爾摩斯沒有僅憑初步推論便開始演繹。他採取的第一步正是他極力呼籲我們做的：整齊列出所有事實，然後從這裡開始。即便犯錯，也是經過深思熟慮且十足福爾摩斯樣，不讓可能其實很想表現的華生系統上場。

他怎麼做到的？他按照自己的步調行事，無視他人的催促。他不讓任何人影響自己，做自己需要做的事。此外他還有一招簡單的技巧。他什麼都跟華生說，這是福爾摩斯小說中頻繁且固定發生的事。（而你還以為那只是聰明的旁白詮釋手法！）正如他在開始挖掘切題觀察前對這位醫生說的：「向另一人陳述是最能釐清案件的方法。」我們先前也看過一模一樣的原則：詳述情況，大聲說出，強迫停頓與反思。該原則強制要求全神貫注，強迫你以邏輯優點思考各項前提，讓你能將思考放慢，不至於歸納出女權分子琳達這種愚蠢錯誤的結論。確保你不會因為不夠注意或沒能符合你（無疑是潛意識）已想好的因果故事，而錯失真正重要的東西。讓你的內在福爾摩斯傾聽並強迫華生暫停，讓你能確認自己確實瞭解，而非因為看來是對的而認為自己瞭解。

沒錯，福爾摩斯就是在向華生陳述事實時，終於發現讓他能破案的線索。「當時我在馬車上，正當我們抵達訓練師家時，我意識到羊肉咖哩是如何至關重要。」我們很輕易便誤將晚餐菜色當成不重要的小事，與其他所有線索一同陳述才會明白，該菜色正是用來掩蓋鴉片粉末的氣味與味道，也就是用在馬廄男孩身上的毒藥。不知道當晚菜色是羊肉咖哩的人，絕不會冒險使用嚐得出氣味的毒藥。因此，犯人一定知道晚餐要吃什麼。這項發現促使福爾摩斯做出他的知名結論：「在決定這個問題的答案前，我已經掌握了狗保持沉默的重要性，因為一項真實的推斷必定會帶動其他推斷。」一開始走對路，後續也就越容易待在同一條路上。

同時還要確保自己回想起**所有**的觀察，所有你的想像空間擺出的可能排列，避開那些不相關的事件，不能僅專注於最容易想到的，看似最具代表性、最為突顯或最符合直覺的細節。必須更深入挖掘。你很可能不會從描述中判斷琳達會是個銀行行員，不過很可能會認為她是個女權主義者。不要讓後面的判斷影響或曲解後續的判斷；以先前相同的邏輯繼續推論，客觀地個別評估各項要素，做為同屬整體的一部分。可能是銀行行員嗎？絕對不是。所以，會是提倡女權的銀行行員嗎？可能性更低了。

你要像福爾摩斯一樣，記住所有關於銀色馬失蹤的細節，同時剔除報上所有的猜測與心智可能無意間歸納出的推論。除非先確認琳達是銀行行員，福爾摩斯絕對不會說她是提倡女權的銀行行員。

不可信的並非不可能

《四簽名》裡，頗為龐大的宅邸頂樓有間由內上鎖的小房間，裡面發生了搶劫與謀殺案。犯人到底是怎麼進去作案的？福爾摩斯列舉所有可能性：「門從昨晚就沒開過，」他對華生說，「窗戶由內扣上，窗框結實，側邊沒有鉸鏈。開窗看看。附近沒有水管，伸手也摸不到屋頂。」

那要怎麼樣才可能進入房內？華生大膽猜測：「門已上鎖，窗戶無法使用。那是從煙囪進去嗎？」

不是，福爾摩斯說。「爐柵太小，我已經考慮過這個可能性了。」

「那到底是怎麼進去的？」華生氣急敗壞。

「你根本不採用我的原則，」福爾摩斯搖頭。「我告訴過你多少次了，如果已排除所有不可能，剩下的**無論有多不可信**，也必定是事實？我們知道他不是從門、窗或煙囪進入，也知道他不可能躲在房間裡，因為根本沒有藏匿之處。那麼他到底來自何處呢？」

最後，華生終於看出答案：「他從屋頂的洞進入。」福爾摩斯回答：「當然是了，一定是這樣。」那看似是最符合邏輯的可能入口。

當然不是囉。那方式非常不可信，多數人絕對不會考慮這種提議，就像即便受了福爾摩斯的訓練，華生也還是需要提示才會想到。就像我們覺得區分巧合與真正關鍵相當困難，我們也常未能將不可信納入考量，因為心智還沒給它機會，便當作不可能排除了。必須由福爾摩斯系統將我們從簡易敘事中搖醒，強迫我們思考像從屋頂進入這種可能性極低的方式，或許正是破案所需關鍵。

盧克萊修（Lucretius）說，相信世上存在的最高山與自己所見過的最高山是同一座山的人是傻子。我們搞不好也會說有相似想法的人是傻子，但我們卻經常做出同樣的事。作家暨數學家納西姆・塔雷伯（Nassim Taleb）從這位拉丁詩人身上獲得靈感，甚至把這種現象稱為：盧克萊修式的低估。（但是，若回到盧克萊修的年代，認為世界僅限於自己所知的範圍會很奇怪嗎？從某方面來說其實比我們現在聰明多了，畢竟現在知識是唾手可得。）

簡單來說，我們任由過往經驗引導自己認為的可能性。心智庫房成了各種基準點，是推理的原點，也是更進一步思考的起點。就算試著調整自我中心觀點，往往調整幅度也不足以帶來影響，依舊受到自我導向手法扭曲。這又是敘事趨向的另一偽裝：依據自己經歷過而非未曾經歷過的去想像敘事。

學習歷史前例同樣也沒什麼意義，因為我們從描述與從經驗中學習的方式不同。這是所謂的描述與經驗隔閡。華生或許曾在某處讀到大膽自屋頂進入的方法，但因為他不曾有過直接經驗，處理資訊的方式自然不同，也不太可能以同樣方法用於破案。就像盧克萊修口中的傻子？他在書上讀到高山後，**還是**可能不相信高山的存在。我要用雙眼親自看到，他會說。怎麼，難道我傻了不成？少了第一手前例，不可信的看似如此接近不可能，連福爾摩斯的箴言都拋到一旁了。

然而辨別兩者的能力是必要的。因為，即便成功區分了關鍵與巧合，即便蒐集了所有事實（及其意涵）並專注於真正相關的事實，若不讓心智想到屋頂是進房間的可能入口，無論可能性有多低，仍會迷失方向。如果像華生那樣直接排除屋頂進入的可能性，甚至連想都不去想，永遠都無法演繹出那些只要我們允許，就能輕易推理而出的其他選項。

我們採用未來最好的衡量標準：過往。這麼做很自然，但不表示正確。過往通常沒有空間容納不可信，會將演繹局限於已知、可能、可信的範疇。若整體且適當地考量所有證據，誰能說不會帶來超越上述境界的選項呢？

再回到《銀色馬》。福爾摩斯確實再次勝出，馬找到了，殺害訓練師的凶手也找到了，卻晚了，與這位偉大偵探的風格不符。他太晚前往現場調查（確切來說晚了三天），錯失勘察案發現場的寶貴時間。他做了自己訓誡華生不可做的事：沒能應用自己的原則，不可信的並非不可能，必須要與更有可能的選項一同考量。

在與華生前往達特木協助調查途中，福爾摩斯提到週二傍晚馬主人及葛里森探長都曾發電報請求他協助該案。困惑的華生反問：「星期二傍晚！今天已經星期四了。你為什麼不昨天就下去？」福爾摩斯的回應則是：「因為我犯了愚蠢的錯誤，華生，而這是僅透過你筆下回憶錄瞭解我的人以為不會常發生的事。事實是我無法相信聞名英格蘭的賽馬能藏匿多久，特別是在像達特木北邊如此人煙稀少的地方。」

福爾摩斯將僅是不可信的當成不可能而排除，因此沒能及時採取行動。如此一來，他也逆轉了常見的福爾摩斯與華生對話，變成華生訓斥他，不符華生風格，卻是理當也切要。

即便是最機警優秀的心智，必然也受到其主人的獨特經歷與世界觀影響。儘管像福爾摩斯這樣的心智通常能連最無關的可能性都納入考量，有時候也仍會受限於先入為主的觀念，受限於其心智庫在當下可用的選擇。簡而言之，就連福爾摩斯也會受限於自己大腦閣樓的結構。

福爾摩斯看到的是外形出眾的賽馬在鄉村地區消失，他按經驗判斷不可能消失太久。他的邏輯推理如下：全英格蘭知名度這麼高的馬，怎麼可能在躲藏地點有限的偏遠地區出沒卻沒人發現呢？一定會有人發現那匹馬，無論是死是活，然後回報。由事實如此演繹確實很完美，**如果**是真的。但今天已經星期四了，馬從星期二消失到現在都沒人回報。福爾摩斯漏了什麼沒考慮到？

如果還能認得出是那匹馬就不可能躲起來找不到。這位偉大偵探完全沒想過賽馬也可能偽裝，如果他想過，當然就不會漠視賽馬繼續

躲起來的可能性。福爾摩斯看見的不僅是現有的，還有他所知道的。若親眼看見無法融入過往綱要的事情，記憶中無可對應，我們很可能會不知道該如何詮釋，甚至可能根本不會看到，只會看見我們一直預期的。

把這想成是完形心理學知名的視覺感知示範綜合版，視呈現脈絡而定，我們能輕易以多種角度看同一樣東西。

比方說，請思考右頁下方這張圖片：

你看見的中間圖形是B？還是13？刺激不變，但我們所看見的都與期待及脈絡相關。動物偽裝？無論福爾摩斯的心智庫房有多幅員遼闊，都沒有這種東西，所以他從沒考慮過有這個可能性。經驗、脈絡框架及現成基準點等可用性會影響演繹。若移除A與C就無法演繹出B，就像移除12與14便無法演繹出13。雖然很有可能，在那樣的脈絡下根本不可信，所以我們連想都不會想到。但要是脈絡稍微調整呢？又或者消失的那一行其實沒有消失，只是看不見？情況會隨著改變，但不一定會改變我們考慮的選擇。

還有另一點也很有意思：除了經驗會影響我們認為的可能性，期待也會。福爾摩斯**期待**有人會找到銀色馬，因此看待證據的角度也不同，進而未檢視特定可能性。要求特性再次抬頭，只不過這次偽裝成確認偏誤，屬於菜鳥及老鳥同樣最常犯下的錯誤。

我們似乎從年幼時期便容易產生確認偏誤，早在我們實際決定前便決定，將不可信當成不可能而排除。早期對該現象的研究中，小至三年級的兒童受試者必須辨識運動用球的哪些特性對個人發球品質很重要。做好決定後（比方說尺寸很重要，但顏色不重要），受試者若非徹底否認與他們偏好理論相反的證據（例如顏色的實際重要性，或尺寸其實不重要），就是以高度選擇性及曲解的方式解釋那些與他們初步想法不符的證據。此外，他們未經提示也沒有建立替代理論，事後回想起理論及證據時會記錯過程，以致證據變得比實際上還要符合推論。換句話說，他們重塑過往，好更配合自己的世界觀。

年紀越大這種現象只會更嚴重，或至少不會更好。成人更有可能視單一面向的論點優於正反兩方都有的論點，並更可能認為這類單一面向論點經過詳細思考。我們也更有可能為假設與確定的信念，尋找可確認的正向證據，就算不是真的致力於那些假設。研究人員在一項初步研究中發現，受試者測試概念的方法是只看那些概念正確時會成立的例子，而沒能找出那些會證明概念錯誤的細節。最後，我們權衡假說證據時的表現極為不對稱：過度重視任何正向確認證據，低估任何負向否定證據，這是專業讀心術者長久以來利用的傾向。我們只會看見自己想找的東西。

到了演繹的最後階段，華生系統還是不會放過我們。即便我們**有**全部的證據，都到了這個地步，我們想必**還是**可能搶在證據前先行推理，讓經驗及我們對於可能與否的概念，曲解自己看待並採用證據的方式。福爾摩斯無視《銀色馬》裡會幫他指出正確方向的跡象，只因為他不認為會沒人發現那匹馬。華生無視從屋頂可以進入房間，因為他不認為有人可以做到。我們或許有了全部證據，但那不代表推理時我們會考量到所有證據都是客觀、完整，而且就在眼前。

但是如我們所知，福爾摩斯成功發現並更正自己的錯誤，或至少賽馬沒能現身這件事指出了他的錯誤。在他允許不可信的可能變成可能後，他對案子與證據的整體評估立即改變並各就各位，繼而和華生出發尋馬，逆轉局勢。同樣的，經過提示後，華生也能修正自己不瞭解之處。就在福爾摩斯提醒他無論有多不可信都該納入考量後，他立刻想出其他符合證據的答案，而且是他不久前才排除的答案。

不可信的並非不可能。演繹過程中，我們太容易受到滿足傾向的影響，覺得夠好了就停止。在還沒用盡所有可能並確保已經用盡以前，還不算真正抵達終點。我們必須學會延伸經驗，超越初步直覺；也必須學會尋找能夠確認及否認的證據。更重要的是，必須跨越那自然成習慣而採用的觀點：自己的觀點。

簡而言之，我們必須回到認知反應測驗及其步驟，反思心智**想要**做的事，限制不合理之處（這時要問自己是真正不可能或只是不太可能），進而編輯手法。我們不會永遠都有福爾摩斯來提示我們該怎麼做，但那不表示我們不能透過一直以來培養的全神貫注來提示自己。我們或許仍會想要先行動後思考，在尚未納入考量前便排除某些選項，但至少能看出通用概念：先思考，後行動，盡可能以全新心智看待所有決定。

必須要素都在（若你至少已完成觀察與想像工作的話都會在），訣竅在於怎麼運用那些要素。你是否用上所有可用證據，而非只是碰巧記得、想到或碰到的證據？你是否同等重視所有證據，以真正篩選出關鍵與巧合證據，而非受到其他完全無關要素影響？你是否按照邏輯排列所有證據，讓每一步都能暗示下一步，也將每項要素納入考量，不至於犯下以為已經想清楚其實根本沒有的錯？你是否考量到所有合乎邏輯的途徑，即便那些在你看來或許是不可能的？最後：你是否專注且充滿動機？你是否記得最初讓你開始演繹的問題，還是已經偏離軌道或琢磨起其他問題，卻不知道怎麼會或為什麼？

我初次閱讀的福爾摩斯是俄文版，因為那是我童年使用的語言，故事書也都是俄文。回想我提供的所有線索。我說過我們家是俄國人，我跟姊姊都出生於蘇聯。我說過故事是由父親唸給我們聽，說過該書頗有歷史，陳年到我在想會不會我父親的父親也曾唸給他聽過。這些線索全部擺在一起後，你覺得還有可能是什麼語言？但你在單獨看到每項資訊時是否曾駐足思考？還是你根本連想都沒想，因為……不太可信？因為福爾摩斯可是英國人？

柯南．道爾以英文寫作，而且福爾摩斯本人的英文意識如此根深蒂固，這不重要。我現在的英文閱讀與寫作能力就跟當初的俄文程度一樣好，這也不重要。你或許從沒看過俄文版的福爾摩斯故事，或甚至沒考慮過其存在的可能性，這也不重要。重要的是前提為何，以及你若允許這些前提依照邏輯自由發展的話會帶你到哪裡，無論是不是心智準備好要去的地方。

福爾摩斯延伸閱讀

「『只是基本，』他說。」、「『華生，我搜集了所有事實後，』福爾摩斯對醫生說，『抽了好幾斗煙，設法區分關鍵事實與純粹的巧合。』」——《福爾摩斯回憶錄》：《駝背人》（P.138）

「我全身上下的直覺都不相信……」——《福爾摩斯歸來記》：《格蘭其莊園》（P.1158）

「這是屬於推理者的技巧……」、「我承認，我從報上新聞歸納出的推論全都錯了。」——《福爾摩斯回憶錄》：《銀色馬》（P.1）

「我告訴過你多少次了，如果已排除所有不可能，剩下的無論有多不可信，也必定是事實？」——《四簽名》第六章：福爾摩斯示範演繹（P.41）

第6章　維護大腦閣樓：學無止盡

有位房客非常不尋常，房東華倫女士接連十天都沒見過他一面。除了入住第一晚曾出去過很晚回來之外，房客總待在房裡來回踱步，日復一日。此外，每當他需要什麼，都以大寫印刷體在碎紙片上描出詞組留在外面：SOAP（肥皂）、MATCH（火柴）、DAILY GAZETTE（每日公報）。華倫女士嚇到了，認為一定哪裡有問題，於是找上福爾摩斯。

起初福爾摩斯絲毫不感興趣，神祕房客沒什麼值得調查，但慢慢的那些細節開始引起他的興趣。首先是印刷體，為什麼不正常寫字就好？為什麼選擇如此累贅不自然的全大寫溝通方式？還有華倫女士為協助福爾摩斯瞭解案情而帶來的菸：儘管房東太太向福爾摩斯保證神祕男子滿臉鬍鬚，卻主張唯有把鬍子完全刮淨的男子才有可能把菸抽成這樣。不過這些線索還不夠，於是福爾摩斯請華倫女士「若有新進度」請回報。

確實有新進度。隔天早上，華倫女士回到貝克街驚呼：「這是警察的事了，福爾摩斯先生！我再也無法忍受了！」房東太太華倫女士的先生遭到兩名男子攻擊，他們拿外套罩住他的頭，把他塞進計程車，但一個小時後又把他送回來。華倫女士把一切怪到那位房客頭上，決心當天要把他趕走。

且慢，福爾摩斯說：「不要衝動。我開始覺得這件事或許比乍看下還要重要。顯然妳的房客正遭受威脅，他的敵人顯然也在妳門口埋伏，然後在迷霧晨光中誤把妳先生當成他。他們發現錯了之後便放他走。」

當天下午，福爾摩斯和華生來到大歐姆街，想一窺造成如此騷動的房客是誰。他們很快便看到她，真的是個「她」。福爾摩斯猜得沒錯，房客身分已調包。「身陷可怕急迫危險的夫妻前來倫敦避難，因應危險的方式便是極度謹慎。」福爾摩斯向華生解釋。

「男方有必須做的事情，希望能確保女子在他離開期間絕對安全。這是個難題，他解決的方式卻創新十足，而且效果好到每天供餐的房東太太都沒發現她的存在。紙條用印刷字體則明顯是為了避免有人從字跡看出她的性別。男子無法接近女子，否則會將敵人引到她身邊。既然無法直接與她聯繫，他只能訴諸於報上的私人啟事欄。目前為止都清楚了。」

但目的是什麼？華生想知道。為什麼這麼神祕，為什麼危險？福爾摩斯認為是人命關天的事。華倫先生遭到攻擊，房客懷疑有人在看她時臉上的恐懼神情，在在指向邪惡意圖。

那麼，華生問，福爾摩斯為什麼要繼續調查？他已經解開華倫女士的謎題，房東太太自己則是巴不得把那位房客趕出公寓。如果這個案子聽起來如此危險，為什麼還要涉入更深呢？就這麼撒手讓它船到橋頭自然直不是更簡單。「你有什麼好處？」他問福爾摩斯。

福爾摩斯已經準備好答案了：

「什麼好處？當然是為了藝術本身啊！華生，我想你學醫應該不是想著看病可收費在唸書吧？」

「我是為了學習，福爾摩斯。」

「學無止盡，華生。一連串的課程，最好的擺在最後。這個案子很有教育意義，無法賺錢也沒人會稱讚，但還是會想整理好。黃昏來臨時，我們將發現自己的調查技巧更上一層樓。」

福爾摩斯並不在乎原本目標已經達成，他也不在乎繼續鑽研下去會極度危險。發現這件事比起初看來還要複雜，亦不能只因為原本目標達成就放棄。案子具有教育意義，再怎麼樣也還可以繼續學習。福爾摩斯說學無止盡時，他的意思可不只是那樣單一面向。繼續學習固然好：能讓我們的心智保持敏銳機警，避免安於現狀。但是對福爾摩斯來說，教育的意義更為深遠。福爾摩斯式教育是持續挑戰自己，質疑自己習慣的方式，絕不讓華生系統完全主導，就算前者過程中已經跟福爾摩斯系統學了很多。教育能持續顛覆習慣行為，並且永遠不會忘記；無論我們認為自己有多專精於某事，永遠要對自己所作所為保持全神貫注與積極投入。

整本書都在強調練習的必要。福爾摩斯能夠到達他所在的境界，是因為不斷練習全神貫注的思考習慣，那些構成他用以應對世界的核心手法。然而，我們越是練習，變得越是簡單，且成為第二天性後，這些習慣便轉入華生系統的範疇。雖然原本是福爾摩斯的習慣，卻也終究習慣成自然，因此不謹慎的話會變得粗心大意。當我們把思考看成理所當然，不再注意大腦閣樓動靜的時候，便容易把事情搞砸，就算那個閣樓目前是你所見過最光亮無瑕的流線空間。福爾摩斯必須持續挑戰自己，才不至屈服於相同情況。因為就算他有著敏銳的全神貫注習慣，若不持續採用也可能會害他誤入歧途。我們若不持續挑戰自己的思考習慣，精心培養的習慣便可能退回福爾摩斯化之前不用心的狀態。

任務艱難，但大腦一如往常幫不上忙。每當我們覺得自己完成某件值得的事，無論是簡單如整理雜亂的衣櫃或複雜如破解懸案，華生大腦最想要做的便是休息，獎賞自己的傑出表現。既然已經達成最初目的，何必再進一步呢？

人類學習多半由所謂的酬賞預測誤差（reward prediction error）驅動。若有件事的酬賞比預期來得高，以學開車來說：**我左轉了！沒撞上三角錐！**酬賞預測誤差會刺激大腦分泌多巴胺。開始學習新事物時，大腦會經常分泌多巴胺，我們很容易在每一步驟達成時看到令人滿意的結果：我們開始瞭解自己在做什麼，表現更加進步，更少犯錯。每一次達成目標都**會**有所收穫。我們不僅表現更好（想當然耳會讓人心情好），大腦也因其學習與進步獲得獎勵。

但這一切突然間就停了。我車開得很穩不再令人訝異，我打字沒有出錯也不再令人訝異，我看得出來華生從阿富汗回來也不再令人訝異。我在開始前就知道自己做得到，所以沒有酬賞預測誤差了。沒有酬賞預測誤差，就沒有多巴胺，不再歡愉，不再需要更進一步學習。我們已經爬到適當的高原並（從神經層面及意識層面）決定我們該知道的都學了。

訣竅在於訓練大腦**超越**那個立即酬賞點，於其中尋找不確定的未來酬賞。這並不容易，就像我先前說過的，不確定的未來正是我們**不喜歡**的。先行獲得眼前的利益，沉浸於多巴胺之旅及其後續效應不是更好？

慣性是非常強大的力量。我們是習慣的生物，不僅是可見的習慣，例如每天下班後走進客廳，打開電視或開冰箱看裡面有什麼，還有思考習慣，受到刺激時便會採取可預測途徑的可預測思考迴圈。思考習慣難以打破。

力量最為強大的選擇是預設值效應，正如我們討論過的傾向，選擇阻力最小的途徑，只要眼前選擇夠合理便可採用。相同戲碼經常上演。職場上員工往往是在退休金提撥為預設方案時選擇提撥，必須自行選擇提撥（即便雇主也等額提撥）時便停止。器官捐贈為預設值的國家與必須選擇捐贈器官的國家相比，捐贈者比例明顯高出許多。面臨做什麼與什麼都不做的選擇時，我們就是會選擇什麼都不做，過程中往往忘記其實那樣也是做了什麼，只不過是相當消極自滿的事，與福爾摩斯經常強調的積極融入截然相反。

奇怪的是：我們越好，變得越厲害，學得越多，只想趕快休息的衝動就越強烈。我們覺得自己理當可以休息，卻沒發現那麼做對自己的傷害才是最大。

這種模式不僅在個人身上上演，也遍布機構與公司。想想有多少公司發表了突破性的創新產品，幾年後卻遭競爭對手淹沒而遠遠落後。（比方說，想想柯達、雅達利及黑莓機創造者RIM。）這種傾向可不僅限於商業世界。不可思議的創新後續接著同樣不可思議的停滯，這種模式描述了一個普遍的趨勢，發生在學術界、軍隊及任何你想得到的產業或職業。全都源自於大腦酬賞系統是如何建立。

這些模式為何如此普遍？一切都要回到那些預設值效應，更為廣泛的慣性：習慣的壕溝。越受到酬賞的習慣就越難打破。若拼字比賽獲得金星便足以讓兒童大腦內爆發多巴胺，想想看億萬產值的成就、快速攀爬的市占率、暢銷或得獎或值得終身教職的學術名望能帶來什麼。

我們先前提過短期記憶與長期記憶的差別，那些我們只短期保留就拋開及長期固定存放大腦閣樓裡的東西。後者似乎分成兩種（但確切機轉仍待探究）：**陳述性**或外顯記憶，及**程序性**或內隱記憶。把第一種想成是對事件（情節記憶）、事實（語意記憶），或其他你能明確記起的百科全書式知識。每次學了新的東西，就能個別建立新條目。再來若有人問起該條目，假設過程順利，記錄完整且墨水清晰未褪，你就可以翻到那一頁取回記憶。但如果是無法確實寫下來的東西呢？如果只是你有種感覺或知道該怎麼做的事呢？這時你便進入程序性或內隱記憶的範疇。經驗。不再如百科全書條目那麼簡單。若我直接問起，你可能無法告訴我，甚至會打亂我正在詢問的事。兩者系統並非完全分離而是經常互動，但為了方便瞭解，可以先想成是儲存於閣樓裡的兩種不同資訊。兩種都在，但並非同樣有意識或可取得，而且你可能無意識中便從這種記憶換成那種記憶。

想成你在學開車。起初，你明確記住所有必須步驟：轉動鑰匙、查看後視鏡、把車子退出停車位等等。你必須有意識地執行每一步驟，但你很快便不再去想那些步驟，一切都成了第二天性。若我問你正在做什麼，你可能還無法告訴我。你已經從外顯記憶切換成內隱記憶，從積極知識變成習慣。在內隱記憶的範疇，有意識地改善或全神貫注、處於當下都更為困難，你必須要格外費力才能維持如同剛開始學習時的機警程度。（這也是為什麼多數學習都會來到艾瑞克森所謂的高原，無法再更進一步改善。但後續我們會發現那其實不是真的，只是非常難以跨越。）

剛開始學習時，我們處於陳述性或外顯記憶的範疇。這裡的記憶編入海馬體，進而（若一切順利）整合儲存供未來使用。我們用這裡的記憶來記住歷史日期或學習工作上新程序的步驟。這也是我徹底誤解福爾摩斯的用意，試著記住所有可能屋舍內的樓梯數量（也失敗得很慘）所使用的記憶；也是我們嘗試逐步擁抱福爾摩斯式思考歷程，好開始接近他的頓悟力所使用的記憶。

卻不是福爾摩斯做同樣事情時使用的記憶。那些思考步驟他早已駕輕就熟，對他來說已經成了第二天性。福爾摩斯不需要以適當的方式去思考這件事，他會自動思考，就像我們會自動預設為內在華生系統上場，因為我們已經**學過**而如今在忘記所學。

在忘記所學之前，對福爾摩斯毫不費力的，對內在華生來說卻非常吃力。我們必須在各個階段阻止華生，改請教福爾摩斯的意見。但只要我們不斷練習，強迫自己觀察、想像、反覆再三演繹，並且在即便看來很蠢（例如決定午餐要吃什麼）的情況下這麼做，就會有所改變。突然間，事情順利了一點。我們進行的速度快了一點，感覺更加自然，更輕鬆一些。

基本上情況就是我們在切換記憶系統。我們從外顯切換成內隱、習慣、程序，思考變得近似於開車、騎腳踏車，轉為已經做過無數次任務時所使用的記憶。從目標導向（以思考來說，有意識地經歷福爾摩斯的步驟，確保適當執行每一步）變成自動化（不再需要思考每一步，心智自然而然經歷每一步驟）。從原本主要以吃力記憶為主，到會在無意識間激發多巴胺釋放的系統（想像瘾君子行為，最極端的那種）。然後這裡我要再次重述，因為經得起重複：經歷越多酬賞便越容易化成習慣，也就越難打破。

將習慣從粗心大意導回全神貫注

《爬行人》（*The Adventure of the Creeping Man*）一案發生在福爾摩斯與華生已不再是樓友後。某個九月天，華生收到前樓友捎來的訊息。「方便的話請即刻前來，」短信如是說。「不方便的話也還是請過來。」顯然福爾摩斯需要見這位醫生，而且越快越好。但是為什麼呢？華生擁有什麼是福爾摩斯如此急迫需要，無法透過短信或信差轉達溝通？若回想到他們還同住的時候，實在很難看出華生除了忠實支持者及記錄者外還曾扮演什麼角色。他當然不曾破案，有什麼重要頓悟，或以任何有意義的方式影響破案過程。福爾摩斯現在傳喚他不可能真有那麼急迫，這短信不可能是要求華生幫忙破案吧。

但正是如此。事實證明，華生一直以來擔任的角色都遠超過記錄者、朋友、忠實陪伴及精神上的支持者。華生其實是福爾摩斯之所以長期以來始終能保持敏銳與全心投入的原因之一。華生對於破案**是**必要（的確不可替代）的角色，而且未來也會一再擔任這樣的角色。很快你便會明白到底為什麼。

習慣很實用。我甚至會進一步說習慣是必要的。習慣能釋放思考更廣泛、策略的議題時所需之認知空間，而不用擔心那些基本細節。我們得以在更高層次、全然不同的平面，用比原本更概要精簡的方式思考。專業之中有著無比的自由與可能性。

反過來說，習慣與粗心大意的距離也近得危險。一旦事情變得容易，便很容易停止思考。我們費心取得福爾摩斯式思考習慣的過程為目標導向。我們專注於獲得來自學習全神貫注思考，來自做出更好、更有知識、更周全的決定，來自能夠掌控心智而非受到心智掌控的未來酬賞。習慣則恰好相反。一旦成為習慣，就從全神貫注、動機十足的福爾摩斯系統大腦，跨入粗心大意、不假思索的華生系統大腦，後者擁有前述所有的偏誤與捷思，那些隱藏的力量開始在不知情下影響你的行為。你不再察覺，也因此更無法注意到。

那福爾摩斯呢？他怎麼能夠始終保持全神貫注？那是否表示習慣不一定要與全神貫注勢不兩立？

再次回到福爾摩斯急迫召喚華生前來的短信，要求他無論多不方便也要前來。華生相當清楚為何受到召喚，雖然他可能沒發現自己有多不可或缺。福爾摩斯啊，華生說，「是個受限於習慣的人，狹隘而集中的習慣，我則成了其中一種。我就是一種習慣，跟小提琴、菸絲、黑色老煙斗及索引書沒兩樣。」那麼華生這種習慣究竟扮演什麼角色？「我是他心智的磨刀石，我能刺激他思考。他喜歡在我面前大聲思考。他不能算是對著我發言，多數時候說是對著他的床架發表也無妨，但總而言之既然建立了這種習慣，我的記錄與插話有時也很有幫助。」還不只如此。「若我某種特定有條不紊的緩慢心態惹惱了他，」華生接著說，「他火焰般的直覺與印象，只會受到惱怒刺激而更生動快速地浮現。這就是我在兩人合作關係中扮演的卑微角色。」

福爾摩斯當然有其他方法，如我們稍後將看到的，華生的角色不過是更廣泛主題中的一角，但他在福爾摩斯多面向資料庫中是不可替代的工具，而他這個工具（或者也可稱習慣）的功能便是確保福爾摩斯的思考習慣不要淪為只是例行事務，要保持隨時全神貫注，存在當下、永遠敏銳。

稍早我們討論過學習開車，以及熟練後不再思考自己行為時所面臨的危險，因而可能會發現我們的注意力渙散，心智轉為無意識。若一切如常，那我們就不會有事。但要是有什麼走偏了呢？我們的反應速度不會有初步學習階段專注於路上情況時那樣快。

但如果我們被迫真的要再次思考開車過程呢？

別人教我們開車，我們也可能必須要教別人開車。這個時候，聰明的人就會接受挑戰。向他人詳述某件事，一一解釋讓對方瞭解，不僅是再次強迫自己注意所做的事，甚至會發現自己開車技術有進步。我們或許會發現自己以不同方式思考每個步驟，更加全神貫注於自己正在做的事，就算只是為了當個好榜樣。或許會發現自己以不同角度看著路況，只為詳細替新手駕駛描述所需知識、所該注意的情況，以及該如何應變。或許也會發現當初學習時忙著掌握各接連步驟而沒考慮過（或根本看不到）的模式隨之浮現。我們的認知資源不僅能更自由地看見這些，存在當下的心也能善用這番自由。

福爾摩斯也是如此。他不僅在《爬行人》裡需要華生，你會發現他在每個案子裡都在教導這位醫生，告訴他自己如何得到這個或那個結論，他的心智如何運作及採取什麼途徑。為了能這麼做，他必須回顧自己的思考歷程，必須再次聚焦於已形成的習慣，就連那些粗心大意得到的結論他都必須全神貫注思考，例如他為什麼知道華生從阿富汗回來。（不過我們前面已經說過了，福爾摩斯式粗心大意與華生式粗心大意不同。）華生讓福爾摩斯的心智不會忘記去思考那些自然而然出現的要素。

此外，華生也經常點醒他可能犯下的錯誤。如福爾摩斯所說：「注意到你的謬誤之際，偶爾也會將我導向事實。」這可不是什麼小事。就連提出最微不足道的問題，對福爾摩斯來說明顯至極的問題，華生也在過程中強迫福爾摩斯再次檢視明顯之處，並質疑或解釋為何如此明顯。換句話說，華生的存在不可或缺。

福爾摩斯也很清楚。看看他那些外在習慣：小提琴、菸絲與煙斗、索引書。每一種習慣都是經過深思熟慮的選擇，每一種都會促進思考。在華生出現前他怎麼辦？無論怎麼辦，他顯然很快便意識到自己比較喜歡華生出現後的世界。「你本身或許不會發光，」他曾經這麼不算不友善地對華生說，「但你是傳導光線的人。有些人自己或許不是天才，卻具有能激發其他天才的驚人能力。我親愛的夥伴，我必須承認自己真是拜你所賜。」而他確實拜華生所賜。

偉人不會自滿，簡單來說這就是福爾摩斯的祕訣。他雖然不需要別人為他詳述心智的科學手法（根本是他發明的吧），卻總不斷挑戰自己繼續學習、做得更好、繼續改善、以未曾看過的角度或手法處理案件。有些可從他不斷轉向華生看出：華生會挑戰他、刺激他、強迫他永遠不將自己的卓越能力視為理所當然。有些則從他挑選的案件本身可看出。別忘了，福爾摩斯可不是什麼案子都接，他只挑選讓他感興趣的案子。相當微妙的道德標準。他接案子不僅是為打擊犯罪，更是為了挑戰自己的思考面向。普通常見的罪犯就不用了。

但無論是培養與華生的夥伴關係，或挑選更難更出色而非簡單的案子，要傳達的訊息都相同：持續餵養學習與改善的需求。在《紅圈會》（*The Adventure of the Red Circle*）尾聲，福爾摩斯發現自己竟與葛里森探長一同出現在案發現場，而後者原來也正在調查福爾摩斯於初步任務達成後仍繼續追查的案件。葛里森完全無法理解。「但是，福爾摩斯先生，我想不通的是**你**怎麼會捲入這個案子？」他說。

福爾摩斯的答案很簡單。「學習啊，葛里森，為了學習。還在古老的人生學殿裡追求知識。」第二件犯罪的複雜度與無關程度非但沒有讓他卻步，反而邀請他融入，更進一步學習。

這麼說來也是種習慣，永遠不拒絕更多知識，無論可能有多恐怖或複雜。如福爾摩斯對華生所說，該案是「悲慘與詭異的表率」，因此非常值得進一步追求。

我們也同樣必須抵抗跳過困難案件的衝動，或臣服於知道自己已經破案，達成困難任務的安樂。相反地，我們必須擁抱挑戰，就算反向其實是更容易的路。唯有如此，我們才能終生受益於福爾摩斯思考術的好處。

過度自信的危險

但我們要怎樣確保自己不落入過度自信，忘記要經常挑戰自己的思考模式呢？沒有任何方法是萬無一失。事實上，萬無一失的想法本身便可能害我們犯錯。因為我們已經看不見習慣，不再積極學習，思考問題也不再像先前那樣困難，因此往往容易忘記過程曾經有多麼艱難。我們把所有該珍惜的視為理所當然，以為自己都能掌握了，以為習慣仍舊全神貫注，大腦仍舊積極，心智仍舊經常學習與接受挑戰（特別是當我們已經努力達到這個程度），但其實也只是換成另一組（雖然更好得多）的習慣。這麼做的我們不小心就會淪為兩大成功殺手的獵物：自滿與過度自信。兩者確實是相當強勁的敵人。即便對福爾摩斯來說也是如此。

想想《黃色臉孔》（*The Yellow Face*），少數福爾摩斯推論完全錯誤的案件。故事中名為葛蘭特・蒙羅的男子請福爾摩斯為他找出妻子行為怪異的原因。蒙羅住家附近的小屋最近來了新房客，而且是很奇怪的房客。蒙羅先生瞥到其中一位住戶，「那張臉相當不自然也不像人」。光是看到就讓他背脊發涼。

但比神祕房客更讓他訝異的是妻子對他們到來的反應。她在深夜裡捏造藉口離家，隔天接著造訪小屋，還要先生承諾絕對不會進去裡面找她。她第三度前往小屋時，蒙羅跟在她身後，卻發現屋內空無一人，但在早先看見那張讓人背脊發涼的臉孔所在，找到了一張妻子的照片。

到底是怎麼回事？「想必是勒索，不然就是我錯得離譜，」福爾摩斯宣布。是誰在勒索？「住在唯一舒適的房間，將她的照片擺在壁爐上的生物。聽我的，華生，窗邊那張慘白的臉相當吸引人，我絕不會錯過這個案子。」

華生對這些花絮感到相當有興趣。「所以你推理出來了嗎？」他問。

「是的，暫時有個雛形，」福爾摩斯快速回答。「不過，」他補上，「結果若不是這樣，我才訝異。這位女士的第一任丈夫就在那間小屋裡。」

結果證明這個暫時的推理錯誤。小屋裡的住戶根本不是蒙羅女士的第一任丈夫，而是她女兒，是蒙羅先生與福爾摩斯事前完全不知道其存在的女兒。看來是遭到勒索而付出的錢，其實只是為了讓女兒與保母能從美國來到英國。看來不自然且不像人的臉龐，則是因為真的不自然也不是人，那只是一只面具，用來遮掩小女孩的黑色肌膚。簡而言之，福爾摩斯的推論距離事實甚遠。這麼偉大的偵探怎麼會錯得如此離譜？

我們對於自我及自身技能的自信，讓我們得以超越自身極限，並達成比原本更多的目標，連那些自信稍微不足的人會退縮的模稜兩可案件都敢嘗試。自信有餘一點無妨，一點點超出平均值的感覺對心理健全，甚至是對解決問題的效率都相當有益。更為自信時，還能挑戰原本無法勝任的高階難題。我們會推動自己跨出舒適圈。

但有種現象叫做對自己太過確定：過度自信，自信程度勝過正確程度。也就是我們對自己的能力（或與他人相較的能力）自信到超過現實情況應有的程度。對有效度的幻想越加強烈，照原本方式行事的誘惑也越加誘人。對自我的過多信任會造成不好的結果，例如通常都出奇準確地破案，結果卻錯得離譜：錯把女兒當成丈夫，或慈愛的母親當成遭到勒索的妻子。

再優秀的人也會這樣。事實上正如我先前所暗示，最優秀的人**更常**這樣。研究顯示，過度自信會隨著經驗**增加**，而非減少。現實中瞭解得越多、越好，便越有可能高估自身能力，也低估不可抗力。其中一項研究顯示，擁有併購經驗的執行長會更加過度自信：對交易值的估算過度樂觀（先前交易未曾見過的態度）。另一項研究顯示提撥退休金時，過度自信與年齡及教育程度有相互關係，最為過度自信的提撥者為屆齡退休且教育程度高的男性。維也納大學的研究顯示，直到受試者在實驗市場裡獲得相當經驗前，對該市場的高風險交易普遍**不會**過度自信，獲得經驗後過度自信的程度便大幅增加。此外，前四季營收預測較為準確的分析師在後續營收預測都較不準確，而專業交易員的過度自信程度往往也比學生高。事實上，最能預測過度自信的指標是權力，而權力往往伴隨著時間與經驗而來。

成功最能繁殖過度自信。若我們幾乎都是對的，誰又能說我們不會永遠都是對的？福爾摩斯理當自信。他幾乎永遠都是對的，幾乎永遠比任何人都擅長任何事，無論是思考、破案、拉小提琴或摔角。因此他更該經常淪為過度自信的俘虜。然而，他的救星，或者該說通常扮演他救星的，正是我們上一段探討的：他清楚自己心智成就的陷阱，並透過嚴格遵循指導方針極力對抗陷阱，也瞭解自己必須持續不斷學習。

對生活在故事之外的我們，過度自信依舊相當棘手。只要稍稍降低防備，就像福爾摩斯一樣，我們會慘遭毒手。

過度自信會導致盲視，盲視則進而導致愚蠢的錯誤。我們對自身技能如此著迷，甚至進而懷疑那些經驗會反過來告訴我們不該懷疑的資訊，即便是華生在這裡對我們說所有推理「都只是猜測」的醒目警訊，也會無視而照舊進行。一時之間，我們無視不要搶在事實前推理，不要不自量力，要更深入探討及仔細觀察等已知原則，而讓單純的直覺沖昏了頭。

過度自信會讓人消極的以為自己能力沒有問題，或是眼前發生的情況似曾相識，而沒能展開主動與積極的調查。它也會讓我們誤以為若要成功就必須具備某些要素，但事實上有時我們是在某種條件下才能有所成就。**我技術精熟，因而能一如往常地戰勝情況。全都是因為我的能力，不是因為周遭環境恰好提供了讓我的能力得以發光發熱的舞台。所以我不用調整自己的行為。**

福爾摩斯沒能考量到戲裡未知演員或蒙羅女士生平未知要素存在的可能性，他同樣也沒考量到偽裝的可能性。（這是這位偵探的盲點。若你還記得，他在銀色馬一案中同樣有自信地未考量這個可能性，《歪嘴男子》中也發生同樣情況。）若福爾摩斯有機會跟我們一樣再次閱讀自己的豐功偉業，或許便能得知自己容易犯下這種錯誤。

許多研究都顯示會有這般過程。在其中一項典型研究中，臨床心理師要根據人格側寫給予自信程度判斷。以實際臨床個案分成四段提供報告，要求他們在看完各段後回答一系列患者人格的問題，例如行為模式、興趣及對於生活事件的典型反應。他們必須根據自己的回應評比自己的自信程度。每一段之後才會獲得更多關於個案的背景資料。

心理師瞭解得越多就越有自信，但準確率卻處於停滯。確實只有兩位臨床心理師過度自信（也就是自信程度超越準確率），但整體自信率從起初的百分之三十三提升到後來的百分之五十三，準確率卻徘徊在百分之二十八以下（其中根據既定問題有百分之二十是機運）。

過度自信通常與這類表現有直接關聯，有時也與嚴重判斷錯誤相關。（想像臨床心理師在非實驗場景下過度信任自己，不知錯到什麼程度的判斷。他有可能會尋求第二意見或建議患者這麼做嗎？）過度自信的人會太相信自己的能力，太輕易排除他們無法掌握的影響，也低估他人，最終導致他們做出的事比原本更糟，無論是辦案時犯下愚蠢錯誤或遺漏診斷。

即便在實驗場景外，當事關金錢、事業與個人成就時，也可一再看出相同模式。過度自信的交易員已證明表現會比自信程度較低的同行差，他們的交易量更大，但獲益更低；過度自信的執行長已證明會高估自己公司的價格並延後公開發行，因而導致負面效果，普遍來說他們更有可能推動合併案，而且還是不利自己的合併案。過度自信的經理已證明會損害公司的獲利，過度自信的偵探也已證明會因為過於自得意滿，玷汙原本潔白無瑕的記錄

成就傾向於終結永無止盡學習的必要過程，除非積極且反覆抵抗。勝利最容易導致我們停止以福爾摩斯式思考所必要的方式質疑與挑戰自我。

學習辨識過度自信的跡象

過度自信的最佳良藥或許是知道何時最有可能發生。以福爾摩斯來說，他知道過往成就與經驗多半容易導致思考錯誤。就是這番覺悟讓他能設下主要陷阱捕捉《巴斯克維爾的獵犬》慘案核心的壞人。嫌犯知道福爾摩斯來到現場後，華生擔心對方知道這件事會讓他們更難逮捕到人：「真是遺憾他看到你了，」他對福爾摩斯說。福爾摩斯卻不認為那一定是壞事。「起初我也是，」他回道。但這時他發現知道這件事「或許會導致他立即採取激烈手段。就像多數聰明的罪犯，他可能會對自己的聰敏太有自信，而以為徹底騙倒我們」。

福爾摩斯知道成功的罪犯很容易被自己的成功所誤。他知道要注意認為自己太聰明、低估對手、同時高估自身力量的聰明警訊，進而將這番覺悟多次用於逮捕壞人，不僅是在巴斯克維爾宅邸。

辨識他人的過度自信或導致過度自信的要素是一回事，辨識自己的則又是另一回事，而且難度高多了。因此福爾摩斯在諾布里犯下了愚蠢錯誤。不過，幸好心理學家在辨識過度自信最常潛伏之處已大有斬獲。經常主導的四組情況如下：

第一、過度自信最常見於面對困難時。比方說，必須在無從得知全面事實的情況下對事件加以判斷。這叫做難易效應。我們面對簡單問題往往會自信不足，面對困難問題則過度自信。這表示當所有跡象都指向成功時，我們會低估自己做得好的能力，跡象不那麼樂觀時則會高估，沒能因應外在情況改變而適當調整。以所謂的C50選擇任務（C50 task）為例，每個人得在兩種選擇中抉擇，然後以○．五或一表示對自己所做選擇的信心。研究人員一再發現，隨著判斷難度提升，自信與準確率（亦即過度自信）的差異也越趨明顯。

難易效應盛行的領域為預測未來，任務的難度不在話下（根本是不可能）。然而，這種不可能卻未能讓人放棄嘗試，或不因自身知覺與經驗而變得對自己的預測太有自信。想想股市，要真正預測特定股票走勢根本是不可能的。當然，你或許有經驗，甚至是專業，但也只是在嘗試預測未來。因此，同一批人有時極度成功，有時極度失敗，又有什麼好訝異的呢？越是成功，就越可能將所有成就歸因於自己的能力，而非歸於所有未來預測中必要的運氣。（說實在的，各種賭博與打賭都一樣，但股市就是會讓人容易覺得自己有內行的經驗優勢。）

第二、過度自信會隨著熟悉度增加。我若初次做一件事，可能會很謹慎。但若重複很多次，便越來越有可能相信自己的能力而變得自滿，即便情況會改變（不就是過度自信的驅力嗎？）。面對熟悉的工作，我們多少會覺得安心，認為自己不再如同嘗試新事物或沒見過的東西那樣需要謹慎。蘭格在典型研究中發現，相較於沒碰過的彩券，人在簽熟悉的彩券時多半容易臣服於自己能掌控的幻想（以為自己掌控環境的程度大過實際的過度自信）。

就像我們先前討論過的習慣養成。每重複一件事，就越熟悉，行動變得更自動化，因此也更不會去適當思考或考量自己所做的事。福爾摩斯就不太可能在早期案子中犯下《黃色臉孔》那種錯，這個故事發生在他的事業後期是有原因的，整起案件看似與傳統的勒索案相仿，而他過去已經有過太多類似經驗。福爾摩斯非常瞭解熟悉度會帶來的危險，至少套用在他人身上是如此。在《戴面紗的房客》（*The Adventure of the Veiled Lodger*）中，他描述了一對夫妻餵食獅子太久的經驗。「偵訊時便證實有跡象顯示獅子很危險，但一如往常，熟則生狎，因此沒人在乎這個事實。」福爾摩斯只需將相同邏輯套用於自身。

第三、過度自信會隨著資訊增加。我對某件事瞭解得越多，就越容易認為自己能勝任，就算我的知識並不會真的因為那些額外資訊有什麼顯著長進。這正是先前在臨床心理師判斷個案時所觀察到的相同效應：他們對患者的背景越瞭解，就對自己的診斷越有自信，然而也是越沒有根據的自信。至於福爾摩斯，他前往諾布里時已經掌握無數細節，但所有細節都是透過蒙羅先生的篩選，後者本身根本沒意識到最重要的細節。然而一切看來卻如此可信。福爾摩斯的推論確實涵蓋所有事實，不過是已知事實。但儘管有如此豐富的資訊，福爾摩斯卻沒能顧及這些依舊是**選擇性**資訊的可能性。他任由龐大的資訊淹沒應該會出現的警訊：他還是沒從蒙羅女士那裡獲得任何資訊，而這位主角提供的才最有意義。一如往常，數量不等同品質。

最後，過度自信會隨著行動增加。積極融入的過程中，我們會對自己做的事更加自信。蘭格在另一項典型研究中發現，自行擲硬幣而非看別人擲的受試者，更有自信能正確預測人頭或字，雖然客觀說來機率依舊不變。此外，自行挑選彩券的受試者也比他人為自己挑選彩券的受試者要來得有自信，相信會有好運降臨。在現實世界中這種效應也同樣顯著。再次以交易員為例，交易次數越多，他們對自己成功交易的能力便越有自信，結果往往就是會過度交易，進而拖累先前的表現。

預得警告便可預先戒備，意識到這些要素便有助於與之對抗。這都要回到本章開頭傳達的訊息：我們必須不斷學習。最好就是承認自己也難免跌倒，無論是因為停滯或過度自信，兩者為關係最密切的近相反（我說**近**，是因為過度自信會給人與習慣性停滯相反的活動錯覺，但這種活動並不會真的有實質作用），並且繼續學習。

《黃色臉孔》結束時，福爾摩斯最後對夥伴說：「華生，若以後你再覺得我對自己的能力有些過度自信，或沒能對案子盡到該有的心力，請在我耳邊小聲說『諾布里』，我絕對會非常感激你。」福爾摩斯說得對：他說什麼也不該錯過這個案子。就連最優秀的人（特別是最優秀的人）

也需要他人提醒自己容易犯下的錯，以及刻意犯下過度自信之誤的能力。

好消息來了：繼續學習永遠不嫌晚，就算你已經停止學習

我們以象徵福爾摩斯學無止盡之喜悅的《紅圈會》開始這一章。充滿生生不息的好奇心，以及繼續以難度更高的新案子、新想法挑戰心智之永存渴望的壯業是哪一年？一九〇二年[4]。《黃色臉孔》中福爾摩斯遭遇自信打敗自己所極力主張的學習又是哪一年？一八八八年。我在此提起年代，是為了指出人類心智明顯且絕對重要的要素：我們永遠不會停止學習。那個接下神祕房客案件，結果捲入祕密集會與國際犯罪組織（紅圈會的意義便在於此：有許多惡事相連的義大利祕密犯罪集團）的福爾摩斯，已不再是那個在《黃色臉孔》中犯下如此看似輕率錯誤的福爾摩斯。

福爾摩斯或許有諾布里這種過去，但他選擇從中學習，讓自己成為更好的思考者，永遠都在訓練已經看似敏銳的心智更加超越。無論自己知不知道，我們也永遠不會停止學習。《紅圈會》中的福爾摩斯四十八歲，照傳統標準來看，我們或許會覺得這個時候的他已經無法再有什麼深層改變，至少從大腦基本層面來看不會。直到近年來，普遍仍視二十到三十歲為能產生實質神經改變的最後十年，這時我們的大腦迴路基本上已底定。新證據卻指出完全不同的現實。我們不僅能繼續學習，大腦結構還能繼續以更複雜的方式長期改變與發展，到老了也一樣。

成人在一項研究中接受為期三個月的拋球訓練。他們的大腦與其他未受訓練也不拋球的成人大腦，一同在三個階段接受掃描：訓練開始前、拋球技術已達熟練時（亦即能夠持續拋球至少達六十秒）、已達熟練後三個月，最後這段時間內他們得完全停止拋球。起初兩組人的大腦灰質沒有差別。然而，在拋球受試者技術已達熟練時便有了相當明顯的不同：他們的大腦灰質在雙邊（即雙半球）中顳區與左後側頭頂間溝都增加了，而這兩個區域與處理及保留複雜視覺運動資訊相關。不僅是拋球受試者在學習，他們的大腦也是，而且是在比過去還要更基本的層面學習。

此外，這些神經改變發生的速度會遠比我們過去所意識的快。研究人員花了兩個小時教導一群成人辨識兩組新定義與新命名的顏色，藍色與綠色（他們選取四個視覺上有差但詞彙上沒差的顏色，並擅自指定各顏色名稱），然後觀察到負責調節顏色視覺的視覺皮質區V2／3有灰質增生。不過兩個小時而已，大腦已經證明自己能在更深的結構層接受新資訊與訓練。

就連過去視為年輕人的範疇（學習新語言的能力）也持續在老年後改變大腦樣貌。一群成年人接受為期九個月的現代標準漢語密集課程，過程中左半球語言區域及右半球相對區域的大腦白質（按月測量）逐漸重組，胼胝體膝（前端）也是，這是我們在探討裂腦患者時所碰過聯

4. 所有案件及福爾摩斯的生平年表都出自克林格所出版的《新注版福爾摩斯全集》。

結兩半球的神經纖維網絡。

再想想極端情況下的迴路重組，例如失去視力或某些肢體功能，或者經歷其他身體的劇烈轉變。大腦的整個區域都會重新分派到新任務，以複雜和創新的方式占據遺失機能的該區空間。大腦能夠學習極為神奇的動作。

還不只如此。現在看來，只要應用與練習，就連年長者也能逆轉**已經發生**的認知功能衰退跡象。我這麼強調只是因為興奮。想到就覺得奇妙，即便懶惰了一輩子，只要我們致力並謹記福爾摩斯歷久彌新的教訓，就能實質改變，並逆轉已經造成的損害。

當然，這一切也有缺點。大腦若能終其一生學習，並隨著學習不斷改變，同樣也能忘記所學。想想看：在拋球研究中，到了第三次掃描大腦時，三個月前如此明顯的灰質增生已經大幅減少。那些訓練呢？已經從表現及神經等各層次開始瓦解。這代表了什麼？無論我們是否知道，大腦都在學習。若不強化這些聯結，就會失去。

如果我們選擇這麼做，個人學習或許會停止，大腦的學習卻永無止盡。大腦會持續根據我們決定如何運用而反應。差別不在於學習與否，而是學習的內容與方法。我們可以學習消極、停止、實際上不學習，同樣也可以學習好奇、搜尋、持續教導自己根本不知道自己需要知道的東西。若遵循福爾摩斯的建議，便是教導大腦要積極；若不遵循、滿足了、到了某個程度認為這個程度就夠好了，便是反過來教導大腦要消極。

福爾摩斯延伸閱讀

「這是警察的事了，福爾摩斯先生！」、「當然是為了藝術本身。」——《最後致意》：《紅圈會》（P.1272）

「方便的話請即刻前來。」、「我就是一種習慣，跟小提琴、菸絲、黑色老煙斗及索引書沒兩樣。」——《福爾摩斯回憶錄》：《駝背人》（P.138）

「想必是勒索，不然就是我錯得離譜。」——《福爾摩斯回憶錄》：《黃色臉孔》（P.30）

「就像多數聰明的罪犯，他可能會對自己的聰敏太有自信……」——《巴斯克維爾的獵犬》第十二章：荒野命案（P.121）

第4部
自我知識的科學與藝術

第7章 動態閣樓：拼出全貌

《巴斯克維爾的獵犬》開頭，華生步入貝克街二二一B號客廳，發現某位莫堤默先生留下了一支手杖。他想趁這個機會應用福爾摩斯的方法，看自己能從手杖外觀演繹出這位醫生的什麼事，思緒卻遭他的朋友打斷。

「華生，你看出什麼了？」福爾摩斯問。

華生很驚訝。福爾摩斯一直都背對著他坐在餐桌前，他怎麼會知道華生在做什麼或想什麼？他後腦勺想必是長了眼睛吧。

並不是，福爾摩斯說。「我眼前還有個光亮無瑕的鍍銀咖啡壺。不過，華生，你對我們訪客留下的手杖有什麼想法？」他繼續追問。「讓我聽聽看你如何藉由檢視手杖，重建這位男子的身分。」

華生興致勃勃地接下挑戰，盡力想反映同伴平常的手法。「我認為莫堤默醫生是個成功的年長醫療人員，深受敬重，因為認識他的人為他刻了這個，以示感激，」他開始演繹。「我還認為他很可能是鄉下醫生，經常步行出外診。」

前半段聽起來相當合理。但華生為何會演繹出後半段？「因為這支原本很漂亮的手杖已經磨損不堪，很難想像使用的會是城市醫生。」他說。

福爾摩斯相當滿意。「非常完整！」他驚呼。還有呢？

「而且還有這個『CCH之友』，」華生提起手杖上的刻文。「我猜那應該是某某獵友會，他可能曾為當地獵友會成員動過手術，」他接著說，「因此送了這個給他當謝禮。」

「華生，你真的超越了自己，」福爾摩斯回道。他接著稱讚華生是「傳導光線的人」，能激發天才，最後以「我親愛的夥伴，我必須承認我真是拜你所賜啊」結束歌頌。

華生終於抓到訣竅了嗎？他真的掌握了福爾摩斯的推理過程嗎？他沉浸在受到讚美的喜悅裡好一會兒。但那是直到福爾摩斯自己拿起手杖，接著說確實還有「一兩個跡象」可用來補強演繹的基礎。

「難道我漏了什麼？」華生相當自負地問。「我想應該沒有漏看什麼重要東西吧？」

這可不一定。「我親愛的華生，你的結論恐怕有諸多錯誤，」福爾摩斯說。「當我說你能激發我，其實意思是，注意到你的謬誤之際，偶爾也會將我導向事實。不過你這次不完全是錯的，這位男子確實是鄉下醫生，也大量步行。」

華生把他的話解讀為自己事實上是對的，但僅就觀察到的細節正確而論。若他沒能看出全貌，還會是對的嗎？

福爾摩斯認為不會。比方說，CCH指的比較有可能是查令十字醫院的縮寫，而非當地獵友會，然後從這裡又可衍生出諸多推論。華生很好奇，那會是什麼？

「難道看不出來嗎？」福爾摩斯問。「你懂我的方法，要派上用場啊！」福爾摩斯在這句知名感嘆（也可說是挑戰）後上演自己的邏輯推論，隨著莫堤默醫生本人登場步入尾聲，緊跟在後的則是大偵探方才演繹出其存在的捲毛獵犬。

此段巧妙對話集這整本書所探討的科學思考手法要素之大全，討論如何將思考歷程集結為一體，在該集結可能不足時也可做為近乎理想的起始點。手杖同時說明了如何適當思考與如何沒能適當思考。它代表了理論與實際，學習如何思考，與真正實踐思考之間的關鍵界線。

華生已多次觀察過福爾摩斯演繹，然而要將歷程套用在自己身上時仍舊失敗。為什麼？我們又要如何勝福爾摩斯一籌？

1. 瞭解自己，與自己的環境

我們總要從基礎開始。我們帶了什麼進入情境？如何在觀察歷程根本還沒開始便先行評估現場？

對華生來說，眼前問題從手杖開始：「木頭質地好又結實，柄頭成鱗莖狀，是所謂的『山檳榔木』，」且「正是以前傳統家庭醫生會用的手杖，象徵高尚、穩重、令人心安。」前半段沒問題，就是描述手杖的外觀特質。但仔細看看後半段，真的是觀察，還是比較像推論？

華生才剛開始描述手杖，個人偏誤便已淹沒認知，個人經驗、歷史與看法在不經意間已框住他的思緒。手杖不再只是手杖，而是傳統家庭醫生的手杖，從這裡再衍生出其他特性。華生自此的所有判斷都將因腦海中立即浮現的家庭醫生形象而扭曲，但他完全不會發現。事實上，他甚至沒考慮過CCH可能是某大醫院的縮寫，同為醫生的他更應該要知道，但要是他沒從鄉下醫生那裡開始離題，就不會完全沒想到。

這就是框架或潛意識促因的精華要點。誰知道過程中還會在華生的大腦閣樓角落掀起什麼其他偏誤、刻板印象之類東西呢？他自己一定不會知道。但有件事我們可以確定：任何會影響他最終判斷的捷思（若還記得就是經驗法則），都可能會在這般不假思索的初步評估階段生根。

反過來說，福爾摩斯很清楚在開始將心智潛力發揮至極**之前**還有一個步驟。他不像華生，開始觀察前便已經意識到這個步驟，並且在觀察手杖前便從最初掌握整個歷程。他早在針對相關物件詳細觀察之前，便將華生、手杖等整體情境納入眼底，而且是藉由華生從沒想過的簡單方法：盯著光可鑑人的咖啡壺。有能反射影像的平面可用，便毋須派演繹功力上場，何必無端浪費？

因此我們在不加思考投入前，也必須隨時四處張望有無現成可用的鏡子來探查整體情境，而非讓心智在我們不知情又無法掌控的情況下，輕率莽撞地從閣樓裡隨便亂抓誰知道是什麼的東西。

我們對於環境的評估，視要做出的選擇而代表了不同意義。對福爾摩斯來說是觀察、是房間、是華生的行動，以及唾手可得的咖啡壺。無論是什麼，可以確定的是往下跳之前要先停頓。我們不能忘記要在投入行動，甚至是投入福爾摩斯式思考歷程前先探查環境。停頓與反思畢竟是踏上該歷程的第一步，那是觀察的原點。在開始蒐集細節前，必須先知道將蒐集什麼細節（如果有的話）。

別忘了：明確、全神貫注的動機很重要。非常重要。我們要事先框住目標，讓目標告訴我們該如何進行，告訴我們該如何分配珍貴的認知資源。我們必須想清楚，寫下來，確保目標盡可能清楚明白。福爾摩斯不需要做筆記，沒錯，但我們多數人絕對需要，至少得寫下真正重要的選擇。筆記有助我們在踏上思考之旅前先釐清要點：**我想達成什麼？那對我未來的思考歷程有什麼意義？**不尋找就一定不會找到。想找到就得先知道要去哪裡找。

2. 謹慎熟慮地觀察

華生看著手杖，注意到的是尺寸與分量，同時也注意到傷痕累累的底部，顯示主人經常行走於不平穩的地形。最後他看向刻文CCH，並以此為觀察做結，信心滿滿，絕對沒有漏看任何線索。

福爾摩斯則沒那麼肯定。首先，他對手杖的觀察並不局限於實體物件。畢竟原始目標（歷程第一步要設下的框架）是要瞭解擁有這支手杖的男子。「只有粗心大意的人會在你房裡等了一個小時後，留下他的手杖而非名片。」他對華生說。那是當然：手杖是有人忘記帶走的。華生自然知道這一點，只是沒能真的**知道**。

此外，上面的刻文也為手杖建立自己的背景，也可說是手杖版的主人背景故事。華生對CCH的解讀僅限於自己對鄉下醫生的無意識成見，福爾摩斯卻意識到，必須排除所有先行假設，單就刻文來看，如此一來刻文便能訴說自己的故事。醫生為什麼會收到手杖當禮物？又或者套福爾摩斯的話：「什麼樣的情況下最可能送出這種禮物？朋友什麼時候會聯合向他宣示友好？」這是真正觀察刻文後所得到的起點，毫無偏誤，該起點進而指向謹慎演繹後能得到的背景故事。背景是情境不可或缺的要件，不是什麼隨你要不要的配件。

至於手杖本身，這位好醫生也沒有非常謹慎觀察。首先，他只是瞄了一眼，福爾摩斯卻是「用雙眼檢視了幾分鐘。然後露出好奇表情的他放下香菸，帶著手杖來到窗邊用凸透鏡再檢視一番。」從多方角度與手法近距離細查，當然沒有華生的方法那麼快速，卻更為仔細。雖然如此謹慎或許不表示會發現新細節，但事前誰會知道呢？所以如果真要觀察就不能跳過。（不過，當然了，我們自身的窗戶與凸透鏡或許只是隱喻，仍代表了某種程度上的近距離細查，以及嚴謹地將時間全然用於思考問題。）

華生注意到手杖尺寸及底部磨損，沒錯。他卻沒能看見中段明顯可見的齒痕。手杖上有齒痕？相信這項觀察暗示了狗的存在也絕對不算毫無根據，還是經常咬著手杖跟在主人身後的狗（福爾摩斯確實如此相信）。這也屬於觀察，亦是莫提默醫生完整背景故事的一角。此外，如福爾摩斯向朋友解釋，從齒痕間的空隙可明顯看出狗的嘴巴大小，進而能想像會是什麼品種的狗。這樣當然已經是偷跑開始演繹了，但若沒能認出這些必要細節，並在心裡留意這些細節對整體目標的潛在重要性，就不可能辦得到。

3. 想像：記得索取你或許認為自己不需要的空間

繼觀察之後登場的是稱為想像的創意空間，反思與探索閣樓內外的時間。是先前提過的心智暫歇、三斗煙的問題、小提琴插曲，或歌劇、演奏會、美術館之旅，是散步、是淋浴，是任何能強迫你在繼續邁進前暫時先退出眼前情境的活動。

我們得體諒華生。他並沒有時間休息，福爾摩斯就這麼將他趕鴨子上架，挑戰他採用偵探的手法，看在CCH代表查令十字醫院而非某某獵友會的情況下，他能夠推論出什麼含意。總不能指望華生立刻變出香菸或白蘭地吧。

然而華生可以做些較不極端但更適合這種重要程度遠不及破解整個案子的事。畢竟並非什麼都是三斗煙的問題，或許他的後退可以是種隱喻。心智上拉開距離，好在更短的時間範圍內停頓、反思、重新安排或重新整合。

但華生並沒有這麼做。在福爾摩斯鼓勵他推論後，他根本沒給自己時間思考，就說他只能想到「明顯的結論」，看不出還有什麼東西。

比較華生與福爾摩斯採取的手法。華生直接撲上去：從對手杖分量與形狀的觀察到畫出傳統醫生的形象，從CCH到獵友會，從磨損的金屬箍到鄉下醫生，從查令十字到從城市搬到鄉下，就這樣而已。福爾摩斯從觀察到歸納出結論之間倒是花了點時間。還記得他先是聽華生說，接著檢視手杖，然後再次與華生對話。最後開始列出自己的結論時，他並沒有一次全部列出，反而是問自己可指出許多答案的問題，然後才鎖定單一可能答案。他檢視不同排列組合：莫堤默醫生會是在倫敦知名診所執業嗎？還是住院外科醫生？住院內科醫生？高年級學生？然後考量在顧及所有觀察下哪一種最有可能。他並不演繹，而是反思，並把玩各種選項。提問，然後考量。唯有在這**之後**，他才會開始歸納結論。

4. 演繹：僅就自身觀察，絕不超過

如果你是華生：從手杖到「成功的年長醫療人員，深受敬重」、「鄉下醫生，經常步行出外

診」，並曾為當地獵友會成員「動過手術」（因而獲贈該手杖）。如果你是福爾摩斯：從同一支手杖到查令十字醫院前「住院外科醫生或住院內科醫生」，是「未滿三十、友善、胸無大志、粗心大意的年輕小伙子，還養了愛狗」（不，是捲毛獵犬），離開查令十字轉往鄉下執業時獲贈該手杖。相同起點，完全不同的演繹結果（唯一交集是大量步行的鄉下醫生）。兩個人面對一模一樣的問題，怎會有如此不同的結論？

華生正確演繹出兩個答案：手杖主人是鄉下醫生，這位醫生多半步行出外診。但為何年長及深受敬重？這個盡責盡力的家庭醫生形象從何而來？可不是源於實際觀察，而是華生的心智捏造出來的，因為他對手杖的立即反應正是「以前傳統家庭醫生會用的手杖，象徵高尚、穩重與令人心安」。

手杖本身除了結實什麼都不是，就只是帶有特定跡象的物件，但在華生眼裡立即有了故事。手杖讓他想起與眼前案件無關的回憶，散落閣樓裡的家具因某種華生自己也沒意識到的聯結記憶歷程而活化。當地獵友會也是。華生如此專注於想像穩重高尚的鄉下醫生，以至於對他來說唯一合理解釋是手杖為獵友會贈禮，想當然耳是因為莫堤默醫生曾為其成員動手術。華生的這些演繹過程並沒有任何合乎邏輯的可靠步驟，而是源於自己的選擇性注意力，以及想像中的醫生形象。身為令人心安且年長的愛家男人，莫堤默醫生想當然耳會是當地獵友會成員，且隨時樂於幫忙。動手術？當然啦，擁有這番成就的高尚人士顯然必定是外科醫生。

華生完全沒注意到莫堤默名字後面緊接的M.R.C.S.，皇家外科學院院士（稍後這位主角自己會指出該縮寫，要福爾摩斯別稱他為醫生：「先生，叫我先生就好，我只是個M.R.C.S.。」）這個附加條件辜負了華生過度活躍的心智為莫堤默假設的成就。而且正如我們討論過，他也沒注意到手杖是遭人遺忘在客廳，連張名片都沒留下。在這一點上，他的記憶就跟注意力一樣粗心大意且有選擇性：畢竟他一開始看手杖時確實讀到了M.R.C.S，只是遭到隨後心智根據手杖性質自行提供的細節淹沒。他起初也確實發現手杖是主人前一天傍晚留下的，但心智同樣也沒列入觀察或值得注意的事實。

相較之下，福爾摩斯的版本則採取完全不同的思考歷程，清楚意識到自己及其資訊的歷程，致力容納所有證據而非選擇性片段，並將證據視為整體運用，而非僅著重於特定片段，為其增豔，其他則相形失色。

首先是男子的年紀。「你會觀察到，」在說服醫生夥伴CCH更有可能代表查令十字醫院而非獵友會後（主角畢竟是**醫生**，收到來自醫院的贈禮不是比獵友會更合理嗎？以現有客觀資訊而非任何主觀版本來看，到底是醫院還是獵友會比較合理？）他對華生說：「他應該不會是醫院管理階層，唯有在倫敦執業有成的人才能擔任這種職位，而這種人不會下鄉。」（當然，根據手杖上華生如此熱切留意並掌握的跡象顯示，主角確實下鄉去了。）很合理。事業有成的管理階層不會就這麼放棄一切離開，除非發生了無法預料的事。但手杖提供的證據無法看出這類事件，因此以現有證據來看毋須考慮這個解釋（確實，若真考慮了，便必犯下華生所犯的謬誤，自行創造醫生的背景，由心智而非客觀觀察敘事）。

那是誰？福爾摩斯推論：「若他在醫院工作卻不是管理階層，那不是住院外科醫生就是住院內科醫生，比高年級生再資深一點。五年前離開醫院，手杖上顯示了日期。」因此是「未滿三十的年輕小伙子」，相對於華生的中年醫生。還要注意，雖然福爾摩斯相當確定主角年齡，畢竟已刪除前項論點的所有選項，直到最後只剩一個合理年齡。（別忘了：「也可能還剩下好幾種解釋，那就反覆一一測試，直到其中一個的證據數量足以令人信服。」）他並**沒有**像華生那樣進而認定主角是外科醫生，他也有可能是內科醫生。沒有證據指向任何一方，福爾摩斯也僅就證據所及推論。演繹不足跟超過，一樣都是謬誤。

男子的性格呢？「至於形容詞，」福爾摩斯說，「若我記得沒錯，我說是友善、胸無大志與粗心大意。」（他記得沒錯。）他怎麼可能演繹出這些特質？事實證明當然與華生演繹出自己一套特質的粗心大意方法不同。「根據我自己的經驗，」福爾摩斯說，「世上只有友善的人會受到如此表揚，唯有胸無大志的人會放棄在倫敦執業跑去鄉下，也唯有粗心大意的人會在你的房裡等了一個小時，結果留下手杖而非名片。」每項特質都直接出自福爾摩斯早先的一項觀察（僅短短幾分鐘的想像時空篩選）。

從客觀事實，到考量多種可能性，到縮小範圍，再到最有可能的選項。沒有額外細節，沒有過於樂意的想像自行填空，是科學演繹的最佳示範。

最後，福爾摩斯為什麼要給莫提默醫生一隻狗，而且還是特定品種？我們已經討論過華生漏看的齒痕。那是相當明確的齒痕，又或者該說有明確的間距，「在我看來，太寬不像㹴犬，但又沒有獒犬那麼寬。」照這番邏輯繼續下去，福爾摩斯大可能自己推論出是捲毛獵犬，但他沒有這個機會，因為此時這隻狗也隨著主人出現了。大偵探的推論到此結束。但是一路下來都很清楚不是嗎？是否讓你想說：**很基本？我自己怎麼會沒看出來？**最佳演繹當然就是要有這種效果。

5. 學習：從失敗一如從成功中取得教訓

觀察華生在這次案件中的謬誤，讓福爾摩斯更加瞭解思考歷程的陷阱、容易偏離軌道的時刻，以及錯誤路徑通常會朝哪個方向走。這次邂逅讓他卸下對典型的刻板印象，與不當初步框架對後續推論造成的壓倒性影響，以及未能全盤考量而著重於最明顯或輕易可得的觀察所導致的錯誤。他當然早就知道這些了，但每一回都像是以不同情境再次提醒，再次加強，再次體現，以確保他的知識保持新鮮。

華生若仔細注意應該會有相同收穫，從福爾摩斯的修正中學習辨識出錯的時刻，學習下次如何更能走上對的路。可惜他選了另一條路，反而著重於福爾摩斯說他「不完全是錯的，這位男子確實是鄉下醫生，也大量步行」。華生不設法瞭解到底為什麼能正確演繹出兩個細節，其他卻全錯，而是說「那我是對的」，放棄學習的機會，再次選擇性地著重於輕易可得的觀察。

學習當然很好，但必須反覆從理論跨入實用，以免積滿灰塵，散發出閣樓門戶緊閉多年的陳腐惡臭。

每當那股輕鬆行事的衝動興起，就該想起《恐怖谷》裡生鏽刀片的畫面：「一連數個毫無結果的星期過去，如今終於有個適當目標讓那些驚人能力得以發揮，這些能力就像特殊天賦，沒有使用時會招主人厭倦。大腦刀片因閒置而鈍化生鏽。」想像那把生鏽鈍化的刀片，噁心橘色鏽斑片片剝落，汙垢與腐鏽如此清楚易見，讓你根本不想伸手將它從閒置處移走。要記得，就算一切看來都很美好，沒有什麼重大決定得下或思緒得思考，依舊要使用那刀片。即便不重要的事也要運用心智，才能為重要事情保持心智犀利。

是寫日記的時候了

我們先暫別莫堤默醫生。我有位好友（就叫她艾美）長期飽受偏頭痛折磨。原本好好的，偏頭痛便會突然襲來。她一度以為自己將不久於人世，還曾經以為是感染了那陣子流行的諾羅病毒。她花了好幾年的時間學會辨識初步症狀，才能在我就要死了／我得了嚴重的腸胃型感冒的恐慌浮現前，衝向最近的昏暗室內，注射一劑偏頭痛藥物英明格（Imitrex）。後來她多少能應付了。只不過，當一星期內多次偏頭痛發作，持續不斷的疼痛害她工作、寫作、任何事的進度都落後；或是在沒有昏暗室內或藥物可仰賴時頭痛襲來，她也只能硬撐下去。

一年多前艾美換了家庭醫生。在認識彼此的閒聊過程中，她一如往常地抱怨偏頭痛。但這位醫生並不像她前幾位醫生那樣只是同情地點點頭，然後開更多英明格給她，而是問了她：是否為偏頭痛寫過日記？

艾美無法理解。難道是要她從偏頭痛的觀點來寫嗎？設法超越疼痛，為後代描述她的症狀？不是，要做的簡單多了。醫生給了她一疊預先印好的表格，有開始／結束時間、警訊、睡眠時數、當天飲食等欄位。每當艾美偏頭痛發作，事後就要盡可能填寫表格。她要不間斷地填寫，直到有十幾次的記錄。

事後艾美打電話跟我說她對新醫生採用方式的看法：這份作業真是太荒謬了。她知道自己偏頭痛的原因，並自信十足地對我說，就是壓力與天氣變化。不過她說還是會試試看，儘管不甚同意但反正好笑。我也跟著她一起大笑。

若不是結果讓我們倆都很驚訝，我也不會分享這段故事。咖啡因曾導致妳偏頭痛嗎？初次對話時醫生曾問艾美。酒精呢？艾美都相當肯定地搖頭。絕對沒有，完全沒有關聯。不過偏頭痛日記可不是這麼說。發作前的飲食清單中幾乎總是有濃紅茶，特別若是當天飲用時間稍晚。喝超過一杯葡萄酒也常是偏頭痛的禍首。睡眠時數？那應該不重要吧。但其實很重要。感覺自己行動困難的日子裡，她記下的睡眠時數往往比平常少。乳酪（乳酪？真的假的？）也在飲食清單上。當然她也是對的，壓力與天氣變化絕對會引發偏頭痛。

只不過艾美並非完全正確。她就跟華生一樣堅持自己是對的，但其實也就「僅限於此」。她只是從沒注意過其他原因，因為這兩個起因如此醒目。她當然也從沒推論出那些事後看來相當明顯的關聯。

瞭解當然只是抗戰的一種方法。艾美偏頭痛發作的頻率還是超出理想，但至少她能比過去更有效地控制某些誘因。她也能更早發現症狀，特別是當她做了什麼明知不該做的事，例如享受葡萄酒**還配**乳酪……還還在雨天。這樣有時她便能在真正開始偏頭痛前先用藥，至少暫時算她贏。

不是所有人都會偏頭痛。但大家每天都會做選擇與決定，詳加思考問題與兩難。因此，為加速學習並協助我們整合福爾摩斯如此大方示範的所有步驟，我建議：為決定寫日記。我說的不是什麼隱喻，而是實際真正記錄下來，就像艾美記錄她的偏頭痛與誘因。

當我們做出決定、解決問題或歸納結論時，可以把過程記錄於同一處。將所有觀察記錄在這裡，確保時候到了我們能記住；同時也可記下我們的思緒、推論、所有疑問，以及引起我們興趣的事。但我們還可以更進一步，記下最後做的事。是否有任何疑慮，有所保留，或考慮過其他選項（在任何情況下最好都能明確寫出是什麼）。然後我們可以回顧每次記錄，記下進行得如何。**我當時開心嗎？是否希望當初不要做什麼就好了？有什麼是回過頭看來很明顯，但當初不是的？**

至於我們沒能記下觀察或列出清單的決定，仍然可以盡量寫下當初腦子裡的想法。**我當時在考慮什麼？我依據什麼做了決定？當下我的心情如何？情境如何？（我是否壓力大？情緒化？懶惰？當天一切如常與否？有沒有任何特別之處，是什麼？）若有的話，還有哪些人涉入？代價為何？我的目標、我的初步動機為何？我是否達成最初的目標？是否受到干擾？**換句話說，我們應該要盡可能記下思考歷程及結果。

等集到十來份（或更多）記錄，便可開始閱讀回顧。我們能夠一口氣看完所有記錄，所有不相干議題從頭到尾的全部思緒。很可能與艾美重讀自己偏頭痛記錄時所看到的一模一樣：我們會犯下同樣的習慣錯誤，以同樣習慣的方式思考，容易反覆受到相同情境暗示影響。我們會發現自己從沒真正看出那些習慣模式，就像福爾摩斯從沒意識到自己有多不相信他人偽裝的能力。

寫下你認為自己瞭若指掌的東西，追蹤你認為毋須追蹤的步驟，確實會是極度實用的習慣，就連對專家中的專家來說也是如此。二〇〇六年，一組醫生發表了突破性的研究結果：他們成功在三個月內將密西根州加護病房內的導管相關血流感染率，從中位數每千位患者二．七位降到零。導管相關的血流感染是相當昂貴且可能致命的現象，估計每年平均發生八萬起案例（死亡案例高達兩萬八千件），每位患者的成本是四萬五千美元。在十六及十八個月後，每千位患者的平均感染率已經從七．七位基線降到一．四位。怎麼做到的？這些醫生難道發現了什麼神奇的新技巧？

其實他們做的非常簡單，許多醫生甚至認為那是瞧不起他們的專業。那群醫生開始強制實行核對清單。清單上只有五項，諸如插入導管前要先洗手，確定清潔患者肌膚等簡單程序。這麼基本的事應該毋須提醒了吧。然而有了這些提醒後，感染率快速下降至近乎於零。（想想必然的含意：推行清單前，有些如此明顯的事根本沒落實，或是沒有規律落實。）

顯然無論我們有多專精，只要做事心不在焉，就連最簡單的要素都會忘記，無論想成功的動機有多強烈。只要能在那瞬間引發全神貫注反思，無論是核對清單或完全不同的東西，都對我們維持與當初來到這裡所需之同等高度專業技能，以及成就的能力有深遠影響。

人類的適應力非常驚人。正如我一再強調，人類大腦迴路能夠反覆改變，直至老年，同時觸發的細胞會屬於同一迴路。若開始以不同組合觸發，只要重複次數夠多也會改變迴路。

我之所以一再強調練習的重要性，是因為唯有練習，能讓我們將福爾摩斯的方法應用於現實生活，應用於遠比任何逼真思緒實驗還要情緒化的情境。我們必須為這種情緒化時刻、為情況對自己最為不利的時候訓練心智。我們很容易忘記，在時間有限或面臨壓力的情況下，心智奔向熟悉途徑的速度有多快。但我們自己必須決定，那到底會是什麼樣的途徑。

要在最為重要時刻採用福爾摩斯的推理方法相當困難。因此我們只能不斷練習，直到已經養成習慣，連最嚴重的壓力源也能激發出我們努力駕馭的思考模式。

福爾摩斯延伸閱讀

「你懂我的方法，要派上用場啊！」、「華生，你看出什麼了？」——《巴斯克維爾的獵犬》第一章：夏洛克．福爾摩斯先生（P.5）

「我若要接下案子就要瞭解所有細節。」——《最後致意》：《紅圈會》（P.1272）

「大腦刀片因閒置而鈍化生鏽。」——《恐怖谷》第二章：夏洛克．福爾摩斯先生如是說（P.11）

第8章　人非聖賢

一九二〇年五月某天早上，愛德華・加德納（Edward Gardner）收到朋友寄來的信，裡面有兩張照片。其中一張有一群看來像小仙子的生物沿著溪水邊跳舞，旁邊的小女孩則望向前方；另一張照片裡有個長了翅膀的生物（他想可能是地精吧），坐在靠近女孩伸出的手邊。

加德納是神智學者，相信透過靈魂出竅、直觀或特殊個人關係（融合東方輪迴轉世與靈魂出竅之可能性概念，相當熱門）獲得神的智慧。仙子與地精似乎與他在書本之外所經歷的現實世界相差甚遠，換做其他人可能大笑後便把照片跟信拋到一邊，但他願意更深入瞭解。於是他回信給朋友：能否取得原始負片？

底片送來後，加德納立即送去給傑出的攝影專家哈洛德・史奈林先生（Harold Snelling）。據說任何造假都逃不過史奈林的法眼。夏日緩緩接近，加德納等待著專家的鑑定。那些照片有沒有可能不

是巧妙造假？

七月底，加德納終於得到答案：「這兩張底片，」史奈林的信裡寫道，「是完全真實未造假的單次曝光照片，於戶外拍攝，仙子模樣的人像還會移動，也看不出任何卡片或剪紙模型、深色背景、繪製人像等後製痕跡。我認為這兩張都是未經修飾造假的照片。」

加德納樂極了。但不是每個人都相信，整件事看來根本不可信。不過，有一個人認為此事足以深入探討：柯南・道爾爵士。

柯南・道爾相當謹慎仔細，至少他將自己筆下主角的手法牢記於心。因此尋求進一步確認，這次找上的是攝影界絕無爭議的權威：柯達。用來拍攝這批照片的相機也剛好由柯達製造。

柯達拒絕正式背書。專家陳述：照片確實為單次曝光，也看不出任何外顯造假跡象，不過談到真實性就有點誇大了。即便沒有外顯跡象，照片也**可能**造假，畢竟說到底花仙子根本不存在。因此，照片不可能是真的。

柯南・道爾將最後一段視為邏輯有誤而排除，根本是所謂的循環論證。然而其他陳述則相當合理。沒有造假跡象，單次曝光，再加上史奈林的背書，確實格外令人信服。柯達提出的唯一負面結果就只是推測，那還有誰比創造福爾摩斯的人更懂得不要將猜測納入考量呢？

但最後還有一項證據得確認：照片裡的女孩呢？她們能夠提供什麼樣的支持或不利的證據？可惜柯南・道爾爵士必須前往澳洲無法延後行程，因此他請加德納代他前往照片現場，名為科丁利的西約克郡小鎮，訪問那一家人。

一九二〇年八月，加德納初次見到艾西．萊特（Elsie Wright）與小她六歲的表妹法蘭西絲．格瑞費斯（Frances Griffiths）。她們告訴他，照片是她們三年前拍的，當時艾西十六歲，法蘭西絲十歲。她們說父母不相信溪邊有花仙子，於是兩人決定要拍下來。這些照片就是結果。

兩位女孩看在加德納眼裡相當樸實誠懇。畢竟兩人都是很有家教的鄉下女孩，還拒絕任何照片酬金，因此這麼做也不太可能是為了個人利益。她們甚至要求公開照片時不要提及兩人的名字。雖然萊特先生（艾西的父親）仍不相信那些照片，說只是小孩子惡作劇，加德納卻深信照片是真的：花仙子是真的。兩位女孩沒有騙人。回到倫敦後，他將甚為滿意的報告寄給柯南．道爾。截至目前為止證據都連貫一致。

但柯南．道爾仍舊覺得需要更多證明，畢竟科學實驗要能複製結果才算有效。因此，加德納再次來到鄉下，這次還帶了兩台相機與二十四張標記過的負片，負片若是被換掉一定會被發現。他把這些東西留給兩位女孩，要她們再拍一次花仙子，最好是選光線良好的大晴天。

她們沒讓他失望。初秋，他又收到了三張照片。照片上有花仙子，負片也是他當初提供的負片。找不到任何動過手腳的證據。

柯南．道爾相信了。專家也同意（雖然其中一方拒絕正式背書）。複製過程非常順利，兩位女孩看來真誠可靠。

十二月，福爾摩斯的知名創造者將原始照片連同確認過程刊登於《濱海雜誌》（*The Strand Magazine*），也就是福爾摩斯最初問世的刊物。當時的文章標題是：〈拍下花仙子：劃時代事件〉（Fairies Photographed: An Epoch-Making Event）。兩年後，他出版了《花仙子到來》（*The Coming of the Fairies*）一書，書中詳述他的初步調查，另外還有超感視覺者傑弗瑞·霍德森（Geoffrey Hodson）證實花仙子存在。柯南·道爾已經決定了，他不打算改變主意。

柯南·道爾是如何沒能通過福爾摩斯式思考的測驗？是什麼讓如此聰明的人只因專家斷言花仙子照片沒有造假，便斷定花仙子真實存在？

柯南·道爾爵士花了這麼多力氣確認照片是否為真，以致從沒停下來問最為明顯的問題：質疑照片是否為真的同時，怎麼都沒人問捏造花仙子本身是否比較容易？十歲與十六歲女孩能捏造出足以混淆專家視聽的照片，這一點似乎不太可信，這個推論我們大致能接受，但捏造花仙子呢？仔細看看前幾頁的照片。事後看來似乎很明顯不可能是真的。你覺得那些花仙子看起來有生命嗎？還是比較像巧妙陳列的剪紙模型？為什麼對比如此強烈？為什麼翅膀都沒在動？為什麼沒人陪兩位女孩親眼見證花仙子？

柯南·道爾可以（也應該）更深入調查這兩位女孩子。要是他曾這麼做，便會發現年輕的艾西頗有藝術天分，剛好在攝影工作室任職。還可能會發現有本出版於一九一五年的書，書中圖片與原始照片上出現的花仙子出奇相似。

福爾摩斯就絕對不會這麼容易相信花仙子的照片。花仙子會不會也有人類代理，協助他們出現於相機前，小心帶出他們的存在？這會是他的第一個問題。不可信的並非不可能，但會需要背負相當的舉證責任。顯然那正是柯南．道爾爵士沒能提供的。為什麼？正如我們即將瞭解，如果真的很想相信，好奇存疑的程度會大幅降低，不多加細查便宣布證據過關；但若是我們**不**想相信的現象便絕非如此。換句話說，就是不需要那麼勞師動眾或勤奮的求證。對柯南．道爾來說，花仙子的存在正是如此，

下決定時，我們會以當下現有的知識背景來決定，而非回顧過去的。在那樣的情況下，確實難以平衡必要的思想開明及**以當時背景來看**所謂的理性。我們也可能受騙，相信花仙子（或我們自己的花仙子）是真的。只要有對的環境與對的動機即可。急於評斷柯南．道爾的愚蠢前先想想這一點（希望這章結束前你就會更傾向不這麼做）。

囚禁於自己的知識與動機

閉上眼睛想像老虎躺在綠地上晒太陽，舔著腳掌，伸個懶腰翻身，四腳朝天。旁邊一陣騷動。應該只是風吹過，但老虎變得緊繃。他瞬間四肢著地拱起背，頭往後縮進兩肩之間。

看見老虎了嗎？長什麼模樣？毛是什麼顏色？有條紋嗎？條紋是什麼顏色？眼睛呢？臉呢（有鬍鬚嗎）？毛皮質地呢？張嘴時有沒有看到老虎的牙齒？

若你與多數人相同，你想像的老虎應該是橘色系，臉龐輪廓與鬢角帶有深黑色條紋。或許你還記得要在臉上、下腹部、腳爪前端及脖子根部加上特有的白色斑點。或許沒有，所以你的老虎相較於其他同類是單一色系。或許你的老虎有著黑色眼睛，或許是藍的。兩種都很有可能。或許你想像老虎露出門齒，或許沒有。

但有一項細節幾乎大家都相同：你想像的老虎毛色，主要是看來介於火焰與糖蜜之間的焦橘紅，**不會**是其他顏色。可能不會是稀有白虎，牠身上的白色毛皮源於發生率極低的雙隱性基因，專家估計在野生老虎身上自然發生的機率是萬分之一，看來就像白子。（但其實根本不是白子。這種症狀叫做**白變**，會導致所有色素還原，不只是黑色素。）也不太可能是黑色老虎，又稱為黑虎。沒有條紋，沒有漸層，純深黑色皮毛的特定毛色，是因為多型性導致的非灰色突變（基本上，灰色基因決定了毛色是否按一般程序為每根毛上色而呈現條紋，非灰色基因則為純色）。兩者都不常見，似乎都不是聽到**老虎**時會想到的典型模樣。然而三者都屬於相同虎種。

再閉上眼睛想像另一種動物：擬態章魚。棲於海底地面，離珊瑚礁不遠。水色霧藍，附近有魚群經過。

卡住了嗎？幫你一把。這隻章魚高約六十公分，平常身上有棕色與白色條紋或斑點，但沒有時就沒有。因為擬態章魚能模擬超過十五種不同的海洋生物樣貌，可以長得像《獅鬃毛》裡當著摸不著頭緒的福爾摩斯面前奪取無數條性命的水母，也可以變身成為斑紋海蛇、葉狀鰈魚，或形似長有人腿的毛茸茸火雞。還可以瞬間變換色彩、大小與圖案。換句話說，很難以任何單一面貌想像。牠同時是無數種動物，你也無法在當下確切指出是哪一種。

再來我還要告訴你一件事。上述段落中所提到的動物，有一種事實上並不存在。或許有天會成真，但截至目前為止僅屬傳說。你覺得是哪一種？橘色老虎？白色老虎？黑色老虎？擬態章魚？

答案來了：黑色老虎。雖然基因排序聽來像真的，我們對老虎遺傳模式與基因組的瞭解，看來理論上也證明是可能的，卻從來沒人見過真正的黑虎。曾有宣稱是黑虎的案例，有條紋密度高到讓人以為是黑化的偽黑化案例，也曾有帶深色條紋的棕色老虎。最常混淆的案例是有人找到黑虎卻發現是黑豹，從來不曾有過真正的黑虎，沒有任何確認證實的案例。從來沒有。

你很可能輕易相信了黑虎的存在。數世紀以來都有人非常希望牠能存在。緬甸傳說裡的陰暗猛獸，曾是諸多懸賞的目標，爪哇王還曾送了一頭給拿破崙（可惜又是黑豹）。黑虎的存在很合理，符合一般我們認為是真實動物的模式。說到底，為何不呢？

相反的，擬態章魚不久前還真的只是傳說。直到一九九八年才由一群漁民在印尼沿岸發現。當時的報告非常奇特，怎麼看都不像真的，科學家半信半疑的看了數小時影片才終於相信真有此生物。畢竟動物王國裡雖然常見擬態，卻不曾有過任何單一品種能夠採取**多種**偽裝，也不曾有過任何章魚真能變成另一種動物的外貌。

重點在於我們很容易誤信看似科學的內容，以為假的是真的。看到的數據越多，細節越多，讀到越多**黑化**而非**全黑**，**灰色**與**非灰色**而非**斑紋**或**純色**，**突變**、**多型性**、**對偶基因**、**遺傳學**等艱澀的科學字眼不斷堆砌，我們就越有可能相信形容的主體真實存在。反過來看，只因為聽起來不像真的、太誇張、不和諧，從沒人看過或甚至沒想過可能存在的，便很容易相信絕對不存在。

想像那些花仙子照片換成小女孩與從沒見過的昆蟲品種。比方說，若照片中女孩子接觸的變成左下角這張圖上的生物。

一條迷你龍，同樣不遜色。（其實是蘇門答臘飛蜥，為印尼原生種。但是柯南・道爾時代的英格蘭人會知道嗎？）或是右邊那張圖。

出自神祕想像深處的生物，或許源於某個恐怖故事吧。但牠真的存在嗎？（事實上，星鼻鼴鼠出沒於加拿大東部。在沒有網路前都鮮為人知了，

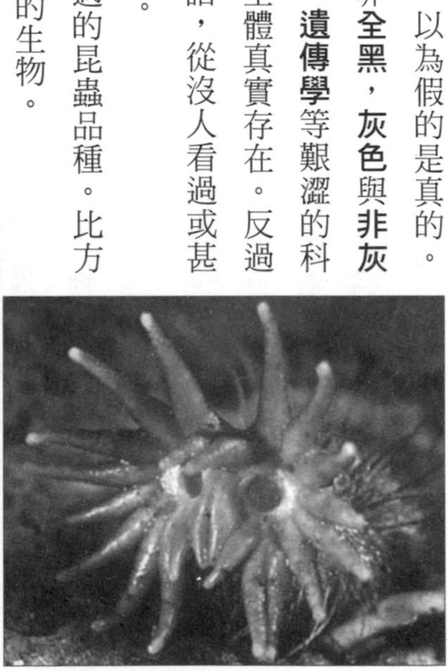

更遑論維多利亞時期。）

甚至是任何幾十年前還是陌生稀奇的動物，有些至今仍讓人感到陌生。這類動物是否也會涉及同等舉證責任，還是照片中沒有明顯造假便足夠了？

我們所相信的世界不斷改變，我們為接受某事為事實所要求的舉證責任也是。這些信念與大腦閣樓裡的資訊並不相同，也不是純粹觀察，但仍會影響解決問題歷程的所有步驟。相信可能或似真的東西，會塑造我們如何規劃或調查問題的基本假設。正如稍後會看到的，柯南・道爾本來就傾向於相信仙子存在，他希望仙子是真的。這種傾向進而塑造他對花仙子照片的直覺，導致他無法看穿照片，儘管他自以為非常嚴謹地證明了照片真實性。

直覺會曲解我們詮釋資料的方式。某些東西「看似」比其他東西還要像真的，反過來說，也有些東西就是「不合理」，無論有多少佐證。又是確認偏誤（還包含許多其他偏誤：效度與理解的錯覺、小數法則、基準點與代表性合而為一）作祟。

心理學家強納森・海德特（Jonathan Haidt）在《好人總是自以為是》（*The Righteous Mind*）一書中概述了這種兩難：「我們非常不善於尋找挑戰自我信念的證據，但其他人會幫我們這個忙，就像我們善於從他人信念中挑錯。」大多數人都很容易發現花仙子的錯誤，因為我們對於花仙子存在的可能性沒有情感糾葛。但如果是與自己切身相關，攸關個人聲譽的事，還會這麼容易嗎？

我們很容易向心智陳述什麼是「是」，也同樣容易向心智陳述什麼「不是」。都跟動機有關。儘管如此，我們可能還是覺得花仙子跟擬態章魚這種來自深海的生物差了十萬八千里，無論有多難想像這種生物的存在。畢竟我們知道章魚是存在的，我知道每天都會發現新品種生物，知道有些或許看來就是古怪。反過來說，花仙子則挑戰了我們對這世界的所有理性理解。背景脈絡就在這時派上用場。

魯莽的心智？

柯南．道爾認證花仙子照片時並不算魯莽。沒錯，他沒能取得自己無疑會要求筆下偵探蒐集的精密證據。（大家不要忘了，柯南．道爾爵士在這方面絕不偷懶。若你還記得，他在為伊道吉與斯雷特兩位遭誣控謀殺的嫌犯洗清罪名時可是幫了大忙。）但他找了自己所知道最好的攝影專家，也盡量設法複製。而且要認為兩個十歲與十六歲的女孩不具備負片造假的專業技術並不難吧？

若以柯南．道爾及同時代人的眼光來看那些照片，便更能清楚瞭解他的動機。要知道那是在數位相機、photoshop 及無限編輯出現的時代前，現在任何人都能創造出任何想像中的產物，也會比花仙子照片都還要能取信於人。但攝影在當時是相當新穎的藝術，費力、耗時、技術困難，不是隨便什麼人都能做得到，更遑論要能熟練操作到取信於人。現在看那些照片，角度會與一九二〇年的人相當不同。現在的標準不同。我們看著不同的範例長大。照片曾經是最為可信的證據，因為拍攝與修改都很困難。現在回頭看，實在很難體會時代是經歷了如何的變遷，當時的世界又曾是怎樣的面貌。

但科丁利花仙子仍面臨了最主要的限制，對柯南．道爾的名譽來說則是無法克服的限制。花仙子不存在，也無法存在。就像柯達員工對柯南．道爾說的：證據**不重要**，不管是什麼證據。花仙子就是想像而非現實的生物。到此為止。

我們對現實中什麼是可能或不可能的看法，會影響自己對相同證據的認知。但這個看法會隨時間改變，因此一度看似毫無意義的證據也可能變得意義非凡。想想曾有多少概念初次提出時看似怪異，看似不可能是真的：地球是圓的；地球繞太陽而轉；整個宇宙幾乎是由看不見的黑色物質與能量所構成。也別忘了隨著柯南．道爾老去，世界上**確實**不斷發生許多神奇的事：發明 X 光（當時又稱為倫琴射線），發現細菌、微生物、放射線，全都從看不見因此不存在變成明顯可見。過去看不見因此沒人想過存在的東西，其實真實存在。

在這樣的背景下，柯南．道爾成為唯靈論者並不瘋狂吧？他在一九一八年正式擁抱唯靈論時，並非只有他才信奉此種理論（他稱為「知識」）。唯靈論雖然不曾是主流，卻在世界各地都有知名的擁護者。以詹姆斯為例，他認為心理學這門新學科必須測試心理研究的可能性：「到目前為止，科學仍甚少探究與『靈魂』相關的證據。我深信，未來的世代唯有透過探索這些證據，方能獲得最偉大的科學成就。」他認為二十世紀知識的未來在於靈魂。這不僅是心理學的未來方向，也是所有科學成就的未來方向。

這番話出自大家視為現代心理學之父的人，更別提還有其他心理學界響噹噹的大名。發表著作對比較神經學影響深遠的生理學暨比較解剖學家威廉・卡本特（William B. Carpenter）；知名天文學暨數學家賽門・紐康（Simon Newcomb）；與達爾文同時發表進化論的博物學家亞爾佛德・羅素・華萊士（Alfred Russel Wallace）；發現新元素及研究元素新方法的化學暨物理學家威廉・克魯克斯（William Crookes）；密切參與無線電報的物理學家奧利弗・羅奇（Oliver Lodge）；心理學研究中最為精密的科學領域心理物理學創辦人，心理學家古斯塔夫・西奧多・費希納（Gustav Theodor Fechner）；因過敏反應研究獲得諾貝爾獎的生理學家查爾斯・里歇（Charles Richet）等族繁不及備載。

時至今日我們有進步多少嗎？截至二〇〇四年，美國仍有百分之七十八的人相信天使。說到這類靈性領域，想想以下案例。現代心理學先驅達洛・班姆（Daryl Bem），主張我們感知自身心理、情緒狀態的方法跟對他人的一樣，都是透過觀察生理跡象，並因此而聞名；二〇一一年，他在該領域最受尊敬且影響深遠的刊物《人格與社會心理學期刊》（*Journal of Personality and Social Psychology*）上發表文章。文章標題：〈超感知覺（又稱超能力）存在的證明〉。他主張人類能看見未來。

以其中一個研究為例，康乃爾大學學生在螢幕上看見兩幅窗簾，他們必須說出照片藏在哪一幅窗簾後面。選好後，拉開窗簾，研究人員會給他們看照片在哪裡。

你或許會（合理地）質疑，選好**後**才給他們看照片在哪裡有什麼意義？班姆認為，若我們能夠稍微透視未來，事後便能運用該資訊進做出比當前更好的預測。

還不只這樣。研究中有兩種照片：一種中性，一種顯示情色畫面。班姆的判斷是，若未來值得期待（咳咳，你懂的），我們可能會更善於預測未來。他若是對的，我們猜對照片位置的機率便高於百分之五十。

太驚人了，猜中情色影像位置的機率在百分之五十三左右徘徊。超能力是真的。歡慶吧，各位。或套心理學家強納森．修勒（Jonathan Schooler）（該文評論家）更為謹慎的話來說：「我真心相信，如此深受敬重又謹慎的研究人員所得到的研究結果理當公諸於世。」要將花仙子及唯靈論拋在腦後沒那麼容易，若面對的是我們想要相信的東西則更加困難。

班姆的研究掀起了「該領域危機」的呼籲聲浪，與一百多年前詹姆斯公開投身唯靈論時相同。如此直接的挑戰，甚至引發該期期刊難得一見的場面：同時出現該篇文章與反駁文章。是否《人格與社會心理學期刊》也預見了未來，因而設法一口氣全部刊登以領先爭議聲浪？

時代並沒有改變多少，只不過現在不叫做通靈研究或唯靈論，而是通靈現象、心靈學及超能力。（反過來想，有多少人拒絕相信史丹利．米爾格倫（Stanley Milgram）進行的服從實驗結果？該研究顯示絕大多數人明知自己在做什麼，仍會服從指示施以致命的電擊量，就算經過對質。）無論是好是壞，直覺很難打敗。必須要有相當全神貫注的意志力。

直覺由情境塑造，該情境知識則主要來自於我們所生活的環境。因此會成為某種眼罩（或盲點），就像柯南．道爾與他的花仙子。然而只要全神貫注，我們便能努力在確認直覺是否符實及保持思想開明之間取得平衡。進而能僅以我們所有的資訊做出最好的判斷，同時也瞭解時間或許會改變該資訊的形狀與顏色。

這樣我們還能責怪柯南．道爾如此投入花仙子故事嗎？生活於維多利亞時期的英格蘭，仙子蹤跡遍布所有兒童讀物（還有柯南．道爾爵士自己的好朋友詹姆斯．馬修．巴利所寫的《彼得潘》），連物理學家、心理學家、化學家及天文學家都願意承認可能真有其事，他這樣想不算誇張吧？畢竟他也跟我們一樣，絕非聖賢。

我們永遠不可能無所不知。最多只能謹記福爾摩斯的教誨，如實應用。還要記住思想開明也是他的教誨，因而有此格言（他在《布魯斯—帕廷頓計畫》中則稱為公理）：「當其他可能性都不成立，剩下的無論是什麼，無論多不可信，必定為真。」

但我們要如何實際應用此格言？要如何超越理論上瞭解平衡與思想開明的需求，進而在比閱讀更短的時間裡，思考自身判斷的情況下實際應用？

這都要回到最初：我們培養的習慣思維，無論如何都要盡力為我們的大腦閣樓維持的架構。

獵人思維

福爾摩斯在故事裡最常出現的形象便是獵人福爾摩斯，即便看似在樹蔭下納涼，也是隨時準備好捕捉下一個獵物的掠食者；即便是將來福槍橫置膝上打盹的午後時分，也是不錯過任何風吹草動永遠警覺的神射手。

想想華生在《魔鬼之足》(*The Adventure of the Devil's Foot*) 裡對夥伴的描述：

> 看到福爾摩斯踏入事故公寓那一刻的改變，便會發現在他冷靜外表下潛伏的熾熱能量。他在瞬間變得緊繃警覺，眼神發亮，表情凝重，四肢因興奮而顫抖……動靜之間就像尋找庇護的獵狐犬。

真是最完美的形象。不無端浪費精力，但永遠警覺的習慣讓你隨時能在瞬間出動；無論是像瞥見獅子的獵人，瞥見瞪羚的獅子，或是意識到附近有狐狸而全身再次警覺準備追趕的獵狐犬。

獵人象徵了福爾摩斯所體現的思考特質，全部融合為單一優雅的型態。運用所有教誨培養出這般思維，距離將體會的理論化為實際行為則又跨近了一步。獵人的心智囊括了原本無法捕捉的福爾摩斯式思考要素，經常學習運用該思維，便能提醒我們注意可能會遺漏的原則。

注意力隨時就緒

當獵人不表示永遠在狩獵。而是隨時準備好在情況需要時進入警覺狀態，不無端虛擲精力。讓自己配合需要注意的跡象，但也知道哪些該無視。好獵人都知道，你必須為重要時刻累積資源。

福爾摩斯的慵懶，在他人眼中象徵著憂傷、抑鬱或純粹懶惰的「冷靜外表」，其實是經過精打細算的，一點也不慵懶。在他讓人誤以為毫無動靜之際，所有精力都鎖在心智閣樓裡盤旋，窺視角落，累積精力在需要的時候能立即聚焦。有時這位偵探甚至拒絕進食，只因為不想占用思考所需要的血液。

在《王冠寶石案》（*The Adventure of the Mazarin Stone*）中，華生試圖說服福爾摩斯至少吃點東西，福爾摩斯這麼對他說：「飢餓會讓這些機能更為犀利。親愛的華生，身為醫生你想必知道，消化系統獲得的供血量等同大腦所失去的。我就是個大腦，華生，其餘的我只是附件，因此我必須先為大腦著想。」

我們絕不能忘記，注意力（以及更廣泛的認知能力）來自於有限的泉源，不適當管理且沒有定期補充便會乾涸。因此必須全神貫注（且選擇性地）分配注意力資源。隨時準備撲倒終於出現的老虎，在微風中傳來狐狸氣味時繃緊神經，而同樣氣味對不如你專注的鼻子來說僅會代表春天與新鮮花朵。知道何時要融入，何時要收手，以及何時什麼東西根本不重要。

配合環境

獵人知道自己要獵捕什麼，而且會隨著獵物不同調整手法。畢竟你總不會以獵虎的方式獵狐，或以尾隨鹿的方式去射下鷓鴣吧？除非你只要反覆狩獵相同獵物便心滿意足，否則就要學習適應情況，視特定情況所需調整武器、手法及行為舉止。

獵人的最後階段總是一樣，殺死獵物；福爾摩斯的目標也永遠都是取得讓他能找出嫌犯的資訊。然而，仔細思考福爾摩斯面對不同的人，視眼前「獵物」不同時所採取的不同手法。他會觀察摸透對方，進而採取行動。

《藍寶石案》（*The Adventure of the Blue Carbuncle*）中，華生對福爾摩斯竟能取得幾分鐘前還問不出來的資訊讚嘆不已。福爾摩斯解釋自己如何做到的：「當你看到鬢角修成那樣，口袋裡還塞著足球週報的人，總能用打賭拐到他，」他說。「我敢說就算給他一百英鎊，他給我的資訊也不會比認為自己是在跟我打賭的情況下還要完整。」

把這個跟《四簽名》裡的策略相比，福爾摩斯想瞭解蒸氣船北極光號的細節。「碰到這種人，」他對華生說，「重點在於絕對不要讓他們以為自己的資訊對你有絲毫重要性。要是讓他們這樣以為，他們什麼都不會講。但你要是有所不服，就像剛才那樣，就很可能聽到你想要的資訊。」

不要賄賂自認高尚的人。但如果覺得這個人有喜歡打賭的跡象，就試著以賭注接近他。不要專心聽那些不想隨便與人分享資訊的人講話。但如果發現對方喜歡八卦，就任他嘮叨然後假裝勉為其難。

每個人都不同，每種情況都有各自適合的手法，唯有魯莽的獵人才會帶著專門射殺鷓鴣的槍去獵虎。沒有一體適用這種東西。當你有了工具，能夠輕鬆駕馭後，便更能善加運用，而不至在僅需輕拍時出動鐵鎚。有時候要單刀直入，有時候要不按牌理出牌，獵人知道如何分辨，也知道何時何物該派上用場。

適應能力

獵人會在環境變化出乎意料時調整適應。若你原本是外出獵鴨，卻剛好發現鄰近灌木叢裡有鹿呢？有些人或許會說**不用了，謝謝**，但許多人會適應挑戰，利用這個機會獲得價值更高的獵物。

想想《格蘭其莊園》裡，福爾摩斯在最後一刻決定不要把嫌犯交給蘇格蘭警場。「華生，我做不到，」他對醫生說。

「一旦發出逮捕令，就什麼也救不了他了。我在工作上曾有一兩次覺得自己發現犯人所造成的傷害，遠比該嫌犯犯罪所造成的傷害來得大。我現在學會要謹慎，情願欺騙英格蘭的法律也不要欺騙自己的良心。採取行動前再多瞭解一點吧。」

你不會粗心大意地遵循早先已決定的事前規劃行動。情況改變，手法也得跟著改變。你必須在行動前，或視情況在對人下判斷前先思考。大家都會犯錯，但考量到當下時間與情況，有些可能不算錯誤（畢竟若非當下覺得那是正確的決定，也不會做出如此決定）。若是儘管有所改變，你仍選擇相同途徑，至少你會全神貫注選擇所謂的非最佳途徑，並且清楚明白自己為何這麼做。你也會學著永遠在行動前「再多瞭解一點」。正如詹姆斯所說：「無論是科學家還是非科學家，我們都生活在傾向容易相信的平面。某些人會朝這個方向傾斜，某些人會朝那個方向傾斜；平面永遠不傾斜的人才可先拿石頭丟人！」

認識極限

獵人明白自己的弱點。若他有盲點，會請別人幫忙掩護；若沒有人能幫忙，會確保不暴露自己的盲點。若他總是會射超過目標，他也知道。無論是什麼缺陷，他若要成功狩獵就必須納入考量。

福爾摩斯在《法蘭西斯・卡法克斯女士的失蹤》（*The Disappearance of Lady Francis Carfax*）中終於意識到與故事同名的女士究竟失蹤至何處時，差點來不及救她。「親愛的華生，你若要把這個案子列入記錄，」在他們破案後回到家，他對華生說，「只能做為即便最為平衡的心智也會暫時遭蒙蔽的例子。這是常人都會犯的錯，能夠看出錯誤並修正的人才最是厲害。或許這修正過的功勞可以算我的。」

獵人必須先犯錯，才會明白自己的弱點可能是什麼。獵人成功與否的差別，不在於是否犯錯，而是承認錯誤及從中學習，避免未來再犯的能力。我們必須承認自己的極限才能進而超越，要知道自己容易犯錯，並從自身思想與行為中看出我們在他人身上輕易可見、容易犯下的錯誤。若不這麼做，就注定永遠都要相信或不相信花仙子的存在，即便跡象都顯示考量時要思想開明。

營造寂靜

獵人知道何時該讓心智安靜。若他容許自己隨時吸收所有可以吸收的東西，感官會無法負荷，不再犀利，失去專注於重要跡象並篩選排除不重要跡象的能力。獨處時刻對培養這種警戒心非常必要。

《巴斯克維爾的獵犬》中福爾摩斯要求華生讓他獨處時，華生簡要指出這點。他並不抱怨。「我知道在這位朋友心智高度專注之際，非常需要隔離與獨處，他要衡量每一分證據，建立不同推論，彼此平衡，然後決定哪些必要，哪些無關緊要。」他如此記錄。

世界會讓人分心，永遠不會自行為你安靜或放你一馬。獵人必須靠自己尋得隔離與獨處，安靜心智，以及深思自身策略、手法、過往行為與未來計畫的空間。沒有偶爾的沉默，狩獵很難成功。

常保警戒

最主要的是獵人從不卸下防備，即便在他認為沒有任何正常老虎會到處跑的炙熱午後。誰知道，搞不好今天剛好能看到第一隻黑色老虎，而那隻老虎的狩獵習慣與你所習慣的不同。（保護色不同不是嗎？狩獵方式會完全不同也很合理吧？）正如福爾摩斯一再警告，最不起眼的犯罪通常最困難。沒有什麼比慣例及貌似正常更能衍生自滿，沒有什麼比平凡更能扼殺警戒，沒有什麼比出於成功的自滿更能扼殺成功的獵人，與最初能成功的原因徹底相反。

不要因為自己再熟悉不過，而屈服於粗心大意的慣例與行為，讓自己成為錯失了獵物的獵人，永遠要全神貫注應用規則，永遠不要停止思考。就像華生在《恐怖谷》裡說：「我傾向於思考——」然後福爾摩斯以他一貫風格插嘴：「應該要實際思考。」

還有其他意象能比獵人更適合用來描寫心智的覺察，也就是極致的福爾摩斯思考術嗎？首先是最主要的大腦，還有其中獵人的覺醒。這個獵人永遠不會僅傾向於思考，而是實際思考。

全神貫注不會因為每次狩獵開始，因新冒險或思考歷程展開而開始或結束。全神貫注是恆常的狀態，即便到了晚上，在爐火前伸長雙腿要休息時，也依舊在演練心智。

學習獵人的思維，有助於確保自己不會看不見花仙子國度直逼眼前的明顯矛盾。我們不該排除可能性，但應該要小心，也要知道即便我們真的很想當那個發現他們存在第一個真實證據的人，這個證據可能仍存在於未來，或根本不存在。無論如何都該同樣嚴謹地看待證據，而且同樣態度也該用於其他人及他們的信仰。

你看待自己的方式很重要。將自己視為生命中的獵人，或許就會發現自己狩獵的方式越來越適當。無論你選擇考慮花仙子存在的可能性與否，你，身為獵人的你，都會是經過思考而這麼做，不會是毫無準備。

一九八三年，科丁利花仙子的故事近乎劃上句點。距離照片初次問世的六十多年後，七十六歲的法蘭西絲自白：照片是假的。至少有四張是假的。花仙子是表姐的畫作，用帽針固定在現場。柯南．道爾以為自己看見地精長了肚臍眼的證據也不過就是帽針。然而最後一張照片是真的，至少法蘭西絲是這麼說。

兩個星期後，艾西．希爾（婚前原姓萊特）自己也出面承認。是真的，事件發生後始終沉默的她說。她趁父母外出時，用暗棕色顏料在溫莎．牛頓素描紙上畫花仙子，再用水彩上色，以帽針將作品固定於地面。花仙子本身則描自一九一五年出版的《瑪莉公主禮物書》（*Princess Mary's Gift Book*）。至於最後一張照片，法蘭西絲堅持是真的？法蘭西絲根本不在現場啊，艾西對《泰晤士報》說。「最後一張照片讓我引以為傲，完全是我自己發明的，還得等到天氣適合的時候才能拍，」她說。「我要留到書裡最後一頁才要揭曉其中奧祕。」

可惜的是她始終沒寫書。法蘭西絲過世於一九八六年，兩年後艾西也走了。直至今日仍有人堅持第五張照片是真的。科丁利的花仙子拒絕死去。

但或許，只是或許，獵人柯南・道爾能夠逃過相同命運。要是他對自己（及兩位女孩）都帶更多批判性，更用力挖掘，或許就能從自己的錯誤中學習，一如他筆下主角從自己的缺點中學習。柯南・道爾或許是唯靈論者，但他的靈性卻沒能吸收福爾摩斯唯一不容討價還價的一面：全神貫注。

奧登對福爾摩斯的描述：

> 他對人的態度以及觀察與演繹的技巧，是化學家或物理學家該具備的。他若選擇研究人類而非無生命物質，也是因為調查無生命物質容易到不值得說嘴，因為無生命物質不能說謊；但人類能，而且也會說謊，因此面對人類時，他的觀察必須加倍犀利，邏輯也要加倍嚴謹。

柯南．道爾爵士甚為重視英雄氣概，他卻沒能意識到自己狩獵的動物跟他創造的角色一樣是人類。他沒能加倍犀利，加倍善於推理，加倍嚴謹。他若能用上自己為筆下偵探所創造的思維，或許就能；他筆下的偵探想必絕對不會忘記人類能說謊，而且也會說謊，不會忘記大家都會犯錯，容易犯錯，我們自己也是。

柯南．道爾不會知道科學將朝哪個方向發展。他只能盡力而為，在他為自己設下的參數裡奮鬥，而且我要說這些參數至今仍適用。因為這不像詹姆斯自信的預測，我們對於看不見但引導我們人生力量之所知，在解釋自然現象時雖已遠超越柯南．道爾爵士的想像，然而解釋心靈現象的程度卻仍卡在一九〇〇年左右。

但重點遠超過福爾摩斯或柯南．道爾，或是班姆、詹姆斯。我們都受限於自己的知識與脈絡，我們最好都能記住這點。無法想像不代表就不是這樣，只是因為我們缺乏知識便搞砸，不代表無法彌補或無法繼續學習。若說到心智，大家都能是獵人。

福爾摩斯延伸閱讀

「然而女人的動機是如此難測。」——《福爾摩斯歸來記》：《第二塊血跡》（*The Adventure of the Second Stain*）（P.1189）

「若惡魔決定要插手人類的事——」、「我知道在這位朋友心智高度專注之際，非常需要隔離與獨處……」——《巴斯克維爾的獵犬》第三章：懸案（P.22）

「……會發現在他冷靜外表下潛伏的火熱精力……」——《最後致意》：《魔鬼之足》（P.1392）

「當你看到鬢角修成那樣，口袋裡還塞著足球週報的人，總能用打賭拐到他。」——《福爾摩斯探險記》：《藍寶石案》（P.158）

「一旦發出逮捕令，就什麼也救不了他。」——《福爾摩斯歸來記》：《格蘭其莊園》（P.1158）

「親愛的華生，你若要把這個案子列入記錄，只能做為即便最為平衡的心智也會暫時遭到蒙蔽的例子。」——《最後致意》：《法蘭西斯．卡法克斯女士的失蹤》（P.342）

「我傾向於思考——」——《恐怖谷》第一部，第二章：警訊（P.5）

終章

華特．米歇爾（Walter Mischel）上幼稚園時已經九歲。並非父母不在乎他的教育，只是因為他不會講英文。當時是一九四〇年，米歇爾一家剛來到美國布魯克林，他們是少數在一九三八年納粹即將占領維也納前成功逃離的猶太家庭。成功逃離是運氣，也是因為有遠見：他們找到過世多年的親祖父的美國公民證。原來他在一九〇〇年到紐約市工作時取得公民身分，後來又回到歐洲。

若是請米歇爾博士回想最早的記憶，他提起的很可能不會是希特勒青年團在維也納街邊踩他的鞋子，也不會是他父親與其他猶太人從公寓中給拖到街上，被迫穿著睡衣手握樹枝行軍：由納粹策劃，嘲諷模仿猶太迎春傳統的「遊行」。（他父親患有小兒痲痺，沒有手杖無法行走，因此小米歇爾得看著父親在隊伍中左右碰撞。）也不會是離開維也納，住在倫敦叔伯的空房間裡，然後在戰爭爆發之際抵達美國。

而是他剛到幼稚園在教室裡的情況：小米歇爾幾乎不會講英文，還要接受智力測驗。測驗成績之低應該不出意料。他身處於陌生文化，必須以陌生語言接受測驗。然而他的老師卻很意外，至少她這麼對小米歇爾說。她同時也告訴他自己很失望。外國人不是都應該很聰明嗎？她以為他的表現會更好。

卡蘿・杜維克（Carol Dweck）則正好相反。小學六年級時（剛好也在布魯克林），她也跟班上同學一起接受智力測驗。老師進而做出的事讓今天許多人不以為然，但在當時非常普遍：按照成績排座位。「聰明」的學生座位最靠近老師，命沒那麼好的就坐得更遠。順序不得改變，那些成績差的學生甚至連基本值日生工作，例如擦黑板或帶國旗去參加升旗典禮都不行，他們得隨時記住自己的智商不達標準。

杜維克是個運氣好的學生，她的座位是一號，測驗成績居全班之冠，但就是有哪裡不太對勁。她知道只要再考一次，她可能就不會那麼聰明。但真有那麼簡單嗎？一次成績就斷定了你的智商？

多年後，米歇爾與杜維克都成為哥倫比亞大學的教師。（行文當下，米歇爾仍任教於哥倫比亞大學，杜維克則已轉至史丹佛大學。）兩人都成了社會與人格心理學研究的重要人物（但米歇爾年資多了十六年），並且都將後來職涯發展歸功於當年的測驗，他們想要研究人格特質與智商這類據說固定的東西，能以簡單測驗測量，進而以測驗結果決定你的未來。

杜維克爬上學術研究高峰的過程不難想像，她畢竟是聰明的人。但米歇爾呢？以他的智商成績應該會讓他坐在杜維克班上最後面，怎會成為二十世紀心理學的主要人物，以研究自制力的棉花糖實驗出名，還提出看待人格與其測量結果的新方法？有些不太對勁，但問題絕對不是出在米歇爾的智商或他的高度職涯發展。

福爾摩斯是獵人。他知道沒有什麼能難倒他——實際上是越困難越好。他的成功主要來自這種態度，華生也是因為這樣而沒能步上他的後塵。還記得《修道院公學》裡，華生幾乎要放棄瞭解失蹤學生與老師發生什麼事的場景嗎？

「我已經束手無策了。」他說。

福爾摩斯可不接受。「嘖嘖，更困難的案子我們都破過。」

或是想想在華生宣稱某暗號是「超出人類洞悉能力」時福爾摩斯的反應。

福爾摩斯回他：「或許你的馬基維利智能[5]遺漏了某些細節。」但華生的態度絕對沒有幫助。「讓我們以純推理的角度繼續琢磨。」福爾摩斯引導他，然後接著解開紙條暗號。

從某方面來說，華生早在這兩個案例開始前便打敗自己了。宣布自己束手無策，說某件事是超出人類洞悉能力後，他已封閉心智，無法接受成功的可能性。結果原來這種思維才最重要，比任何測驗成績還要無形，無法衡量。

多年來杜維克都在研究，從福爾摩斯的「嘖嘖」到華生的「束手無策」、從米歇爾的成就到

5. 心理學名詞，又稱為政治或社會智能，展現行為包含責怪與原諒、說謊與吐實等。

他所謂的智商，到底是什麼造成如此差異？她的研究由兩大假設主導：智商不會是測量智力的唯一方式，智力的概念本身也或許不像表面那麼簡單。

杜維克表示智力有兩大學派：遞增與實體。若你屬遞增派，表示你相信智力是流動的。只要更加努力，認真學習，更加專心，就會變得更聰明。換句話說，你不接受有什麼事可能超出人類洞悉能力的概念。你認為米歇爾的原始智商成績不該是讓人失望的原因，而且跟他的實際能力與後來表現都沒有關係。

相反的，若你屬實體派，表示你相信智力是固定的。無論如何努力都只會跟先前一樣聰明（或否），生來命就如此。這是杜維克六年級老師的看法，也是米歇爾幼稚園老師的看法。這表示一旦你坐到教室後面，就永遠都只能坐在後面，無計可施。抱歉啦，夥伴，你運氣不好。

研究過程中，杜維克一再發現以下有趣現象：人的表現，特別是對失敗的反應，主要看他相信哪一方。遞增派將失敗視為學習的機會；實體派將失敗視為令人挫折的個人缺失，無法彌補。結果就是前者可能會從經驗中學到什麼能應用於未來，後者卻比較可能一筆勾銷忘光光。因此，基本上我們對世界與自身的看法真能改變學習方式與所知。

近來研究中，有組心理學家想看看這種差別反應是否僅在於行為，還是會更深入影響大腦表現。研究人員在大學生參與簡單的旁側抑制作業時，測量他們大腦反應鎖定的事件關聯電位（event-related potentials）：源於內在或外來事件的腦神經電波。學生要看一連五個字母的字串，然後快速辨識中間字母。可能是全等字母，例如 MMMMM；也可能是不全等字母，例如 MMNMM。

雖然整體表現的正確率偏高，在百分之九十一左右，特定的任務參數卻很困難，大家多少都犯了錯，但每個人的差異主要在於他們本身，以及最為關鍵的大腦對錯誤的反應。思維屬遞增派的（相信智力是流動的），在答錯後的表現比實體派（相信智力是固定的）要好。此外，隨著遞增思維的遞增，對應答對的正向事件關聯電位的答錯正向事件關聯電位也增加了，而且答錯的錯誤正向波幅越大，隨後的答對率就越高。

所以那到底是什麼意思？從資料看來，相信智力會進步的成長型思維似乎會對錯誤產生更多適應反應，不僅行為，連神經也是。越相信進步的人，反應有意識地將資源分配給錯誤腦電波的波幅也越大。神經訊號越強，隨後的表現就越好。這樣的調整暗示著，支持智力遞增派的人很可能在最基本的神經層面上擁有較完善的自我監督與控制系統：這些人的大腦更善於監督自己產生的錯誤，進而調整行為。這是改善後的線上錯誤察覺系統，能夠在犯錯當下便注意到，然後立即修正。

我們大腦的行為對其主人的思考方式極度敏感，不只跟學習有關。就連相信自由意志這麼理論的東西也會改變大腦反應（若不相信，大腦的準備過程就會更懶惰）。從廣泛理論到特定機轉，我們對心智如何運作，以及我們進而如何表現、行動與互動，都有不可思議的影響力。若認為自己能夠學習，就會學習；認為自己注定要失敗，就注定會失敗。不僅行為，還有神經元的最基本層面。

但思維並非預先決定的，就像智力也不是打出娘胎就存在的單一物體。我們可以學習，可以進步，可以改變對世界的慣性手法。以刻板印象威脅為例：他人對我們的知覺（或我們認為那會是什麼知覺）會進而影響我們的行為，並且像所有促因一樣發生於潛意識層。身為團體裡的代表性少數（例如男子群中的唯一女子），自我意識會增強，並對表現有負向影響。考試前必須寫下種族或性別，對女性數學測驗成績及少數民族整體測驗成績都有負向影響。（以GRE考試為例，突顯種族會降低黑人學生的表現。）亞洲女性的數學成績在突顯亞洲人身分時表現較好，但突顯女性身分時較差。以體育項目來說，白人男性認為是依據天生能力表現時表現較差，黑人男性則是聽說依據運動智能表現時表現較差。這就是刻板印象威脅。

但簡單介入即有幫助。看過科學、技術領域上的女性成功典範後，女性數學測驗表現就不會受到負向影響。先聽過杜維克智力理論（特別是遞增派理論）的大學生，學期結束時成績都比較高，且更能認同該學術歷程。其中一項研究裡，學年中以自我界定價值的個人意義為主題（例如家庭關係或喜歡的音樂），寫過三至五次作業的少數族群學生，與作業為中性主題的少數族群學生相比，兩年下來的平均等級分數高出〇・二四分；低成就的非裔美國籍學生則平均進步了〇・四一分。此外補考率也從百分之十八降至百分之五。

切身相關時，你通常有什麼樣的思維？若沒有意識到該思維的存在，便無法戰勝對你產生反效果的影響力，一如妨礙表現的負向刻板印象；對你有幫助時也同樣無法從中受益（你若活化正向關聯的刻板印象會有的效果）。大體而言，相信什麼，我們就是什麼。

華生宣布自己戰敗時看見的是實體世界：黑白分明，只有知道或不知道，若面臨看似困難之處，根本連試也不用試，以免過程中害自己丟臉。但是對福爾摩斯來說，一切都會遞增。沒試過不會知道答案，每一次挑戰都是一次機會：學習新的東西，擴大心智，加強能力，為閣樓增添更多未來會用到的工具。華生的閣樓靜止不動，福爾摩斯的卻瞬息萬變。

大腦永遠不會停止生成新的聯結，隨時會刪除沒在用的。大腦也永遠不會停止強化我們加強的領域，就像前面幾章提過的那條肌肉，因為使用而不斷強化（但不用就會萎縮），能經由訓練而展現出我們從未想過的超強力量。

大腦若是能夠在從沒想過自己擁有的人身上產生各式才能，又怎麼能夠質疑大腦在思考方面的轉變能力呢？以藝術家歐費（Ofey）為例。歐費初執畫筆時只是個中年物理學家，從沒畫過畫，他甚至不確定自己能否學會。但他學會了，後來開了個展，作品還賣到世界各國的收藏家手中。

歐費當然不是典型例子。他不是什麼隨便的物理學家，而是獲得諾貝爾獎的費曼，不尋常的天分讓他幾乎做什麼都會成功。費曼創造了歐費這個假名，以確保大家看重的是藝術作品，而非他在其他領域的名聲。但還是有許多其他案例。費曼對物理學的貢獻或許獨一無二，在證明大腦直至老年仍有能力徹底改變這方面卻不是唯一代表。

大家稱為摩西奶奶的安娜．瑪麗．羅伯森．摩西（Anna Mary Robertson Moses）直到七十五歲才拿起畫筆，後來還有人拿她的藝術天分與彼得．布勒哲爾（Pieter Bruegel）相比。二〇〇六年，其作品《採糖》（Sugaring Off）賣出一百二十萬美元。

瓦茨拉夫．哈維爾（Václav Havel）原是編劇與作家，後來成為捷克反對運動核心人物，更在五十三歲那年成為推翻共產黨後捷克斯洛伐克的首位總統。

理查．亞當斯（Richard Adams）直到五十二歲才出版《瓦特希普高原》（*Watership Down*），他甚至從沒當自己是作家。賣出五千萬本（還在增加）的這本書，原本只是他對女兒說的故事。

以桑德斯上校之名行天下的哈蘭德．大衛．桑德斯（Harlan David Sanders）直到六十五歲才創立肯德基炸雞公司，後來成了該世代最成功的商人。

瑞典籍射擊選手奧斯卡．斯旺（Oscar Swahn）於一九〇八年首次出賽奧林匹克運動會，當年他六十歲，贏得了兩面金牌、一面銅牌；七十二歲時，參加一九二〇年奧運比賽得了銅牌後，還成為奧林匹克史上最年長的選手暨得獎選手。族繁不及備載，範例各異，涵蓋各領域的成就。

沒錯，確實有些福爾摩斯族早早具備思緒清晰的天賦，毋須改變或破除多年來的壞習慣。但千萬別忘了，就連福爾摩斯本人也得訓練自己，他也不是生來就有福爾摩斯的思考能力。沒有什麼是無中生有，必須要努力獲得，只要予以適當的注意力就會成真。人類大腦真是非常驚人。

後來發現，福爾摩斯的見解幾乎什麼都適用。最終全都在於你培養出來的態度、思維、思考習慣及因應世界的不朽手法。確切用途本身則沒那麼重要。

若整本書你只學到一件事，那應該是：安靜的心智是最為強大的心智，是存在當下、反思、全神貫注於其思緒與狀態的心智。不常一心多用，若一心多用都有其目的。

或許開始有人聽懂了。最近《紐約時報》上有篇文章提到霸占位子傳簡訊的新方法：留在車位上傳簡訊、寫信、推特或做任何其他事，就是沒把車子移走讓出車位。這項做法可能會激怒尋找車位的人，但也顯示出大家對於開車同時做其他事情不太好的意識逐漸抬頭。「扼殺一心多用的時候到了」是熱門部落格99U的某篇文章標題。

我們可以把世界的喧鬧當成限制因子，做為我們為何無法與福爾摩斯的心智同樣存在當下的藉口：畢竟他並沒有無時無刻不受媒體、科技、現代生活愈加快速的步調轟炸。他的生活簡單多了。或者我們也能當成是勝過福爾摩斯的挑戰，證明那其實不重要，我們依舊能夠像他一樣全神貫注；只要我們努力，甚至能更全神貫注。我們或許能說，付出越多努力，報酬就會越豐富，從粗心大意到全神貫注習慣的轉變也會更穩定。

我們甚至能將科技視為福爾摩斯巴不得擁有的意外恩賜而欣然接受。試想：近期研究顯示，促發人類去想著電腦或預期未來可取得資訊時，回想起該資訊的能力便大幅降低。然而重點來了，稍後卻也更能記住要去哪裡（以及如何）尋找該資訊。

身處數位時代的我們，心智閣樓受到的約束與福爾摩斯、華生的不再相同。我們已藉由柯南．道爾時代無法想像的虛擬能力實際擴大了儲存空間，如此擴建也帶來了有趣的機會。我們可以把未來或許會用到的「雜物」存起來，並且非常清楚需要時該如何取得。要是我們不確定某樣東西是否值得占據閣樓的黃金空間，也不用丟掉。只要我們記住已把將來可能用到的機會存了起來。但有此機會也更要小心謹慎，我們或許會忍不住想把應該存在心智閣樓**裡**的東西存在外面，因此篩揀策排的過程（該留什麼，該丟什麼）也變得更困難。

福爾摩斯有自己的建檔系統。我們有Google，有維基百科，有數世紀至今的書籍、文章與故事，整整齊齊等待我們取用。我們自己有數位檔案。

但我們總不可能每做一個決定都查看所有資料，也不可能記住所接觸到的一切，而且重點是也不應該想要這麼做，反而是要更精進閣樓內容篩揀策排的藝術。要是這麼做，我們的極限絕對會擴張到史無前例。我們若容許自己淹沒於龐大資訊洪流中，若存入永遠帶在身上、帶在腦裡有限空間的是不相關而非最適合的東西，數位時代將會造成損害。

世界在變。我們擁有的資源遠比福爾摩斯能想像的還要多。心智閣樓的限制已經不同，已經擴張，可能的範圍已經擴大。我們應該要努力意識到此變化，善加運用這種改變而非遭到利用。這又回到注意、存在當下、全神貫注及終生相佐之思維與動機的最基本概念。

我們永遠無法完美。但我們能全神貫注接近不完美之處，進而讓這些不完美長期下來把我們變成更有能力的思考者。

「大腦控制大腦的方式真奇特！」福爾摩斯在《垂死的偵探》（*The Adventure of the Dying Detective*）裡驚呼。永遠會如此，但或許我們能更善於瞭解其中歷程予以我們的貢獻。

致謝

協助完成這本書的人實在太多，至少得要再寫一章（畢竟我不擅長簡明扼要）才能好好感謝所有人。非常感謝每一位引導、協助我走完全程的人：感謝家人與朋友，我非常愛你們，如果沒有你們，根本不可能開始寫這本書，更不用說寫完；感謝所有過程中協助我的科學家、研究人員、學者及福爾摩斯迷，非常謝謝你們不辭辛勞的協助與無止盡的專業知識。

我要特別感謝史蒂芬・品克（Steven Pinker），我的良師也是益友，近十年來始終無私地與我分享他的時間與智慧（其實他很忙的）。我當初是因為他的著作而唸心理學，也是因為他的支持才能撐到今天。理查・潘尼克（Richard Panek）協助我從最初發想到完成整個企劃，不辭辛勞地給予建議及協助才讓這本書得以實現。凱薩琳・瓦茲（Katherine Vaz）從一開始便相信我的文筆，多年來始終不斷鼓勵與激勵我。雷斯利・克林格（Leslie Klinger）很早便對我的福爾摩斯研究產生興趣，他對貝克街二二一B號的世界無所不知，也讓我這段旅程得以順利。

我總對經紀人賽斯・費胥曼（Seth Fishman）讚不絕口，有他的支持算我好運。謝謝 Gernert Company 團隊的所有成員；更要特別感謝蕾貝卡・加德納（Rebecca Gardner）與威爾・羅伯茲（Will Roberts）。優秀的編輯凱文・道頓（Kevin Doughton）與溫娣・沃夫（Wendy Wolf）在一年內將不存在的手稿變成可以見世面的書，這是我從沒想過能夠成真的事。同時也非常感謝企鵝／維京出版社團隊的所有成員，特別是張堯（音譯，Yen Cheong）、派翠西亞・尼可萊斯庫（Patricia Nicolescu）、維若妮卡・溫道茲（Veronica Windholz）及布蘭妮・羅斯（Brittney Rose）。謝謝尼克・戴維斯（Nick Davies）深具見解的修訂，也謝謝 Canongate 出版社的各位相信這個企劃。

這本書起初只是在 Big Think 網路論壇及《科學人》雜誌上發表的散篇文章。非常感謝彼得・霍普金斯（Peter Hopkins）、維多利亞・布朗（Victoria Brown）及 Big Think 的所有成員；謝謝《科學人》雜誌的波拉・茲科維克（Bora Zivkovic）及所有成員，讓我有空間與自由能照自己的方式探索這些想法。

寫作過程中有太多人大方與我分享自己的時間，給予我支持及鼓勵，無法一一唱名，但仍有幾位我要在此特別感謝：華特・米歇爾（Walter Mischel）、伊莉莎白・葛林斯潘（Elizabeth Greenspan）、琳賽・斐（Lyndsay Faye）、ASH 所有女士、哥倫比亞大學心理學系所有成員、查理・羅斯（Charlie Rose）、哈維・曼斯非（Harvey Mansfield）、李競（Jenny 8. Lee）、珊朵拉・奧普森（Sandra Upson）、梅格・沃利茲（Meg Wolitzer）、梅芮狄斯・卡夫爾（Meredith Kaffel）、艾莉森・羅瑞森(Allison Lorentzen)、艾蜜利亞・里斯特(Amelia Lester)、蕾絲莉・傑米森(Leslie Jamision)、西恩・奧圖（Shawn Otto）、史考特・胡勒（Scott Hueler）、麥可・德達（Michael

Dirda）、麥可・席姆斯（Michael Sims）、莎拉・札佛（Shara Zaval）及喬安娜・李文（Joanna Levine）。

最後還要感謝我的先生傑夫，沒有他就不會有這本書。我愛你，生命中有你真好。

延伸閱讀

各章尾聲所附之延伸閱讀頁數出自以下版本：

《福爾摩斯探險記》（2009）

《巴斯克維爾的獵犬》（2001）

《福爾摩斯回憶錄》（2011）

《四簽名》（2001）

《血字的研究》（2001）

《恐怖谷》（2001）

《新注版福爾摩斯全集》（2005）

此外，許多文章與書籍也是我的寫作資料來源。完整資料來源書錄請參考我的網站：www.mariakonnikova.com。下列為各章重點讀物，用意不在於列出協助這本著作的所有研究或每位心理學家，而是強調各領域的重點書目與研究人員。

序曲

想更加瞭解全神貫注的沿革與影響，推薦閱讀蘭格的經典著作《用心法則：改變你一生的關鍵》（*Mindfulness*），以該著作為藍本的新作為《逆時針：哈佛教授教你重返最佳狀態》（*Counterclockwise: Mindful Health and the Power of Possibility*）。

以心智及其進化、天生能力等綜合討論而言，少有作品能勝過史蒂芬・品克的《空白心智》（*The Blank Slate*）與《心智探奇》（*How the Mind Works*）。

第1章：心智的科學系統

福爾摩斯的過去、柯南・道爾寫作的故事背景及柯南・道爾爵士生平等資料主要來自以下作品：克林格的《新注版福爾摩斯探案全集》（*The New Annotated Sherlock Holmes*）、安德魯・雷賽特（Andrew Lycett）的《福爾摩斯創作者》（*The Man Who Created Sherlock Holmes*）與強・雷爾雷諾吉（Jon Lellenerg）、丹尼爾・史塔蕭爾（Daniel Stashower）、查爾斯・佛利（Charles Foley）的《亞瑟・柯南・道爾：寫作的一生》（*Arthur Conan Doyle: A Life in Letters*）。儘管後兩本著作提供了柯南・道爾的完整生平概要資訊，第一本卻是提供福爾摩斯真本故事背景與各方詮釋的最佳參考著作。

想要一窺早期心理學的話，我推薦讀詹姆斯的經典文本《心理學原理》（*The Principles of*

Psychology）。若是科學方法及其沿革之討論則是湯馬斯・孔恩（Thomas Kuhn）的《科學革命的結構》（*The Structure of Scientific Revolutions*）。有關動機、學習及專業之討論多半取材自安琪拉・達克沃斯（Angela Duckworth）、溫納（《天才兒童：神話與現實》〔*Gifted Children: Myths and Realities*〕作者）及艾瑞克森（《通往卓越的道路》〔*The Road to Excellence*〕作者）的研究。本章內容也拜吉伯特的著作所賜。

第2章：大腦閣樓

現有記憶研究最佳統整屬艾瑞克・坎德爾（Eric Kandel）的《追尋記憶的痕跡》（*In Search of Memory*），丹尼爾・沙克特（Daniel Schacter）的《記憶七罪》（*The Seven Sins of Memory*）也同樣出色。

約翰・巴格（John Bargh）始終是促發行為及其對行為影響的研究權威。本章也取材自所羅門・艾許（Solomon Asch）與亞歷山大・特多羅夫（Alexander Todorov）的作品，以及諾伯特・史瓦茲（Norbert Schwarz）與傑拉德・克羅爾（Gerald Clore）的共同研究。透過米札琳・巴納吉（Mahzarin Banaji）的實驗室可取得內隱聯結測驗的研究彙編。

第3章：填滿大腦閣樓

大腦預設網絡、休息狀態、內在自然活動及注意力習性的基本研究由賴可（Marcus Raichle）操作。注意力、不注意盲視及五官會如何誤導我們等討論，我推薦克里斯・查布利斯（Christopher Chabris）及丹尼爾・西蒙斯（Daniel Simons）的《為什麼你沒看見大猩猩？教你擺脫六大錯覺的操縱》（*The Invisible Gorilla*）。深入探討大腦的內建認知偏誤則是康納曼的《快思慢想》（*Thinking, Fast and Slow*）。觀察的修正模式出自吉伯特的研究。

第4章：探索大腦閣樓

若是想要大略瞭解創造力、想像與頓悟的本質，我推薦閱讀米哈里・契克森米哈伊（Mihaly Csikszentmihalyi）的研究，包含著作《創造力》（*Creativity: Flow and the Psychology of Discovery and Invention*）、《心流》（*Flow: The Psychology of Optimal Experience*）。距離及其於創意歷程所扮演角色之論述受到托普與克羅斯影響。第四章整體都拜費曼及愛因斯坦著作所賜。

第5章：定位大腦閣樓

我對客觀現實與主觀經歷和詮釋之間疏離的瞭解，深受理查・尼茲彼（Richard Nisbett）及提摩西・威爾森（Timothy Wilson）的研究影響，包含他們於一九七七年發表的首創論文《多過我們所知》（*Telling More Than We Can Know*）。威爾森出版的《佛洛伊德的近視眼》（*Strangers to Ourselves*）中有精采的研究摘要，大衛・伊葛門（David Eagleman）的《躲在我腦中的陌生人》（*Incognitio: The Secret Lives of the Brain*）則提供了新的觀點。

裂腦患者研究先鋒為史培利與葛詹尼嘉。想更深入瞭解其意涵，我推薦閱讀葛詹尼嘉的《我們真的有自由意志嗎？》（*Who's in Charge?: Free Will and the Science of the Brain*）。

想探討偏誤如何影響演繹，我再次推薦各位讀康納曼的《快思慢想》。羅芙托斯與凱薩琳・柯茜（Katherine Ketcham）的《辯方證人》（*Witness for the Defense*）是深入瞭解客觀感知及後續回想與演繹的絕佳起點。

第6章：維護大腦閣樓

想探討腦內學習，我再次推薦各位讀沙克特（Daniel Schacter）的研究，包含著作《找尋逝去的自我》（*Searching for Memory*）。查爾斯・杜希格（Charles Duhigg）的《為什麼我們這樣生活，那樣工作？》（*The Power of Habit*）非常仔細地概述習慣的形成與改變，以及為何如此容易被舊習慣綁住。想更瞭解過度自信的浮現，我推薦喬瑟夫・哈里南（Joseph Hallinan）的《我們為什麼老犯錯》（*Why We Make Mistakes*）及卡蘿・塔芙瑞斯（Carol Tavris）的《錯不在我？》（*Mistakes Were Made*〔*But Not by Me*〕）。多數關於過度自信及控制的錯覺都由蘭格率先展開（見「序曲」）。

第7章：動態閣樓

本章為整本書的摘要歸納，雖然參考了許多研究，卻沒有特別指定的延伸閱讀資料。

第8章：人非聖賢

想更瞭解柯南・道爾、唯靈論及科丁利花仙子，我再次推薦各位讀第一章所列之作者生平參考書目。對唯靈論沿革有興趣的讀者，我推薦詹姆斯的《信仰的意志及其他通俗哲學論文集》（*The Will to Believe and Other Essays in Popular Philosophy*）。

海德特的《好人總是自以為是》探討了挑戰我們自己的信念有多困難。

終章

杜維克對於思維之重要性的研究濃縮於著作《心態致勝》（*Mindset*）中。思考動機的重要性請見丹尼爾・品克（Daniel Pink）的《動機，單純的力量》（*Drive*）。

圖片版權聲明

第 64 頁（左下）：United States Government
第 64 頁（右下）：Wikimichels (Creative Commons Attribution-Share Alike 3.0)
第 214 頁：courtesy of the author
第 266、274 頁：Creative Commons
第 274 頁（左下）：Biophilia curiosus (Creative Commons Attribution 3.0)
第 274 頁（右下）：Brandon Motz (Creative Commons Attribution 2.0)

國家圖書館出版品預行編目資料

福爾摩斯思考術：讓思考更清晰、見解更深入的心智策略 / 瑪莉亞．柯妮可娃 (Maira Konnikova) 著；柯乃瑜譯．-- 初版．-- 臺北市：商周出版：家庭傳媒城邦分公司發行，2013.10
面； 公分．--（全腦學習）

譯自：Mastermind : How to Think Like Sherlock Holmes

ISBN 978-986-272-456-9(平裝)

1. 思考 2. 推理

176.4 102018272

福爾摩斯思考術(改版)：讓思考更清晰、見解更深入的心智策略
(Mastermind: How to Think Like Sherlock Holmes)

作　　者／瑪莉亞・柯妮可娃（Maria Konnikova）
譯　　者／柯乃瑜
企劃選書／余筱嵐
責任編輯／余筱嵐、林淑華

版　　權／黃淑敏、吳亭儀、邱珮芸
行銷業務／周佑潔、黃崇華、張媖茜
總 編 輯／黃靖卉
總 經 理／彭之琬
事業群總經理／黃淑貞
發 行 人／何飛鵬
法律顧問／元禾法律事務所 王子文律師
出　　版／商周出版
台北市104民生東路二段141號9樓
電話：(02) 25007008 傳眞：(02)25007759
E-mail：bwp.service@cite.com.tw
Blog：http://bwp25007008.pixnet.net/blog
發　　行／英屬蓋曼群島商家庭傳媒股份有限公司 城邦分公司
台北市中山區民生東路二段141號2樓
書虫客服服務專線：02-25007718；25007719
服務時間：週一至週五上午 09:30-12:00；下午 13:30-17:00
24 小時傳眞專線：02-25001990；25001991
劃撥帳號：19863813；戶名：書虫股份有限公司
讀者服務信箱：service@readingclub.com.tw
城邦讀書花園：www.cite.com.tw
香港發行所／城邦（香港）出版集團有限公司
香港灣仔駱克道193號東超商業中心1樓；E-mail：hkcite@biznetvigator.com
電話：(852) 25086231 傳眞：(852) 25789337
馬新發行所／城邦（馬新）出版集團 Cite (M) Sdn. Bhd.
41, Jalan Radin Anum, Bandar Baru Sri Petaling, 57000 Kuala Lumpur, Malaysia.
Tel: (603) 90578822 Fax: (603) 90576622 Email: cite@cite.com.my

封面設計／李東記
排　　版／極翔企業有限公司
印　　刷／韋懋實業有限公司
經 銷 商／聯合發行股份有限公司 新北市231新店區寶橋路235巷6弄6號2樓
電話：(02)29178022 傳眞：(02)29110053

■2013年10月1日初版
■2021年 6 月2日二版2.5刷
定價380元

Printed in Taiwan

MASTERMIND:How to Think Like Sherlock Holmes
by Maria Konnikova

版權所有，翻印必究 ISBN 978-986-272-456-9

廣　告　回　函
北區郵政管理登記證
北臺字第000791號
郵資已付，免貼郵票

104　台北市民生東路二段141號2樓

英屬蓋曼群島商家庭傳媒股份有限公司城邦分公司　收

請沿虛線對摺，謝謝！

書號：BU1019X	書名：福爾摩斯思考術(改版)	編碼：

請於此處用膠水黏貼

商周出版

讀者回函卡

感謝您購買我們出版的書籍！請費心填寫此回函卡，我們將不定期寄上城邦集團最新的出版訊息。

姓名：________________ 性別：☐男 ☐女

生日：西元________年________月________日

地址：________________

聯絡電話：________________ 傳真：________________

E-mail ：

學歷：☐ 1. 小學 ☐ 2. 國中 ☐ 3. 高中 ☐ 4. 大學 ☐ 5. 研究所以上

職業：☐ 1. 學生 ☐ 2. 軍公教 ☐ 3. 服務 ☐ 4. 金融 ☐ 5. 製造 ☐ 6. 資訊

☐ 7. 傳播 ☐ 8. 自由業 ☐ 9. 農漁牧 ☐ 10. 家管 ☐ 11. 退休

☐ 12. 其他________________

您從何種方式得知本書消息？

☐ 1. 書店 ☐ 2. 網路 ☐ 3. 報紙 ☐ 4. 雜誌 ☐ 5. 廣播 ☐ 6. 電視

☐ 7. 親友推薦 ☐ 8. 其他________________

您通常以何種方式購書？

☐ 1. 書店 ☐ 2. 網路 ☐ 3. 傳真訂購 ☐ 4. 郵局劃撥 ☐ 5. 其他______

您喜歡閱讀那些類別的書籍？

☐ 1. 財經商業 ☐ 2. 自然科學 ☐ 3. 歷史 ☐ 4. 法律 ☐ 5. 文學

☐ 6. 休閒旅遊 ☐ 7. 小說 ☐ 8. 人物傳記 ☐ 9. 生活、勵志 ☐ 10. 其他

對我們的建議：________________

____

____

【為提供訂購、行銷、客戶管理或其他合於營業登記項目或章程所定業務之目的，城邦出版人集團（即英屬蓋曼群島商家庭傳媒（股）公司城邦分公司、城邦文化事業（股）公司），於本集團之營運期間及地區內，將以電郵、傳真、電話、簡訊、郵寄或其他公告方式利用您提供之資料（資料類別：C001、C002、C003、C011 等）。利用對象除本集團外，亦可能包括相關服務的協力機構。如您有依個資法第三條或其他需服務之處，得致電本公司客服中心電話 02-25007718 請求協助。相關資料如為非必要項目，不提供亦不影響您的權益。】

1.C001 辨識個人者：如消費者之姓名、地址、電話、電子郵件等資訊。
2.C002 辨識財務者：如信用卡或轉帳帳戶資訊。
3.C003 政府資料中之辨識者：如身分證字號或護照號碼（外國人）。
4.C011 個人描述：如性別、國籍、出生年月日。

請於此處用膠水黏貼